ロバート・タリース

白川 俊介 [訳]

政治哲学の魅力

Engaging Political Philosophy

An Introduction

関西学院大学出版会

Engaging Political Philosophy: An Introduction
by Robert B. Talisse

© 2016 Taylor & Francis
All Rights Reserved

Authorized translation from English language edition published by
Routledge, an imprint of Taylor & Francis Group LLC.
through Japan UNI Agency, Inc., Tokyo.

This translation is published in 2018
by Kwansei Gakuin University Press, Nishinomiya.

日本語版への序文

　こうして『政治哲学の魅力』の日本語版への序文を執筆できることを喜ばしく思う。まず最初に、本書を翻訳してくれた関西学院大学の白川俊介先生に感謝の意を表したい。本書には、学術書の訳者が直面しなければならない一般的な困難に加えて、少なくともさらなる2つの困難が間違いなくあるだろう。いずれも、私が何を意図して本書を執筆したのかという点から派生するものである。

　第一に、本書は特定の教育上のニーズに応えて書かれたものである。アメリカにおける社会哲学や政治哲学の講義は、歴史的な分野に大きく偏る傾向がある。多くの場合、プラトンやアリストテレスの読解から始まり、トマス・ホッブズ、ジョン・ロック、ジャン=ジャック・ルソー、イマヌエル・カント、ジョン・スチュアート・ミルらの著作を順に読んでいく。そして、ジョン・ロールズ、ロバート・ノージック、アイリス・ヤングといった現代の著作家の配分的正義に関する議論に数コマを費やして講義を終えるのが典型的である。したがって、そうした講義で使用する副教材は、最も一般的には歴史的資料を「概観」するものとして書かれたものであり、過去の偉大な政治哲学者の主たるテーマ・議論・主張を簡潔にまとめたものである。したがって、この型に沿った副教材の訳者は、それになじんだ多くのものに出会う。アリストテレスの市民概念、ロックの「自然状態」、ミルの「危害原理」などに関連した多くの優れた邦訳書があるのではないだろうか。ゆえに、こうした概念を説明する教科書を訳出する場合、訳者は同じような標準的な邦訳書に立ち戻ることができる。

　だが、本書はそれとは異なる類の授業で使用するように書かれており、政治哲学の副教材の標準的な型に沿うものではない。政治哲学の分野において、政治思想史が重要であることは間違いないが、政治哲学を歴史的な文体で紹介するのは誤っているように私には思われる。学生は多くの場

合、政治哲学者の仕事は終わったという感覚をもって、歴史に重きを置く入門的な政治哲学の講義を切り抜ける。学生の多くは、賢人たちがすでに理論化してしまったと考え、伝統的な論争においてどちらの側につくかを選択するだけになってしまっているのである。本書は、政治思想の歴史に広範にわたって触れることなく、学生自身が取り組むことができる固有の疑問や問題を中心に構成され、生き生きとした、いまだ発展途上の分野として政治哲学を教えたいと思っている教員のために書かれたものである。したがって本書は、政治哲学の伝統における重要な部分を要約したものではない。そうではなく、社会的・政治的世界について直接考えるための概念上の道具を作りだそうとするものである。もちろん、それは政治哲学の伝統から派生するのだが、本書では、偉大な哲学者の考え方を概観することはほとんどない。また、独特の言い回しもいくつかある。それは、社会的・政治的秩序について哲学的に考えることに読者が直にたずさわるような本を書こうとしている以上、避けられないものである。こういう意味で、本書には、訳出するうえでの特有の難しさがある。訳者はそう感じたのではないかと思われる。

　第二に、より重要なのは、本書は主として、政治哲学の知識がないにもかかわらず、政治哲学者が検討している概念や課題や問題についての見解を受け入れているアメリカの学生向けに書かれている。よって、本書は極めて特定の読者を想定している。こうした理由から、本書ではもっぱら、アメリカの現代政治から引きだされる例を挙げており、こうした例の多くは他国の政治に容易に当てはまるわけではない。このことは間違いなく訳出を難しくし、アメリカの政治文化の特徴に触れている部分については、日本の読者は全くなじみのないものだと感じる可能性が高いだろう。くり返すが、このことは、私が何を意図して本書を執筆したのかという点から生じるものである。

　それでも、本書のこうした特徴は、著者である私の偏狭な見方から生じたわけではないことを強調しておこう。本書の議論がアメリカの文脈と不可分であるのは、本書の方法論からすれば必然である。最初の2つの章で論じているように、哲学的考察は何らかのところから始められなければな

らない。すなわち、哲学的考察は一連の何らかの想定・経験・直観・理念から始まる。我々はしばしば、あたかもあらゆる前提から自由であるかのように考え、まるで「ゼロから」、全く新しいところから考察を始めているかのように感じる。だが、それはおそらく錯覚である。哲学的考察を含む我々の思考は、概念上の道具・推論の習慣・背景にある想定・我々がたまたま得た経験とともに、我々がみずからを位置づけた地点から始まる。哲学的考察に固有のねらいは、最終的にみずからの考察の前提を批判的に吟味することである。 しかしながら、まさにかかる前提から始まる考察の過程からしか、こうした吟味は始まらない。哲学的営為が、最終的に自分が疑問符を付そうとする前提から始まることを認識するために、みずからの立ち位置を自覚して始めることが肝要なのである。

　社会的・政治的テーマを哲学的に考察する場合は、思考とは本質的に状況づけられたものだという点を念頭に置いておくことがとりわけ重要である。単刀直入にいえば、我々が生を受けた社会的・政治的秩序は、その後の自分の思考の前提を決定するうえで重要な役割を果たす。実際、我々が知識のうえで哲学的に考察できるまでに成熟する頃には、我々はすでに自分が所属する社会的世界を暗黙のうちに取り巻く思考の前提・理念・習慣を身につけている。さらに、我々の社会的・政治的環境には、価値や、重要なもの、人生を成功に導くもの、人生で探究する価値のあるものについての特定の構想がそれとなく含まれている。したがって、哲学的に考察できるようになるまでにすでに、我々は価値に関する何らかの特定の構想に基づいて、生の大部分を営んでいる。人生において探求する価値のあるものとは何かを適切に自問する以前に、我々はすでに何らかの生を探求しはじめている。哲学的に考察できるようになるはるか前から、我々はある種の哲学を実践せざるをえない。いかに生きるべきかという積年の哲学的な問いに対する何らかの答えに沿って、我々は生を営まなければならない。自分が歩むべき道について真剣に考えることができるようになるはるか以前から、我々は自分の道を歩まねばならない。さらに、みずからの生を営むには、いかに生きるべきかに関する何らかの特定の構想に依拠しなければならない。したがって、哲学的な考察を始める場合、我々がみずからを

見いだす基本的な信奉を混乱させるべきではないと考える少なからぬ動機があるのである。

このことにはがっかりするかもしれない。我々は、特定の哲学的観点からしか哲学を始めることができないのである。それゆえ、哲学的に考察することとはそもそも、自分があらかじめ有している偏った見方を単に再現することでしかない、ということなのかもしれない。世界と自分自身に関して批判的に検討できるようになる。こうした哲学の目的は不毛なように思われるかもしれない。

このような困難を踏まえたうえで、本書では、哲学を進歩させる1つの方法を明らかにする。それは、我々が受け継いできた社会的・政治的世界のビジョンを明らかにすることから始める、というものである。すなわち、みずからを取り巻く政治秩序に関して、我々が日々接している構想の中核をなす信奉や理念を説明しようとする。そこから本書では、そのような構想の様々な中核的要素を、自由・権威・正義・民主主義という固有の概念へと明確化する。次に、各概念を分析し、それぞれを構想しうる様々な方法を模索し、それぞれについて最も望ましい考え方を探究する。さらに、各概念の最も望ましい説明を政治的世界の一貫したイメージに統合しようとする。そうすると直ちに、他の概念と折り合いをつけるために、いくつかの概念は改善されなければならないことに気づく。それでも、我々の社会的・政治的秩序の全体像を内側から結びつけることが目的である。

こうした試みが失敗すれば、我々が有している基本的な政治的理念は機能しておらず、社会的・政治的世界は本来あるべき姿ではない、ということが明らかになるだろう。だが、それがうまくいけば、より一層やるべきことがある。内的に一貫した政治秩序のイメージは、それにもかかわらず魅力的なものではないかもしれない。したがって、たとえ自由・権威・正義・民主主義を一貫して認識できる理念として折り合いをつけることができたとしても、我々はまだ、他のものよりも劣った社会的・政治的世界で生を営んでいるのかもしれない。だから我々は他の社会的・政治的組織のあり方と比較することで、自分たちが生を営む社会的・政治的世界を評価せねばならない。ひいては、グローバルな社会的・政治的秩序、つまり国

家とそのなかに住まう人々との関係性を哲学的に考察する必要がある。

　確かに、これらのうち、最後の2つの課題に本書では取り組んでいない。本書はせいぜい、社会的・政治的現象を哲学的に理解するための慎重な第一歩にすぎないのである。だが、ここで説明した方法論は、本書がアメリカの政治的文脈に焦点を当てている理由を説明している。その文脈は、良くも悪くも私の、および私がもともと執筆時に想定していた読者の文脈なのである。しかしながら、本書がアメリカの政治的文脈に焦点を当てていることが、狭隘な偏見や限界を示すものではなく、むしろよい機会を与えるものであるということがわかるだろう。本書の中核にある主張が正しければ、アメリカは実のところ、全体として内的に一貫した一連の社会的・政治的理念を有していることになる。もちろん、だからといってアメリカがこれまでそうした理念を十分に実践してきたというのではない。けれども、ひとたび一連の理想が内的に一貫しているということがわかれば、アメリカの失敗は、その目的が内的に一貫していないことによるのではなく、それ自体の欠点や欠陥によるものだともいってよいだろう。さらに、アメリカにおいて具現化された政治的理念が内的に一貫しているからといって、そうした理念が最善であるとか、それを見習うべきだということには全くならない。確かに、世界中の現代民主主義社会は様々な理念を具現化している。あるいは自由・権威・正義・民主主義の理念を固有の方法で理解している。そして、そうしたアメリカとは異なるいまひとつの理解は、アメリカにおいて支配的なものより優れているかもしれない。しかし、そうした結論を得るのに必要な比較を行うには、まず、社会的・政治的世界を下支えしている、いまひとつの明確かつ内的に一貫した政治的理念を構築する必要がある。私は日本人の読者に、こうした哲学的な仕事を引き受けてもらいたい。つまり、あなたが今いるところから、あなたを取り巻く社会的・政治的世界の中核をなす政治的概念を明らかにし、明確なものにし、各要素を分析し、その最も魅力的なものを見いだし、そのうえで、各要素があなたの社会的・政治的世界の内的に一貫した全体像と調和しうるのかどうかを理解するということである。

日本語版への序文　v

序文

　学者は、学会や講義や討論会などの専門家の集まるイベントの行き帰りにしばしば旅をする。空の旅が多く、私は飛行機に乗り合わせた者とよくおしゃべりをしている。話をしていると、ほぼ毎回といってよいほど、職業について尋ねられる。「私は哲学者です」と答えたときの反応には、概して戸惑いを覚える。多くの人は、哲学者（それどころか、職業としての哲学者たち）がいまだに存在していることに驚くようである。最近は、哲学という言葉を使わずに自分の仕事を説明するようにしている。「私は政治理論家です」といういまひとつの返答も、先のものと種類は違うが、おかしな反応をひきおこすことに驚いた。同乗者たちは往々にして、政治理論家とはある種の専門家であり、戦略家かロビーイストか何かだと思っているふしがあった。私は決まって、次のような質問をされる。「ところで、次の選挙では誰が勝つでしょうか？」「移民についてどう思いますか？」あるいは、最悪なのは「あなたは保守ですか、それともリベラルですか？」というものである。それに対して私は、そもそも政治理論家というのは政策立案者や政治評論家ではなく、正義・平等・自由・権威などに関する根本的な問題を研究する学者であると説明するのだが、その説明は多くの場合、明らかに混乱を招くようである。そのようなことを探究する専門的職業があるという事実自体が主として混乱を招く要因であるように思われた。私が話をした人々の多くは、政治秩序は（少なくともアメリカにおいて）うまく組み立てられており、正義・平等・自由・権威などに関する課題はとうの昔に解決されたものだと、決まって当たり前のように考えていた。なかには、現在わざわざそのような問題を探究する者はひねくれており、ともすれば、政治的に危険な人物に違いないと強く感じた人もいた。多くの政治理論家が国公立大学に勤務していることに触れたとした

vii

ら、どのような反応があったのかはもっぱら想像がつくだろう。

多くの既存の政治秩序は、単に当たり前のようにそこにあるものだと思われている。こうした事実はおそらく驚くことではない。しかしながら、政治秩序が当たり前のようにある・べ・き・ものだとみなされるべきだという点には憂慮せねばならない。なんといっても、政府・国家・法・司法およびその他の制度からなる複雑な世界は所与のものでは全くない。むしろ、そうしたものは人が生みだしたのであり、それらに関する根本的な哲学的課題は、実のところ解決したとは到底いえない。国家のような政治体はなぜ存在するのか、あるいは存在すべきかどうかを問うことには今もなお意味があるのである。悲しいことに、正義・平等・権威・民主主義の本質についてもいまだ明らかになっていない。平等とは何か、正義は何を要求するのか、何が人を自由にさせるのか、誰が命令を下すようになるのか、どのように我々は統治されるべきなのか。こういうことについて、今もなお論争がある。重要なことに、こうした問題は現代西洋民主主義に反対する過激派のなかだけで論じられているのではなく、我々がそのなかで生を営んでいる理念をいかにすれば最もよく哲学的に明示できるかを探究する主流派の学者のあいだでいまだに活発に論じられているのである。支配的な政治秩序にかかわる根本的な問題を検討することは、その秩序への反対をほのめかすものではない。

このことからある関連する考えがもたらされる。政治に関する概念上の問題はほとんど解決されたという態度は、現代西洋民主主義とかかわる価値や理念が近年世界的に支配的だという事実におそらく基づいている。世界の独裁者でさえ、自由・平等・自己統治といった理念について口先だけは強く賛同する。このことは、民主主義という言葉のように、正当性を与えるのに最も有効だからである。実のところ、世界のあらゆるところで、政策や制度を民主的だとみなすには、多くの場合、その政策や制度を正当化するだけでよい。ゆえに、みなが同意しているように思われる考え方の意味や価値を検討することはどこに意味があるのだろうか。

哲学をますます疑わしいものにしてしまうことを承知のうえで、哲学者とは昔から社会にうるさく口出しする者であり、主としてその不満の多い

性格が、意見の一致を妨げ、合意を難しくし、論争を引き起こしてきた点に注目しよう。哲学者は、単に議論好きだからそうした役割を担うわけではない。このことは強調されるべきだろう。むしろ政治哲学者は、幅広い全会一致は多くの場合、反対意見を抑圧したり、異論を無視したり、疑念を封じ込めることで達成されると考える。だから哲学者は、全員の意見がほぼ一致することに不安を覚える。というのも、それが非理性的な、あるいは抑圧的な手段でもたらされたおそれがあるからである。

　哲学者は概して、論争を巻き起こすことに病的にとりつかれているように思われるかもしれない。けれども、むしろそれは、哲学者が真実を求めているだけでなく、何が真実かを考える者が知識のうえで健全であることに関心を持ちつづけているからである。我々は、何が真実であるかを見いだしたいだけではなく、善き理由に基づいて真実を見いだしたい。したがって、哲学者の目的は、偽のあるいは単に見せかけだけの合意を防ぐことである。そしてこのことは、我々の中心的な信念や最も深い確信を支えている考え方を問い直し、検証しつづけることで達成されるのである。

　こうした行為は、真実を獲得するにはこの上なく適切なやり方だと思われるかもしれない。それでも、ひとたび真実にたどりついてしまえば、そうすることの意義に疑念を抱く者もいるかもしれない。ゆえに、民主主義の妥当性に関して疑義を呈することの意味を問う者もいるかもしれない。民主主義が最善の統治の形態であると我々が知っているとすれば、それが最善であるという確信を問う意味はどこにあるのか。哲学者は、広く合意されていることだけでなく、善き理由のうえで合意されているように思われるものを問いつづけるべきだという。その意味はどこにあるのだろうか。

　哲学者は概して、知識を獲得することと知識を保持しつづけることを区別する。真の確信は、適切に持ちつづけなければ、いつの間にか偽の確信に陥ってしまうおそれがあり、善き理由は単なる陳腐な決まり文句になり下がってしまうおそれがある。多くの哲学者はそう考える。というのも、哲学者が主張するように吟味しなければ、自分たちの確信の基盤となる理由や主張を見失ってしまうからである。そうなると、我々が得た確信とそれと同じような偽物とを区別しづらくなる。哲学的に問うことを通して保

序文　ix

持されなければ、生き生きとした真実が容易に死せる教義になり下がってしまうおそれがある。ある哲学者がそう表現したのは周知のとおりである。哲学は、何が真実であるかを理解するのに役立つだけでなく、理解したものを保持しつづけるのにも役立つ。したがって、とりわけ重要なのは、最も根本的で重要かつ広く行きわたった理念を哲学的な吟味にさらすことである。こういってよいだろう。

　以上が私の哲学擁護論の概略である。このように本書は、私が長旅のあいだに、政治哲学について心から興味を持ってくれた同乗者に対して話すであろうことを、明確な形で示そうとするものである。すなわち、私は本書で、生きることや、息をすることや、あるいは活力に満ちた企てとして、政治哲学とはいったい何であるのかということに関する意味を探究したい。より形式的には、本書は、政治哲学にかかわる主たる疑問・課題・問題に関する最新の入門書であろうとしている。それゆえ、本書が目指すのは明らかに歴史に重きを置く教科書ではない。現在の思想を形成してきた偉大な考え方や文献に触れることもあるだろうが、主要な著作を何頁にもわたって扱ったり、今日の著名な政治哲学者の解釈を掘りさげることもないだろう。くり返せば、政治哲学を形作ってきた、そして今も形作っている現代の哲学者の考え方を論じることはあるだろうが、彼らの著作や論文を詳細に論評することはないだろう。本書は、学問分野としての政治哲学を概説するものではなく、むしろ読者に政治哲学を紹介するものである。政治哲学を職業とする者が取り組み、政治哲学者の仕事を触発するのと同じ困難・問題・疑問・懸念を読者に紹介することである。政治哲学をある種の営みとして、つまり、いまだに広く論争に開かれており、だからこそいっそう検討されねばならない最も根本的な問いを探究するものとして、読者に紹介すること。本書はこのことを目的としている。

　教科書の出版社の言葉を借りれば、本書は、人物志向型あるいは文献基盤型というより、問題先行型であるといえるかもしれない。それゆえ、『政治哲学の魅力』という本書のタイトルは、本書の内容を膨らませた表現ではない。本書のタイトルは、政治哲学のおもしろい部分だけを取りあげ、退屈な部分を脇に置いているということを示しているのではない（も

ちろん、私は本書がこの意味で魅力的であることを望んでいるのだが）。本書はむしろ、政治哲学的に考えることに読者を引きこもうとする。つまり、政治的世界について哲学的に考えることである。あるいは、やや月並みな表現だが、本書の目的は、読者に政治哲学について教えるだけでなく、読者とともに政治哲学的に考えることである。こういうわけで、本書は、政治哲学の入門書というよりは、政治哲学への手引きだというほうがふさわしいかもしれない。

　本書は、すでに政治哲学に精通している人からすれば奇妙に思われる方法で議論が展開される。主要な立場や理論の要約やそれに対する主たる一連の批判の概説からではなく、私はむしろ、哲学的に思考することに駆りたてる現象を明らかにし、それに対していかなる妥当な答えを与えうるかを説明しようとすることから議論を始める。そうするなかで、課題を解決するために、政治哲学の伝統における偉大な考え（過去のものと現在のものの両者を含む）が持ちだされるだろう。そして、もちろん主たる論争を構成する一連の反論や応答が検討されるだろう。

　別の専門家からすれば、本書がいまひとつの意味で奇妙だと思われるかもしれない。本書は、大半の現代政治哲学が出発点とするところから議論を始めていない。つまり、ジョン・ロールズの画期的な研究や、ロールズに対する多くの論評や批判から始めていないのである。今日の政治哲学者は、ロールズの哲学に真剣に取り組まずに成功することはない。これは真実である。そして、本来そうあるべきである。私からすれば、ロールズの研究は本当にそれほど金字塔的なものである。だが、くり返せば、本書は学問領域の専門的な一分野としての政治哲学の入門書ではない。政治哲学者のあいだの現代における論争の当事者である主要な思想家やその文献を読者に紹介することは本書の目的ではない。

　この点をより広い文脈でいえば、主たる文献や人物が政治哲学の主題として論じられるのではないということである。つきつめると、政治哲学の主題は偉大な政治哲学者の文献や体系にあるのではない。仮にそうだとすれば、プラトン、アリストテレス、ホッブズ、ロック、ミル、ロールズや、その他の政治哲学の高名な著作家は政治哲学者では全くない。こうい

序文　xi

うばかばかしい結論に至ってしまう。というのも彼らは、政治哲学の伝統についてではなく、正義・自由・権威・シティズンシップ・民主主義などについて探究しているからである。さらに、政治哲学の主題が過去の偉大な研究にあるとすれば、ホッブズは政治哲学者ではない（なぜなら、彼に先立つ政治哲学者について主に論じていないから）けれども、ホッブズについて論じる者は政治哲学者である。同じくこのようなばかげたことになる。この点は、偉大な哲学者や文献であること自体に焦点を当てるあらゆるアプローチに一般化できる。そうしたアプローチは、偉大な哲学者が上述したように哲学的に思考していなかったり、彼らの文献が先人の批評になっていないという事実に媚びを売っている。実際に、偉大な人物や著作が偉大であるゆえんは、端的にいって、それが他の人物や文献に関する論評を主たる目的としているわけではないからだ、というのはもっともである。政治哲学の主題は、政治哲学者が取り組もうとしている長きにわたる難問や問題にある。このことを直ちに認めたほうがよかろう。高名な政治哲学者は、長い探究の旅の同伴者であり、彼らの偉大な著作は、折に触れて道しるべとなりうる。だがつきつめると、我々の仕事は彼らの考え方を習得することではない。何が真実であるかを理解すること、あるいはその目標があまりにも高尚で現実的でないように思われるならば、どのような考え方を我々が最善の理由をもって受け入れることができるのかを理解すること。これが我々の仕事である。

　哲学的営為に読者を巻き込みたいというねらいから、私は本文において、あなた、つまり二人称か、場合によっては様々な一人称で読者に呼びかけている。そのことに少なくとも最初は戸惑いを覚えるだろう。だが、わざとらしく、あるいは意図的にそうしているのではない。むしろそれは、本書の目的を達成するためのある種の方法論的な副産物である。より具体的にいえば、本書特有の目的から、私は時として、対話的あるいは会話的な文体を用いざるをえない。というのも、率直にいえば、以下の議論において、私自身どう考えればよいのか明らかでない、いくつかの主要な論点があるからである。洒落た言い回しを使えば、つきつめるとアポリアや袋小路や行きづまりに陥ってしまう政治哲学における最も深遠な問題を

見いだしたということである。実際に、それは私からすれば、政治哲学の最も中核にある課題について、我々が答えに窮していることを認める知恵の証であるように思われる。しかしながら、私はこのことを疑わしい結果だとは考えない。要は、単に疑問に思われるものがいまだに多くあり、だからこそ政治哲学はなおいっそうのことなすべきことがある。こういうことである。対話的な文体になってしまうのは、私のなかにこうしたなかなか消すことのできない戸惑いがあるからである。

　だが、それにもかかわらず、本書の議論は実のところ、ある一人の政治理論家の考え方だということは認識されねばならない。私は政治哲学における中心的課題が今のところどのようなものであるかを正確に論じようとした。しかし、読者は次の点に留意すべきである。すなわち、本書は著者、つまり政治哲学という専門分野において行われている論争に参加し、かかわっている者から物事がどのように見えるのかを論じたものである。本書が何らかの「意図」を有しているとか、私の哲学的「偏見」を反映したものだ、というのは言いすぎだろう。けれども本書における政治哲学の説明は、その分野を概念化する1つの方法を反映したものにすぎないことは否定できない。より重要なのは、本書で関連する点を示そうとしたとき、その結論は私自身の見解を述べるなかで到達したものなのであり、それは（控えめにいっても！）政治哲学者のあいだで普遍的に共有されてはいない。したがって、端的にいって本書は、政治哲学の信頼できる公平な概観を提供することを目的としているけれども、別の著者ならばこの素材を違うやり方で論じるだろうということを読者は忘れるべきではない。

　本書が教科書であることを踏まえれば、本書でどのような論点を扱うべきか、多くの困難に直面した。政治哲学の分野はおそらく、とりわけ現在ではずば抜けて広大な分野となっている。他の哲学領域においては、現在の論争に必要な背景をもたらす多くの歴史的素材の山がある。たとえば、倫理学の分野はそうである。倫理学入門を教える方法は様々あるが、倫理学入門のほとんどには、アリストテレスやカントやミルの主たる文献に関する議論を含めることが期待されている。これらの文献は、より近年の議論を展開するうえでの試金石となるのである。実のところ、これらに触れ

序文　xiii

ずに倫理学入門を教えるのは想像しがたい。そういうわけで、かかる思想家の著作に関するかなりの量の読解や議論を含まない倫理学入門の教科書を見いだすのは、ほぼ不可能である。

政治哲学はこのように統一されていない。入門レベルの講義内容でさえ、政治哲学の「中核」とは何であるのかについて、政治哲学者のあいだでほとんど合意がない。ゆえに、いかなる素材が入門講義に組みこまれなければならないのかについての合意もない。歴史的なアプローチをとり、偉大な学者や文献を学生に紹介しようとする者もいる。学生は、1つの学期に見合う以上の多くの重要な文献に触れることになるという問題を抱える。近年の議論の展開について学生に紹介しようとし、ゆえに歴史的に重要な学者や文献にほとんど触れない者もいる。これらのあいだでは、近年のどのような潮流や傾向が取り扱うべき最も重要なものなのかについて、実に多くの考え方がある。歴史的なアプローチと近年の議論の展開のバランスをうまく取ろうとする者もいる。そうすると、この両方のモデルが抱える困難を引き継ぐことになる。いずれにしても、何を組みこみ、何を脇に置いておくかについて、厳しい選択を迫られるのである。

本書の目次にあるものは、いくつかの厳しい選択の結果である。多くの政治哲学者からすれば、中核をなす章には、古めかしい、昔ながらの、あるいはもっとひどい言い方があるかもしれないが、そのような論点が並んでいると思われるに違いない。自由・権威・正義・民主主義は、政治哲学において最も活発に論じられてきた。それは否めない。同時に、別の論点が政治哲学の最前線に浮上してきているように思われる。現在の専門誌は、テロリズム・主権・移民・環境保護・植民地主義・刑罰・アイデンティティ・人種・ジェンダーなどに関する論文であふれている。確かに、これらは哲学的に注目しつづけるべき問題である。しかしながら、私からすれば、かかる問題についての議論は常に、本書で検討される論点についてのより根本的な問いにかかわる特定の見方を前提にしているように思われる。すなわち、自由の本質とは何か、政治的権威はどこまで及ぶのか、正義は何を要求するのか、民主主義の価値とは何かといったことである。こうした論点は、良かれ悪しかれ、時代遅れの関心事の集まりというよりも

むしろ、政治哲学の基本であるように私には思われるのである。

　本書の中核をなす章はそれぞれ独立して読めるように書かれているが、本書には明確な読み方があり、前から順番に読み進めるのがおそらく最も望ましい。本書の第1部を構成する2つの章は、全体を通して用いられるいくつかの専門用語や概念を紹介することで、本書の広い意味での導入部分となっている。結論では、それまでの議論から見いだせるいくつかの哲学的教訓を導きだすつもりである。したがって、本書の要約としても役立つだろう。第2部を構成する章は概して、第1部の内容に基づいて論じられている。しかしながら私は、本書を融通の利くものにし、ゆえに様々な文脈で使いやすいものとして書こうとした。そのために、前の章で述べられている極めて重要な点に触れる場合には常に、それがわかるように手短に付言しておいた。過度な重複を避けることができていれば幸いである。こうすることは、他の本と並行して本書を使用すると思われる教員にとって役立つものだと確信している。また、各章の最後では、さらに勉強したい読者におすすめのいくつかの主要な文献について簡単に論じておいた。ただしそれは、あくまで概説でしかないことを付言しておきたい。

序文　xv

謝辞

　本書を完成させるのに、予想よりも実に長い時間がかかってしまった。細かいところの詰めの作業に入る以前に、節目節目で仕事が遅れてしまった。人生には邪魔がつきものである。それには喜ばしいものもあれば、そうでないものもある。本書を完成させるまでに、多くの支援を賜った。そのいくつかに謝意を示したい。まず私は、本企画についての制度的な支援を受けた。ヴァンダービルト大学より、2013年度夏季研究基金、2014-15年度の1年間のサバティカルを頂くことができた。本書を完成させるうえで、こうした支援は決定的に重要であった。キャロライン・デヴァー（ヴァンダービルト大学教養学部長）とデニス・ホール（ヴァンダービルト大学院長・研究科副科長）に感謝したい。

　各章の草稿に惜しみなく論評してくれた者もいれば、執筆中に生じた様々な問題について、私と長い時間にわたって話をしてくれた者もいる。原稿やそのなかの論点について話を聞いてくれる者もいれば、より個人的に支援をしてくれる者もいた。支えてくれた同僚や友人すべての名前をここで挙げることはできないが、彼らの思いやり・寛大さ・友情・支援に感謝したい。ブロック・エッカーリー、ジョリー・アッツォーニ、マイケル・ベイコン、ジェイムズ・ベドナー、ウィリアム・ジェイムズ・ブース、トム・ブルックス、アダム・ブルゴス、メアリー・バターフィールド、アン・カコウロス、スティーブン・カーン、マイク・カラマリ、グレッグ・カルーソ、ジョン・クリストマン、カレブ・クラントン、アラン・コーツ、マシュー・コッター、ジョシュ・クライツ、ベッキー・ダヴェンポート、エリザベス・イーデンバーグ、デイヴィッド・エストルンド、マシュー・フェステンスタイン、リズ・フィス、ジェラルド・ガウス、ジョン・ゴールドバーグ、レン・グッドマン、ドワイト・グッドイヤー、キャロル・ゴールド、デイヴィッド・ミゲル・グレイ、マイケル・ハーバー、D・ミカ・ヘ

スター、デイヴィッド・ヒルデブラント、マイケル・ホッジス、ブラッド・フッカー、グレイ・イエーガー、アンジェロ・ジャフラス、デイヴィッド・カスパー、クリス・キング、ジョン・ラックス、デイヴ・マカロー、エミリー・マギル、エイミー・マッキアナン、ホセ・メディナ、ヴィンセント・ミネルヴィーニ、シェリル・ミサック、ポール・モロー、エミリー・ナコール、ジョナサン・ニューフェルド、ジョン・オコナー、ジャニー・パロミロ、ファビアン・ピーター、ジョン・ピーターマン、フィリップ・ペティット、イヴォンヌ・レリー、デイヴィッド・ライディ、ダン・ローゼンバーグ、スティーヴ・ロス、マイケル・サンタシエーロ、ルーク・ゼムラウ、ピーター・シンプソン、アンドリュー・スミス、エドワード・テイラー、ロブ・テンピオ、ジェフリー・ツルマク、クリス・ヴィゴリート、ベティ・ビジャヌエヴァ、ジョン・ウェイマーク、トニー・ウォン、ジュリアン・ウルト、タイラー・ジマー。

　アンドリュー・ベック、ローラ・ブリスクマン、そしてラウトレッジ社の編集チームは、思いのほか長くなってしまった本書の完成までの道のりにおいて、とりわけ寛大であり、私を助けてくれた。また、本書の草稿の匿名の査読者2名から頂いた詳細かつ惜しみない論評から私は多くを得ることができた。頂いた助言をできるかぎり活かしたつもりである。さらに、本書が読みやすいものになっているとすれば、それはニコール・ヘラーの文体についての専門知識とセンスの良さのおかげである。アンドリュー・フォースハイムズは、刊行に至るまで、研究に関する本質的な助言と多くの堅実なアドバイスをくれた。哲学者として信頼できる腹心の友であるスコット・エイキンとメイソン・マーシャルは、不意に立ち寄っては最終章について貴重な助言をしてくれた。母パット・タリースと父ボブ・タリースはいつものように私を励ましてくれた。長年の友人であるテアノ・アポストルーが、（いつも大体）静穏な自宅に執筆中の私を2回ほど快く招待してくれたことは特に感謝すべきだろう。そして、妻のジョアン・ビレットはいつも変わらず刺激を与えてくれた。

政治哲学の魅力　目次

日本語版への序文 ———————— i
序文 ———————————————— vii
謝辞 ———————————————— xvii

第1部　課題を設定する　1

第1章　いくつかの予備的考察 ———————————— 3

1.1　社会的世界　3
1.2　政治哲学とは何か　11
1.3　本書の流れ　18
1.4　哲学に関するいまひとつの予備的考察　20
　　　読書案内　24

第2章　議論の出発点 ——————————————— 27

2.1　どこから議論を始めるべきか　27
2.2　政治哲学におけるリベラリズム　31
　　2.2.1　リベラリズムの中核をなす3つの信奉　32
　　2.2.2　リベラリズムとアナーキズムからの異議申し立て　35
　　2.2.3　リベラリズムのいくつかのさらなる信奉　37
　　2.2.4　リベラリズムと民主主義　45
2.3　リベラリズムと大衆政治　46
2.4　リベラルな理論の種類　50
2.5　結論　52
　　　読書案内　53

第2部　根本的な概念　57

第3章　自由 ——————————————————————— 59

3.1　自由の概念　59
　　3.1.1　自由 —— 形而上学的なものと政治的なもの　61
　　3.1.2　概念と構想の区別　63
　　3.1.3　概念を明らかにすること　65

3.2	自由に関する3つの構想 68	
	3.2.1 消極的自由 69	
	3.2.2 積極的自由 76	
	3.2.3 市民の地位としての自由 84	
3.3	結論 94	
	読書案内 96	

第4章 権威 ──────────────────────── 99

4.1	いくつかの予備的な区別 99
	4.1.1 専門知識と許可 100
	4.1.2 義務に関する要点 105
	4.1.3 政治的権威 108
4.2	政治的権威の複雑さ 116
	4.2.1 同意と契約 118
	4.2.2 帰結主義 124
	4.2.3 フェアプレイ 127
4.3	権威がはらむ危険性 129
	4.3.1 ミルグラム実験 131
	4.3.2 スタンフォード監獄実験 132
4.4	結論 133
	読書案内 137

第5章 正義 ──────────────────────── 141

5.1	正義の概念 141
	5.1.1 幅広いアプローチと限定的アプローチ 143
	5.1.2 第一の徳目としての正義 149
	5.1.3 正義の環境 151
	5.1.4 正義と平等 153
	5.1.5 小休止 157
5.2	正義の諸構想 158
	5.2.1 最小主義 159
	5.2.2 功利主義 166
	5.2.3 平等主義 171
	5.2.3.1 責任主義 175
	5.2.3.2 民主的平等主義 178
	5.2.3.3 ケイパビリティ 182

5.3 結論　186
　　　読書案内　190

第6章　民主主義 ——————————————— 193

6.1 民主主義に対する親しみ　193
　　6.1.1 民主主義に対する一般的な態度　194
　　6.1.2 民主主義に対するよく知られた批判　195
　　6.1.3 緊張を解きほぐす　197
6.2 基本的な理念　200
　　6.2.1 道徳的理念としての民主主義　200
　　6.2.2 学校で学ぶ考え方　203
　　6.2.3 民主主義・平等・権威　207
6.3 民主主義に関する古典的構想　210
　　6.3.1 集計民主主義　210
　　6.3.2 最小主義　211
　　6.3.3 一歩離れて考える　215
6.4 現代の2つの潮流　218
　　6.4.1 参加民主主義　219
　　6.4.2 熟議民主主義　222
　　　　6.4.2.1 公共的理由づけ　224
　　　　6.4.2.2 公共的理由に潜む難点　227
　　　　6.4.2.3 熟議民主主義が抱える問題点　230
6.5 結論　234
　　　読書案内　238

第7章　結論——確実性のない政治 ——————————— 243

「政治哲学的に考える」ということ——訳者あとがきにかえて　261

第 1 部

課題を設定する

第1章　いくつかの予備的考察

1.1　社会的世界

　我々は、自分たちが作りだしたわけではない世界に生をうける。このようにいうと、あまりにも大げさに聞こえるかもしれないが、それは物理的環境には明らかに当てはまる。物理的環境においては、火が燃える、支えのないものが落下する、氷が融ける、ガラスが砕け散るといった、有無を言わさぬ事実に直ちに出くわすことになる。我々は、単に物体や物理的諸力からなる世界に存在する。そしてそこでは、その環境とどうすれば協働できるかを学ぶ以外にできることはほとんどない。これらから共通して見いだされることからすれば、自然科学とは、我々を物理的に取り巻くものといかに協働するかという課題に専念するものである。自然科学がかなりの成功を収めてきたことは否定できない。たとえば、科学は様々な技術を生みだし、そして、我々は今や、物理的世界が有する多くの特性を支配し、利用し、管理できるのである。

　だが、我々が存在する世界は、こうした意味でもっぱら物理的なだけではない。我々はまた社会的世界に生をうける。そこは他者が存在する世界であり、そしてここでも、周りの他者とどうすれば協働できるかを学ばなければならない。だが、社会的世界は単に他者が存在するだけの世界ではない。他者との交流を築きあげ、時には規定する規則や実践を生みだす制度を有する世界でもある。人は、すでに他者とのかかわりを有したうえで

3

世界に生まれおち、その関係性は社会制度によって規定されることを考えてみよう。明白な例をいくつか挙げれば、人は生物学的に誰かの子どもであり、兄弟関係を有して生まれてくる者もいれば、より複雑な家族関係を有して生まれてくる者もいる。家族は社会制度（おそらく最も基本的な社会制度）であり、家族という制度を引き合いに出すことで、他者を自分の親・祖父母・おじ・おば・いとこ・兄弟であると認識できるのである。

　家族は、我々が生まれおちた構造における社会制度の最も明白な例だが、それだけではない。我々は、隣人関係・村・街・地域のような、しばしば家族を越える共同体の一員としても生をうける。それゆえ、アメリカでは、自分をニューヨークの人間だという者もいれば、南部や中西部の人間だという者もいる。これは多くの場合、単に自分の出自に関する情報を明らかにするということ以上の重要性を帯びる。つまり、ニューヨークの人間は概して、大抵の南部の人間がニューヨークの人間についての何らかの見方を有しているように、南部の人間がどのような人間かという何らかの見方を有している。そして、これらの広い分類の内部にさえ、似たようなさらに細かい分類がある。たとえば、大部分のナッシュビルの人間は多くの場合、自分を「新しい南部」の住人だと思っている。私はそれを肌で感じている。つまり、彼らはテネシー州にある他の街を「古い南部」の街だとして、自分はそこの住人とは全く違う人間だと考えるのである。ニューヨーク市の人間のあいだでも同様である。アッパーウェスト・サイドの住人は、ロウアー・マンハッタンの住人を、自分たちとは全く違う人間だとみなし、ロウアー・マンハッタンの住人は多くの場合、ニューヨークの他の地区の住人を見下している。もちろんニューヨーク市の住人が、ニューヨーク州（つまりニューヨーク市以外のニューヨーク）の住人に対して、一般にそのような見方をしているということではない。とはいえ、マンハッタンの人間のなかには、隣のニュージャージー州の住人を全くのよそ者であり、時には軽蔑に値する者だという者もいる。

　こうした現象はとても複雑であり、しばしばややこしく、往々にして単純に愚かであり、時として明らかな偏見に満ちている。私はこのことについて非難したり、大めに見ようといっているのではない。私が述べたいの

4　第1部　課題を設定する

はむしろ次のようなことである。すなわち、自分がいつどこで生まれるかは運任せであるにもかかわらず、我々はしばしばそのことを、良くも悪くも、自分が（そして他者が）何者であるのかという判断と結びつけるということである。というのも、人が生まれ落ちた環境は、いかに人が育てられたか、いかなる慣習を身につけるか、いかなる教育を受けたか、いかなる宗教を信仰するのか、いかなる価値を大切にするのか、などに関する事実と密接に結びついているからである。こうした事実から、人間とは本質的にどのような存在なのかがわかる。そして、このような事実はすべて社会制度の産物だということを理解するのは、極めて重要なのである。

　人は多くの場合、様々な宗教共同体や、経済的・職業的階級、あるいは民族・ジェンダー・人種に基づく集団の成員として生をうけることを考慮すれば、事態は明らかに先に述べたことほどばかげてはいないが、より複雑なものになる。まず宗教共同体における成員資格について考えてみよう。宗教共同体は、人生に関する幅広い規則や期待をその成員に課す。それには、何を食べるのか、何を身に付けるのかということから、誰と結婚できるのかなどのより私的な問題までも含まれる。宗教共同体の成員にとって、成員資格は多くの場合（少なくとも最初は）自発的なものではない。個人は概して宗教共同体のなかに生まれる。つまり彼らは、所与の宗教のなかで「育てられ」、宗教共同体はしばしば、とりわけ人格形成期において、人生の社会的な中心としての役割を果たす。

　次に経済的階級や、概して民族・人種・ジェンダーの問題と結びついた成員資格について考えてみよう。近年ではそれほどでもないが、以前は、商売は親から子どもへ受け継がれることがあった。たとえば、農夫の息子は農夫であり、裁縫師の娘は母親から裁縫の技術を学んだ。どんな家柄に生まれるかによって職業や経済的階級が決まるので、結果的に、家柄はその人の実質的な人生経路を決めるのである。この手のことは、非公式ながら、弁護士・医者・音楽家・警察官などの特定の職業において、いまだに散見される。さらに、人類は大きく進歩してきたが、様々な職業・経済・社会における役割が民族や人種やそしてジェンダーによって固定されている。このことも重要である。私は（まだ）それほど年をとっていないが、

男性でも白人でない医師や、女性の会計士、アフリカ系アメリカ人の弁護士が、全く聞いたことがないわけではないとはいえ、極めて珍しかった時代をいまだに覚えている。私の母は性別を理由にクレジットカードを持つことができなかった。夫を共同名義人とする必要があるといわれたときのことを覚えているということは、私もずいぶん年を取ったのかもしれない。休日に家族と夕食を取っていた時のできごとを私ははっきり覚えている。ある男性の客人が、ほとんど夫人や少女しかいない部屋で、「女性は投票権を認められるべきではない。もしそうなれば、夫（や父親やボーイフレンド）が2票有することになるからだ」、と堂々と自信たっぷりに断言したのである。つまり、女性は人生において男性の政治的判断に従うのが当たり前だというのである。これは合衆国憲法に修正第19条が盛り込まれてから50年以上経過していた1970年代中頃のできごとであったことも記しておくべきだろう。

　こうした私の若い頃のできごとについて、暗く、そして幸いなことに遠く隔たった過去のできごとであり、信じられないと思ってくれることを期待している。だが実のところ、これらは比較的最近までよくある話であった。民族・人種・ジェンダーなどに基づいて人の社会的地位や機会を決定する実践を公的に支える制度の多くを撤廃しながら、人類は偉大な進歩を遂げてきた。けれども、こうした実践は社会に間違いなく残存している。女性は多くの場合、職場における男性の同業者と同じ賃金をもらえない。アメリカにおける人種差別は、法的には1964年の公民権法によって撤廃されたが、非公式にはいまだに社会に残存している。我々が成し遂げてきた進歩が、正義の観点から十分なのかどうかは第5章で検討されるだろう。ここで再度論じておけば、我々の生は、間違いなく社会制度によって明確に形作られ、こうした制度は我々がみずから作りだしたものではないのである。

　我々の人生に制度が強い影響を及ぼすさらなる例として、ほとんどの人は特定の国家に生まれ、一般に自分を特定の国家の市民だとみなす。こういう事実について考えてみよう。国家は大規模な社会的総体である。国家とは何かという哲学的論争はあるが、当座のところ、国家とはその領域や

6　第1部　課題を設定する

管轄内のすべての他の社会制度を統御ないし統括する社会制度であると端的にいってよかろう。国家は法を作り、施行し、人々を投獄し、また別の方法で処罰する。国家は商業を管理し、軍隊を保持・強化し、そして他国に宣戦布告できる。国家はとてつもなく強力である。

　市民をおびえさせ、支配し、抑圧することで、権力を行使する国家もある。実のところ、この種の国家の場合、国家内の人々を市民という語で言い表してよいかどうかさえ明らかではない。専制的かつ権威主義的な政府のもとに生きる人々は、もしかすると市民というよりはむしろ、国家の臣民としてより特徴づけられるだろう。極めて残忍な専制の場合には、その国家のなかで暮らす人々を犠牲者と呼ぶほうが望ましいかもしれない。もちろん、国家のなかで暮らす人々のためになるように統治しようとする国家もある。国家は、市民の代表として市民のために存在し、統治を行う。このような国家は法を作り、施行し、人々を処罰し、戦争をしたりもするけれども、概してすべての市民が豊かになり繁栄できる社会秩序を維持することで市民の役に立つという明確な目的に基づいて統治を行うのである。

　後の章で、国家の本質や権力に関する一連の疑問を検討しよう。人が生まれおちる国家は、その人の人生の包括的特徴を大いに決定する。話す言葉、食べ物、（もしあるとすれば）実践する宗教、受ける教育、触れる芸術、追い求めるかもしれない職業、さらにはその人にどれくらいの寿命があるかまで含めて、それらはすべて、どこに生をうけるかと深く関係する。もっといえば、いわゆる包括的な世界観、つまり人類の歴史、科学、宇宙の本質、人生の意味、よく生きるとはどのようなことかなどに関する一般的な理解は大いに、どこの国に生をうけるかによるのである。

　だが、それで話が済むわけではない。重要なことに、シティズンシップはまた、その人が所属する国家に対する義務をもたらす。たとえば、アメリカの市民であるということは、アメリカの法律や政府に忠誠をつくす義務があるということでもある。このことは、たとえばカナダの市民がアメリカに対して背信行為を行うことができない理由である。間違いなくその人は、アメリカの市民として、投票する義務や、民主的に自治を行うために人々がともに有する役割を担う義務を負う。また、国家が脅威にさらさ

第1章　いくつかの予備的考察　7

れたときには、国家の防衛に貢献する義務があると一般に考えられている。したがって、多くの国家は何らかの形での兵役を必要とし、少なくとも特定の状況においては、市民が兵役に服すことが期待される。したがってシティズンシップは、その人の人生経路にかかわる多くのことを決定する。あるいはそれに強い影響を及ぼす。そして、市民という地位は、概して生まれた瞬間に獲得される。諸国家および市民からなる世界、そして国家におけるみずからの居場所というものは、我々に単に与えられたものなのである。

　ここまで1つのことだけを詳細に論じてきた。すなわち、我々は多くの社会的役割や関係性のなかに生まれおち、それに対応する社会制度によって規定される。つまり、家族・隣人関係・都市・宗教共同体・経済的階級・民族・人種・ジェンダーに基づく集団、あるいは国家などである。そして、各人が担う役割には様々な道徳的・社会的・法的重要性がある。社会的世界において自分がどこに位置づけられるかによって、多くの場合、それを各人が選んだわけではないにもかかわらず、自分にとって何らかの重要な義務・責務・期待が明らかになる。社会制度は、我々が人生を通して利用できる機会や便益の範囲を決定するうえでも重要な役割を果たす。社会制度の影響はあまりにも幅広いので、実のところ人間の生は、法則が支配する経路に沿って重い物体が落ちていくのとさほど変わらないのではないか。こう疑問に思いはじめるかもしれない。人間の生というのは、生まれた瞬間から作用しているあらゆる物理的・社会的諸力の帰結でしかないのかもしれない。

　まだ表面的にしか論じていないので、この段階でいかなる明確な哲学的結論を導きだすことも差し控えるべきである。社会制度の本質や、生を営むうえでの社会制度の役割について論じるべきことはまだ多くある。実のところ本書は総じて、まさにこの問題を多面的に検討することに費やされている。だが、ここまで少しばかり論じてきたことだけでも、社会的世界が少なくとも我々を取り巻く物理的環境における有無を言わさぬ事実と同じくらい我々の生に影響を及ぼしている、ということを示すには十分である。火が燃えたり、支えられていない重い物が落下することは、日常生活

8　第1部　課題を設定する

を営むうえでうまく説明できる事実である。だが、それにもかかわらず、我々が社会的に存在しているという事実を肝に銘じておくことは重要である。たとえば、我々が行いがちなことのいくつかは、罪になったり、あるいは他者に危害を与えるものである。このことを我々は日々の生活において留意すべきである。

さらに、これまで論じてきたことから、社会的世界がある決定的な点で物理的世界とは根本的に異なることが詳らかになる。物理的世界も社会的世界もともに、我々が自分で作りだしたわけではないが、社会的世界が存在する理由は我々自身にある。世界から誰もいなくなっても、火が燃えるという事実は変わらないだろう。だが、人がいなくなれば、政府・法律・家族などは消え失せてしまうだろう。突然誰もいなくなれば、本書で論じている社会制度や役割や実践は過去の遺物となってしまうだろう。そのため社会的世界は、我々が個人として作りだしたものではないにもかかわらず、我々が集団としてそれを支えることで存続する。したがって、たとえ我々が自分で作りだしたものではない社会的世界に生まれたとしても、我々はそれを形作るうえで、何らかの役割を担うのである。極めて最近の、一部の地域に限った歴史からでもわかるように、社会制度の特徴は変わりうるのであり、そうした変化にともなって、我々が他者と取り結ぶ関係性や我々の相互行為を統括する規則も変わるのである。より重要なのは、我々が他者と生を営む制度や規則を変えることができるということを、我々が理解しているということである。ゆえに、我々は引き継ぐものとして社会的世界を作りだすのではないが、それでも、社会的世界は我々のものなのである。すなわち、我々は社会的関係を取り結ぶことでそれを維持し、そうした参加を通じて、時には社会制度のあり方も変わるのである。

社会的世界とはある意味では我々が作りだすものである。このことは、社会的世界の主たる特徴の1つを説明するのに役立つ。これまで、制度や我々が作りだす規則や法は、まるで我々とは別個のものであるかのように、つまり、つきつめれば落下物を支配する法則と同じものであるかのように論じてきた。確かに、一定かつ不変の政治的法則があるという見方を

擁護する政治哲学者もいる。だが、そうした見方においてさえ、社会制度は自然の諸力とさほど変わらない、というわけではない。制度とは、人々が従事する役割や仕事の集積である。物理法則、つまりそれだけで体の動きの一挙手一投足を統御するものとは異なり、我々の社会生活を統御する規則や実践に力を与えるのは我々自身である。すなわち、我々が規則を課すのである。言ってみれば、我々はお互いを規則で縛りつけるのである。

　もちろん、全く同じ種類のものが課されるわけではない。先に述べたように、国家はその権力を行使することで法を施行する。国家は、ある特定の行為を行うように人々を動機づけ、促す法を制定し、それに従わない者を処罰する。だが、より巧妙でわかりにくい形で課されるものもある。それは、国家権力をともなわない点で、より直接的なものである。列への割り込みというなじみ深い例を考えてみよう。地元のカフェでコーヒーを待つかなり長い行列があるときに、社会のルールでは、最も直近にその場に到着した者は最後尾に並ぶべきである。誰かが列に割り込んでこのルールを破れば、往々にして他者から非難される。もちろん、割り込みを禁じるルールがあるからといって、割り込んだ者が無理矢理連れ出されるようなことはめったにないが、時として、きちんと列の最後に並ぶように他者から注意を受ける。同じようなことが交通法規においてもみられる。向こう見ずな運転や「割り込み」をした者は、しばしば長いクラクションを鳴らされる。ゆるやかな罰の形である。つまり、そういうことをする者に恥をかかせ、罰するのを意図した非難の表れである。他の事例でも似たようなことがいえるだろう。

　我々は多くの場合、割り込みや危険な運転の例を、ルール違反というよりもマナーの悪さといったものだとみなすかもしれない。それゆえ、当然生じる非難という社会的メッセージは、不満を表すことと大差ないと考える。けれども、そう考えていては、これらの事例について重要なことを見落としてしまう。割り込んだ者は、それによって不利な影響を受けない者からも非難を浴びる。つまり、第三者は多くの場合、悪い行いの影響を受ける人の立場に寄り添って抗議する。実のところ、我々は概して、何らかの社会的ルールを破る者をわざわざ非難し、しかも自己を犠牲にして非難

10　第1部　課題を設定する

するのである。つまり、社会的ルールを違反したことに対するゆるやかな
形のありふれた反応は、他者の行動を変化させようとするものである。不
注意な運転手にクラクションを鳴らすのは、単にその人の運転を非難しよ
うとしたのではない。非難の核心にあるのは、不注意な運転に対して社会
的コストを付与することである。そして、不注意な運転手に対してルール
に従って運転するよう促すことである。

　このような日常生活において非公式のルールを課されるありふれた事例
は、ある意味では国家が公的に課すものと同じ種類のものである。確か
に、不注意な運転手に違反切符を切る警察官は、我々がクラクションを鳴
らすことで違反者を罰するのとは違うやり方をしている。警察官は、交通
法規の順守を促したり、違反者を処罰するというやり方で、国家のために
行動している。もちろん、より複雑なレベルでは、国家は、法を作り、施
行し、解釈するための公的な過程や手続きを組織している。それらには、
包括的な司法制度、法を制定する責任を有する代表機関、罰則を施行する
制度の幅広い枠組みなどが含まれる。しかしながら、これらはすべて、車
の運転やカフェでの行列にかかわる日常のルールのように、社会秩序を維
持するためにある。そして、社会秩序を維持することには、そうしなけれ
ばやらないような行動をするように、人々を動機づけ、促し、駆り立て、
強制しさえする行為も含まれる。くり返せば、社会秩序は我々がお互いに
・・
課すものである。結局のところ、この事実が政治哲学の主たる素地となる
のである。

1.2　政治哲学とは何か

　おさらいしてみよう。社会的世界が我々の生に与える影響について論
じ、その主たる2つの点を強調した。第一に、社会的世界は柔軟なもので
ある。社会的世界は、社会秩序をもたらす規則・役割・制度の複合体であ
り、社会秩序には多くの種類がある。さらにいえば、社会制度は変わりう
るし、我々がそれを変えることができる。第二に、社会的世界が存在する
のは、我々がお互いにその規則を課すことでそれを支えているからだと指

第1章　いくつかの予備的考察　11

摘した。つまり社会的世界は、人々がある方法で行動し、別の方法で行動しないように要求するのである。

社会的世界のこの２つの特徴が組み合わされることで、明らかに哲学的な一連の課題が導きだされる。それには政治哲学に固有の課題も含まれる。しかし、それを示す前に一歩退いて、何が課題を哲学的なものにするか、という点を論じておくことは役に立つかもしれない。そうすることで、政治哲学とは何かを論じることができるようになるだろう。

あらゆる分野における探究は理由を問うものである。それは明らかである。たとえば、物理学者は支えられていない重い物体が落ちる理由を問い、化学者は氷が融ける理由を問う。科学者はこのような現象の説明を求めている。ふさわしい説明ができれば、科学者が自然現象を予測できるようになる。科学者は、自然環境を管理・統御できるようになる。哲学者もまた理由を問う。哲学者も科学において探究されるような説明を探究する。たとえば、形而上学として知られる分野の哲学者は、世界の最も基本的な特徴を説明することに関心を寄せる。形而上学者は、「存在するとはどういうことか」「時間とは何か」「因果関係の本質とは何か」などと問う。心の哲学者は、「なぜ意識が存在するのか」「知覚はどのように働くのか」「なぜ我々は夢を見るのか」といったことを問う。このように問うなかで、哲学者は考察している現象を説明しようとする。つまり、哲学者は世界を正確に描きだそうとする。哲学的な探究の多くの分野は、状況に応じて、関連する諸科学と固く手を結ぶ。たとえば、現代の形而上学者は物理学の発展を綿密に追っているし、心の哲学者はしばしば、心理学者や認知科学者と共同で研究を行うのである。

哲学者はいまひとつのことも問う。つまり、説明のみならず正当性についても探究する。すなわち哲学者は、物事がどのようであるかだけではなく、物事がどのようであるべきか、そして、そのあり様が受け入れられるものであるのかを問うのである。哲学者は、記述的な問題だけではなく、規範的な問題を探究しているといってもよい。もちろん、物事がどのようであるべきかを理解しようとすれば、多くの場合、物事がどのようであるかを正確に描きだすところから始める必要がある。そのため、記述的な研

12　第1部　課題を設定する

究と規範的な研究は、確かに関連がないわけではない。だが、我々が正確に描きだそうとするとき、その正確さの基準は、物事がどのようであるのかということである。つまり、水の分子のなかに３つの水素原子があるということに従って世界を記述したとして、のちに水素原子が２つしかなかったことがわかれば、その記述は誤りであり、修正されなければならない。逆に、規範的な説明における正確さの基準は、実際に物事がどのようであるのかということではない。ゆえに、魚を食べることが不正であるということに従って社会的世界を規範的に説明し、魚を食べることが実はかなり広まっているものだとしても、そういう事実があるからといって、規範的な説明が誤りである、という証明にはならない。むしろ、世界は実に多くの不正義であふれていると結論づけられるかもしれない。言い換えれば、記述的な説明は、正確であるために世界のあり方に適合しなければならないが、規範的な説明は、正確であるために世界のあり方に適合する必要はない。規範的な説明における正しさの基準は別のところに存在するのである。

　科学と哲学の違いについてはさておき、記述的な説明と規範的な説明の違いを極めて簡単に説明した。だが、ここまで論じてきたことは当座の目的に十分に役立つだろう。その核心は、政治哲学とは社会的世界における様々な事象に関する正当性を探究する規範的な試みである、ということである。

　政治哲学をこう定義するだけでは間違いなく不十分である。そこで、社会的世界における社会的なものと政治的なものを区別することでより正確に定義できるようになるだろう。ただし、いかに区別しようとも、その区別は見せかけのものであり、しかも論争的なものだということは記しておくべきだろう。けれどもくり返せば、当座のところ、程度の差こそあれ、日常の家族や隣人のような社会制度と、国家の主たる要素である制度は区別できる。それを区別する１つの方法として、先に述べていた点を思い起こそう。つまり、国家は他の社会制度を統御し、ゆえにそれらを規定するのに役立つということである。国家は、法や政策を作り、施行することでそれを達成してきた。確かに、あらゆる社会制度は、その制度のなかにお

いて忠実であると期待される人々に対して規則を作る。しかしながら一般に、国家の法は、他の社会制度ができる以上のやり方で施行されうるという点で、特別なものだと考えられる。あからさまにいえば、規則を破った者を正当に刑務所に入れることができるのは国家だけである。したがって、国家だけが、警察権力や軍隊のような、法の強制を目的とする公的機関を組織できる。確かに、市民は犯罪の防止や抑止のために互いに結束するが、警察権力のような正当性をもって行動することはできない。あなたの隣人が、自分のガレージに刑務所を建て、そこに犯罪者を拘束することはできない。このようなことをできるのは、国家や国家によって任命された警察官だけである。

　法を作り施行する国家権力と、他の社会制度がその成員に行使する権力を比べてみよう。まず家族を見てみよう。家族は成員に規則を課し、なかには非常に要求の高い規則もあることは否めない。家族は規則を守らせるために様々な権力を行使することもある。多くの家族において、主たる規則に反すれば、ずいぶん極端な帰結に至ることもある。だが、家族について重要なのは、少なくとも、ひとたび国家がある人を成人に達したとみなせば、その人はもはや自分は家族の一員ではないとたやすくいうことができるということである。つまり、意のままに家族やその規則から抜けだすことができる。少なくとも、規則から少しでも逃れるために、家族の他の成員とのあいだに、感情のうえで、そして物理的にも距離を取ることができる。このように家族から抜けだすことは、もちろんいつも感情的に心地よく、気が休まるというわけではないが、できないことはないのである。

　次に宗教共同体の場合を見てみよう。先に述べたように、宗教共同体はその成員に幅広い規則を課す。宗教共同体の成員には、共同体の規則を守り、それに沿って生活することが期待される。宗教共同体においても、規則を遵守させる（もしくは少なくとも背信行為をやめさせる）ための様々なメカニズムが適切に存在する。家族と同じく、宗教的な戒律を破る代償のほうがむしろ高くつくことがある。実のところ、多くの人々にとって、宗教共同体は拡大した家族のような役割を果たす。したがって、宗教共同体から除名されたり脱会させられることは、深刻な社会的コストをともな

うおそれがある。宗教共同体を離脱した者はしばしば、多くの友人や他の社会的支援を失ってしまうといったことを訴えている。しかしそれはともかく、重要なことは、宗教共同体はあなたをその成員であるよう正当に強制することはできない、という点である。教会に閉じ込めることはできないし、たとえば銃で脅すなどして、意志に反して共同体に留めおくことはできない。たとえ宗教共同体が、離脱による社会的コストが極端に高いように組織されるものだとしても、自発的に離脱することは常に可能であり、それは少なくとも合法である。

　宗教的なものであれ何であれ、社会制度が、実のところ人々を意志に反して拘束したり、他の極端な形で強制しているということが疑わしい理由を見いだせる例をさらに見てみよう。国家はそのようなことを正当に行っているのである。すなわち、国家は他の社会制度に対して、その成員が実行可能な離脱という選択肢を実際に選ぶことができるよう求める。家族や宗教共同体のような社会制度は、（広範な制約のもとで）内部で規則を決めることができる。そして、そうした社会制度は、自分たちの規則を施行するためのある程度の自由が与えられているけれども、個人に対してその成員であることを強制できないし、規則を破った者に対して極端な罰を課すこともできない。そうした社会制度において、規則を破った者は恥をさらされ、威嚇され、非難され、権利を奪われるかもしれないが、身体的な罰を受けたり、投獄されることはないだろう。しかしながら、国家は成員に対してそのような罰を課す権利を要求する。つまるところ国家は、市民を監獄に入れ、そこに強制的に留めおき、時には残りの人生を社会からほぼ完全に隔絶された状態にする。家族や宗教共同体の規則を破った者とは異なり、国家によって課された何らかの法律に違反したかどで有罪判決を受けた者は、他者との関係を断つという所定の罰を免れることは絶対にできない。政治哲学者のあいだで一般的な言葉でいえば、国家は特定の形の権力を独占している、という点で特別なのである。他の社会制度が、規則を守るよう促す様々な権力を有しているのに対して、法に反したことに対する罰として、最も基本的な自由を奪い去る権利を要求するのは、国家だけである。したがって、国家はあなたの意志に反して、国家の規則に従う

第1章　いくつかの予備的考察　15

ように強制できる。強制をともなう権力、つまり、あなたが強制されなければやらないようなことを強制する権力であり、そのような強制力を行使することで、あなたを脅迫する権力の独占を国家は要求するといってよいだろう。だが重要なことに、国家はそれ以上のことを要求する。強制をともなう権力の独占に加えて、国家は強制をともなう権力を独占する権原をも要求する。後の章で詳細に論じることになるいくつかの専門用語を用いれば、国家は、あなたが規則に従うよう強制するための権力だけでなく、それを行う道徳的権利を要求する。つまり、国家はそれ自体で**権威**を要求するのである。

　この点にはもう少し立ち入る必要があるだろう。権力とは経験的なものだといってよかろう。誰がどのくらいの権力を有しているのかは経験的に調べればわかる。つまり、大雑把にいって、科学者が氷が融ける温度を調べるような方法によってである。権力を有する者とは、その人が望むことを他者に強制する能力を有する者である。したがって、誰が権力を有しているのかを明らかにしたければ、単に誰が「牛耳っている」のか、従うべき命令を誰が出しているのかを調べればよい。哲学的にいえば、権威は権力とは大きく異なる。権威とは権力を行使する権原のことであり、権力を保持し行使する権利のことである。それゆえ、権威は道徳的なものである。権威を有する者は、実のところ、無力であり支配する能力がないかもしれない。同様に、権力を有する者は、権威がないかもしれない。それゆえ、誰に権威があるのかを明らかにするためには、誰がうまく権力を行使しているのかを調べるだけでは不十分である。つまり、権力に対する道徳的権利を有するとすれば、誰がそれを有しているのかを問わねばならない。別の言い方をすれば、権威を有する者には支配し命令を下す権原がある。だからこそ、権威に服す者はその人が言うように行動する義務があるのである。

　実のところ、国家は多くの場合、国家の規則に市民を従わせる権力を有する。国家は、大規模な軍隊や法執行機関を指揮したり、あるいは様々な種類の武器をほぼ無尽蔵に手にすることができるのと同様に、刑務所・拘置所・診療所・精神収容所といった、自分の思うがままに支配する手段を

有している。しかし、国家はまた市民に対する権威も要求できる。つまり、あなたが帰属する国家は、あなたを従わせる権原を要求できる。少しのあいだ、国家が実際にあなたを従わせる権利があると仮定してみよう。するとあなたは、法を含む（おそらくそれだけではないけれども）国家の命令に従う義務がある。そして、法を破れば、あなたは分別なく行動している（つまり、逮捕され罰を受けるおそれがある）のみならず、何か不道徳なことをしているのである。法を破るということは、責務を放棄するということである。だから、あなたは罰を受けるべきであるだけではなく、罰を受けるに値するのである。

　ここにきて、政治哲学とは何かをより明確に述べることができる。社会哲学は、社会的世界における様々な事象を検討し、規範的に評価する哲学の分野である。しかしながら、政治哲学は、これから本書を読んで学ぶように、社会哲学の一部であり、とりわけ国家についての規範的な研究に関心を寄せるのである。つまり、国家の主たる側面や要素を特定し、それを規範的に評価しようとする試みである。政治哲学とは、そもそも国家は存在すべきなのか、もしそうであれば、国家はいかに組織されるべきなのかを問うものなのである。こう述べたときに、2度ほど用いられている「べき」という語は、ともに規範的な意味で理解されるべきである。この点を強調しておかねばならない。政治哲学は、国家がある目的を達成するための非常に効率的な、または効果的な手段であるのかどうか、ということを明らかにしようとするものではない。あるいは、どの政策や制度設計が、何らかの特定の社会的帰結や成果を最大限にもたらすことができるのかを見極めようとするものでもない。純粋に経験主義的な探究は政治学の分野に存在する。政治哲学とはむしろ、次のようなことを明らかにする試みである。すなわち、国家は我々に義務があると正当に要求できるのか、国家が作った法を犯した者を罰するとき、国家は絶対に正しいのか、国家は実のところ強制をともなう権力を独占する権原を有するのか、あるいは端的にいって、いかなる国家が権威を有するのか、といったことである。こうした問いに対する答えが是認されうるものであれば、次に政治哲学は、国家権力の本質や限界を見極めることで、国家はいかに組織されるべきな

第1章　いくつかの予備的考察　17

かを明らかにしようとする。このような問いをうまく解決できれば、政治哲学は、いかなる既存のあるいは現実に存在する国家にその種の権力を有する権原があるのかどうかということを問う余地があるかもしれない。既存の国家にその権原があるのならば、政治哲学は国家間の関係について問い、国家は他国に対して権力を正当に行使できるのかを問う。政治哲学はたちまち込み入ったものになってしまうと考える人もいよう。とはいえ、さしあたり、政治哲学とは国家の正当性について探究するものだといってよいだろう。

1.3　本書の流れ

本書は、前節で論じた政治哲学の本質について理解に沿って議論が展開される。したがって本書は、個人と国家の関係性に着目する。言い換えれば、本書は政治的権威の正当性にかかわる哲学的問題の説明をしようとするものである。

すでに強調したように、我々の生は常に規範・規則・制度といった既存の社会的ネットワークに埋め込まれている。それゆえ、国家やその正当化について、いわば何もないところからは説明できない。このことは当然だろう。むしろ、我々がたまたまみずからを見いだした特定の社会的・政治的文脈から説明を始めなければならない。我々が自分で作りだしたわけではない社会的・政治的秩序のなかで生を営んでいることを見いだすように、社会的・政治的問題に関する考え方はその秩序において生じる。だからといって、自分が生を受けた社会（概して近代西洋民主主義社会）の一般的な規範や原理に全く凝り固まり、ゆえに、各社会における古めかしい忠誠や昔ながらの常套句をただくり返すだけに終始する、というわけではない。最終的には、自分が生を営む社会的世界について批判的に吟味できるようになること。これが大かたの目標である。だが、日常の社会環境から知的に距離を取ることができるようになるには、そうした社会環境のなかにある考え方から始めることが有益である。

したがって第2章では、我々の議論の出発点や我々の政治哲学的な立脚

点を哲学的に明らかにしよう。そこでの目的は、自分たちの社会的世界に関するなじみのあるイメージを描きだすことである。ただ、そのイメージは政治哲学の道具を使って描きだされるので、あまり親しみがあるとはいえないものになるかもしれない。だがうまくいけば、描きだされたイメージは往々にして親しみのあるものであろう。実のところ、第2章で展開したイメージは、あなたがすでに見知っているものをさほど目新しくもない方法で描きだしたものとして理解されるべきである。

　我々の政治哲学的な立脚点を説明する際に、明らかに哲学的な問いが存在するいくつかの場面について述べることがあるだろう。第3章以降で、多くのこのような問いについて検討しよう。第3章では個人の自由の本質に関する問題を探究する、そして、第4章では国家が要求する権威の本質を検討する。これらの章から明らかになることの1つは、もし国家が仮に正当化されるとすれば、その正当性は、国家の権威を明らかに抑制し、制限できることに基づいている。だとすれば、国家の適切な役割とは何かを考えることが求められる。国家の主たる役割は正義を保障することである。こう論じることにほとんど意味はない。だが、不正な国家は、その国家がどんなに他の望ましい特質を有していることが明らかだとしても、破綻国家である点に留意しよう。ゆえに、正義とは何かを検討するのは本書において極めて重要である。この問題を第5章で扱う。

　しかしながら、たとえ正義が要求することを明らかにしたとしても、正義を保障するために必要なことを行うために、いかにして国家を権威づけるのか。こうした問題がまだ残っていよう。近年では概して、正しい法を制定する善意ある王によって治められる社会は、それでもなお正当化できないと考えられている。というのも、国家の正当性は、往々にしてどのような法を施行しているのかだけでなく、いかなる法が施行されるのかを決定する方法や、法の管轄下に暮らす人々をどのようにみなしているかにもよると考えられるからである。言い換えれば、我々は概して、国家はある程度その要求について人々に対して説明できるのでなければならないと考えるのである。つまり、我々は多くの場合、民主主義が必要だと考えるのである。このことから民主主義の本質に関する一連の問いが生じる。第6

第1章　いくつかの予備的考察　19

章ではそのことについて論じよう。

　第7章の結論では、本書の考察の結果を取りまとめ、今後さらに検討すべきいくつかの点を明らかにしよう。

1.4　哲学に関するいまひとつの予備的考察

　私は序文において、哲学とはもっぱら、何が真実であるかを発見し、誤っているけれども耳触りのよい考えからみずからを守るために、疑問を持ち、検証し、議論する行為であると論じた。このことから哲学は、大衆政治の一般的なあり方とは全く一線を画したものとなる。今日の政治環境においては、歩調を合わせることや、政党への支持や、教義上の純粋さが、時として明確な理由を明らかにせずにもてはやされる。政治指導者は、しばしば「道徳的な明瞭さ」を公言し、真偽はともかく、「何のためらいもなく」行動する当然の能力があると大げさに喧伝する。彼らはまた、政治的問題について考えを変える者を「日和見主義」や「どっちつかず」だと批判する。彼らは概して、政治や公共政策に関する根本的な問題を問うべきだ、というまさにその考えを公然とはねつける。というのも、自分が好む政治理念に反対したり、まして異論をさしはさむ者は誰であろうと、無教養で愚かであり、不誠実で、裏切り者でさえあると考えているからである。政治に関する真実は、周知のことであるのみならず、あまりにも明白で単純であるので、そうした問題をわざわざ検討するのは悪意があるか誠実さに欠ける者だけである。政治家や人気のある政治評論家は、一般にそう考えるのである。

　地元の本屋の政治学の棚を一瞥するだけで、それは明らかである。政治に関する著作は、異なった政治的見解や対立する政治的観点から書かれているが、『リベラリズムは精神障害である』『共和党の騒音マシーン』『リベラルとどのように会話するか（もし必要ならば）』『ウソとそれを言う大ウソつき』のようなタイトルは、まさに似たような強力な政治的メッセージを発している。つまり、著者が好む政治的スタンスに知的かつ理性的に反論できる者はいないので、政治的論争に意味はない。こういうメッセージ

20　第1部　課題を設定する

である。こうした共通の口癖は、全く哲学的ではなく、また、ほぼ間違いなく大いに民主的なものでもない。哲学者からすれば、最も重要な問いとは、最も難しく複雑な問いである。したがって、そのような問題に対して知的に応答可能であり、また哲学的に擁護可能な様々な応答がありうることを期待すべきだ、ということになる。実際に、哲学的営為の前提には、理性的に考えれば意見が一致しないことはありうる、ということがある。これが意味するのは、知的で思慮深く、よく情報に通じた熱心な２人が、それにもかかわらず深遠かつ重要な問題について意見が対立することはありうる、ということである。

　重要なことだが、理性的に考えて意見が対立する可能性を哲学者が良しとするのは、相対主義を良しとするということではない。相対主義とは、政治的問題について、他者の意見よりも優れた（もしくは劣った）意見というものはない、という考えである。この種の立場がいかにばかげているかを示すのは簡単である。というのも、つきつめれば相対主義は、相対主義の立場それ自体が、他の立場よりも良いと主張しているのである。つまり政治的問題について、相対主義それ自体が相対主義ではない考え方よりも望ましい。相対主義者はそう主張するのである。だが、それこそが端的に、相対主義が反対し否定するはずの考え方である。したがって、哲学者の言葉では、相対主義は自滅的である。くり返せば、理性的に考えて意見が対立する可能性を哲学者が良しとするのは、相対主義に依って立つからではない。むしろ、非常に複雑で困難な問いに関していえば、人間は理性的な能力を適切に行使している場合でさえ誤りうるのだ、という考えに基づいている。したがって、主張の真理と、それを主張する者が有する理性や知性を哲学者は区別する。根拠がしっかりした嘘や誠実な誤りというものは時としてある。哲学者はそう強く主張する。まさに勘の良い人が幸運にも真実に到達することがあるように、時として申し分のない調査や理由づけや主張すらも嘘につながることがある。だから、たとえいかなる難解で複雑な問題に対する真の答えも絶対に１つしかありえないとしても、そこに至るまでには、間違っているけれども理性とは矛盾しない多くの答えがありうる。こうした考えを哲学者は支持する。標語らしくいえば、間違

第1章　いくつかの予備的考察　21

うことと愚かであることは異なる。哲学者はそう主張するのである。

　人気の政治評論を生みだすことに執心している1兆円産業においては、誰もがこうした単純な考え方に断固として反対している。評論家や著作家、ラジオ番組の司会者、テレビ向けの「専門家」は、政治について誤っていると彼らがみなす者は誰であれ、だからこそ無分別で、無教養で、無能で、不道徳で劣悪だと考えることで一致している。つまるところ彼らは、政治哲学の（本書の）中心にある考え方を拒絶している。自分が最も大事にしている考えを理性的に精査し、自分が有している信念を下支えする根拠をしつこく検証し、その信念に反対する人々に説得力をもって表明する義務が我々にはある。本書で示すように、我々はみずからの政治的信奉にある種の敬意と尊重を与えるが、なぜそれに値するのかといえば、それに対して忠誠をつくすべきだという考え方を下支えする理由や論拠を批判的に検討しているからこそ、そうなのである。

　哲学にはそもそも危険がつきものだと認識すべきである。このことは政治哲学にとりわけ当てはまるように思われる。我々の政治に対する考え方を哲学的に検討するうちに、いくつかの重要な信奉が改良され、洗練され、補完される必要があることに気づくだろう。また、強く支持され大切にされてきた考えが誤りであり、不適切であり、ゆえにすべて放棄されなければならないとわかることもある。すなわち政治哲学は、時として不変であり、確固としており、すでにできあがってしまったものとしてみなすように習慣づけられて育ってきたであろうものについて、考え方を変えるよう要求する行為である。同様に、単に愚かなものとして長きにわたって批判されてきた対立する考え方が、実のところ自分の考え方に対する説得力のある代替案であることに気づくだろう。あるいは、たとえ長きにわたって批判されてきた対立する考え方が実際に愚かなものであったとしても、そうした考え方の支持者のなかには、我々が強く支持してきた考え方に対して、重大かつ困難な異議を唱えている者もいるということに気づくだろう。哲学的に考えると、自分がどこに向かっているのかわからなくなるだろう。自分の信念が確固たるものでなくなってしまうのである。

　このように、哲学には方向感覚を失わせ、不安定なものにさせる側面が

ある。それゆえ、哲学はいかがわしいものだと論じる者もいる。哲学者は、混乱や不確実さを招き、人々を道に迷わせようとしているというわけである。実際に哲学者は、他の望ましい選択肢がないにもかかわらず、確実に信頼できる伝統から人々を引き離そうとする。この種の混乱は、道徳的・政治的な問題についていえば、とりわけ危険であることをつけ加えておこう。こうした哲学に対する批判は、少なくとも古代アテネにおけるソクラテスの裁判および処刑にまでさかのぼる長い歴史がある。非難には一理あるのである。実のところ、哲学は物騒なものなのかもしれない。

　しかし、このように哲学を強く批判する者は、自分たちが主張する代替案につきまとう危険性をめったに考慮しない。つまり、伝統を無批判に受け入れることや、過去に忠実で疑わないことである。これも明らかに危険である。実際に極めて有害かつ不正な伝統的考えに無批判に忠実であることがどれほど危険であるかは、いうまでもない。単に伝統や（その当時はそう考えられていた）常識への服従の名のもとになされた恐ろしい行為に関する周知の例を挙げるまでもなかろう。無論、哲学の批判者は直ちに、誤った伝統や理念は絶え間ない精査と挑戦を受けるべきだと譲歩するだろう。彼らは単に、適切な伝統や価値のある理念がきちんとある場合には、哲学は人々の判断を誤らせるだけだと考えているのである。だが、それも誤りであるように思われる。真偽は定かではないが確実に信頼できる伝統的信奉を守るために、哲学的な検討が退けられるならば、それらが自分たちにとって不朽の価値があることを実証する過程を放棄することになる。適切な伝統や価値ある理念は哲学的な吟味を耐えうるはずであり、伝統や理念を吟味することは、そのような価値をいつでも断固として守り抜くこととは切り離されるべきである。逆に、伝統や理念が哲学的に検討されなくなれば、それらを重要視する理由や論拠を持てなくなるかもしれない。ゆえに、伝統や理念に対する忠誠を失うおそれがあるのである。

　ゆえに我々は次のように問う。哲学的に思考すべきか、あるいは、そうすべきでないのか。どちらにも危険はある。けれども、その問いに応えようとするいかなる試みも、哲学的な営みだということになるのである。哲学は危険をともなうものだが、そうした危険は避けがたいものでもある。

第1章　いくつかの予備的考察　23

我々は哲学的に思考しなければならないのである。我々には、意識的に哲学的に思考しようとするか、あるいは場当たり的にそうするか、いずれかしかない。したがって本書は、自由・権威・正義・民主主義に関するいかなる特定の哲学理論を擁護するものでもない。むしろ、こうした問題について深く哲学的に考察することを目的とするのである。

読書案内

　本章で論じた哲学一般の、あるいは政治哲学に固有の本質にかかわる広範にわたる主題については、以下でより深く探究されている。Bertrand Russel's 1947 lecture "Philosophy and Politics"（reprinted in his *Unpopular Essays*, New York: Simon and Shuster, 1950）; Isaiah Berlin's 1961 essay "Does Political Theory Still Exist?"（reprinted in his *Concepts and Categories*, Second Edition, Princeton: Princeton University Press, 2013）〔「政治理論はまだ存在するか」、小川晃一ほか訳『自由論』（みすず書房、2000年所収）〕; Robert Nozick's "The Zigzag of Politics"（reprinted in his *The Examined Life*, New York: Simon and Shuster, 1989）〔「ジグザグの政治」、井上章子訳『生のなかの螺旋 —— 自己と人生のダイアローグ』（青土社、1993年所収）〕。政治哲学の抽象性に関する懐疑的な見方については、以下を参照。Bonnie Honig, *Political Theory and the Displacement of Politics*（Ithaca: Cornell University Press, 1993）; Raymond Guess, *Philosophy and Real Politics*（Princeton: Princeton University Press, 2008）.

　政治哲学とは国家の規範的評価と国家による権威の要求にかかわるものだ、という点をさらに深めたい者は、古典的アナーキストによる次の著作を読むべきであろう。Mikhail Bakunin, *Bakunin on Anarchy*, edited and translated by Sam Dolgoff（New York: Knopf, 1972）; Peter Kropotkin, *Anarchism: A Collection of Revolutionary Writings*, edited by Roger, N. Boldwin（New York: Dover Publications, 2002）〔バクーニンとクロポトキンについてはさしあたり、猪木正道・勝田吉太郎編『世界の名著：53　プ

ルードン、バクーニン、クロポトキン』(中央公論社、1980 年) を参照〕；
Emma Goldman, *Writings of Emma Goldman: Essays on Anarchism,
Feminism, Socialism and Communism*（Red and Black Publishers, 2013）.
近年の著作家がこれらをどのように論じているかについては以下を参照の
こと。Robert Paul Wolff, *In Defense of Anarchism*（New York: Harper
and Row, 1970）; John Simmons, *Moral Principles and Political Obligation*
（Princeton: Princeton University Press, 1979）; Margaret Gilbert, *A
Theory of Political Obligation: Membership, Commitment, and the Bonds of
Society*（New York: Oxford University Press, 2008）.

第2章 議論の出発点

2.1 どこから議論を始めるべきか

本書の目的は、政治哲学の分野を徹底的に基礎から探究することである。だが、第1章で述べたことを踏まえれば、我々はすでに政治哲学におけるある特定の考え方を信奉せざるをえないようである。我々は次のように政治哲学を定義した。すなわち、国家を評価し、とりわけ国家の権威に対する要求の哲学的正当性を探究する規範的な試みである。これはすでに、国家は少なくともある程度は正当化を必要とするものだとみなす、ということである。先に述べたように、我々は重力の法則の正当性を探究するのではない。むしろ、なぜ支えのない物体は落ちるのかという説明を探究している。政治哲学を国家の正当化可能性を考察しようとする試みだとすれば、国家は、たとえば重力の法則とは根本的に異なることをそれとなく認めているのである。少なくとも原理的には、国家はそのままで存在する必要がなく、改変され、あるいは完全に廃止されうるものなのである。これに関連して次の点を強調しておくべきであろう。政治哲学を国家の正当化可能性を探究するものだと定義すれば、正当化の権原は我々にあるということを暗に認めているのである。少なくとも、このように政治哲学を探究するならば、我々はみずからを次のような存在だとそれとなくみなしていることになる。すなわち、自分が帰属する、あるいは帰属していないいかなる国家も正当性を有しているのか、適切に秩序づけられているの

27

か、忠誠を誓うに値するのか、権威づけられているのか。こういうことを、我々は問うことが許される存在なのである。

　政治哲学を構想するうえで、こうした帰結に至るというのは重要である。なぜなら、大かたの歴史において、この意味での政治哲学は禁じられてきたからである。かつて国家は、つきつめれば重力の法則と何ら変わらないものだと広く受け入れられていた。つまり、国家はもともと存在し、世界の自然的秩序における基本的な事実であると考えられた。王や他の統治者たちは、神によって任命されていたのだと主張した。ゆえに以前は、国家が権威を要求するのは疑う余地などなく当たり前のことだったのであり、それは検証されることも異議を申し立てられることもなかった。そして、正当化を要求する権力を有する国家ですら、国境のなかで暮らす一部の人々に対してしか説明責任を負わないと自認していた。そのような状況において、まさに政治哲学は、それを主題とする本を誰もが手に取るようなものではなく、ごく限られた者だけが、ふつうは聖職者や資産を有する貴族階級などの支配階級の者だけが手に取るようなものであった。無論、世界にはいまだに国家の権威についてこの種の見方を受け入れている国家が存在する。

　次の点に気をつけよう。あなたが今、本書を読んでいるということは、ある意味では驚くべきことなのである。さらに、私が国家の正当化可能性を主たるテーマとする本を執筆できるのは、出版者が本書を印刷し、公刊し、流通・販売できるという事実と同じように、ある種の政治的な成果である。迫害を受けることなく本書を読めるのは幸運なことなのだ。今のところ私は、治安を妨害した罪や反逆罪で告訴されるおそれも全くなく、本書を執筆している。出版者は本書を堂々と公刊・販売しようとしており、そのことに何の危険もない。我々は多くの場合、単に次のような基本的自由が保障されているという理由で、こうした事実を当たり前だと感じるだろう。つまり、読みたい本を読む自由、関心があることについて態度を決める自由、自分が適切だと考えるあらゆる問題について自分の考えを公的に表明する自由、自国の政府やそのなかで職務に従事する者を含む既存の社会的・政治的枠組みに対して自由に疑問を投げかけ、あからさまに批判

し、異議を申し立てることすらできる自由である。だがそれが可能なのは、ごく限られた特定の政治秩序においてだけであり、歴史上、比較的新しいことである。この点に留意すべきである。それを明確にするために、次のような主張について考えてみよう。

1. ジョージ・W・ブッシュ、ディック・チェイニー、ドナルド・ラムズフェルドは戦争犯罪人である。
2. バラク・オバマ大統領は、アメリカ生まれでない卑怯者の詐欺師であり、だから実のところ大統領として不適格である。オバマ政権は全体として正当性を有さない。
3. 最高裁判所のロバーツ判事とスカリア判事は、判事の座にふさわしくない無教養な偏狭者である。
4. アメリカ市民は、現政権に対する差し迫った大規模な戦争に備えて武装すべきである。
5. アメリカ政府は 2001 年 9 月 11 日の恐ろしい攻撃を首謀した。つまり自国民を殺害したのであり、ゆえに今すぐ打倒されねばならない。
6. アメリカは独裁的であり、大量虐殺が可能な世界を抑圧する力を有し、殺人者や奴隷や何十億もの世界中の貧者に対して責任がある。アメリカを破壊することは道徳的命題である。

　こうした主張のなかには、奇妙で、問題含みであり、不快であり、多少侮辱的だとさえ思うものもあるかもしれない。明らかに誤りであり、ふざけており、全く愚かだと感じるものもなかにはあるだろう。だが、2 つのことを強調しておくべきである。第一に、このような主張に目を通すとき、おそらくあなたはそうすること自体の合法性を懸念していないだろう。さらにいえば、このような主張に目を通し、本書を持っていることで逮捕されるかもしれないなどとは感じていないだろう。あなたは本書が、あるいは本書を所持していることが、多少なりとも犯罪になるとは全く思わないだろう。第二に、上記のような主張を述べること・公刊すること・読むことは全く犯罪にはならないというあなたの判断は、インターネット

第 2 章　議論の出発点　29

や街角や地元の公園や活字媒体のような公開のフォーラムにおける事実によってより強められる。そうしたフォーラムにおいて、上記のような主張をするアメリカ市民をよく目にする。彼らは、法的な報復を全く恐れることなくそのようなことを行っている。実のところ、上で述べたよりもはるかに激しくアメリカ政府や役人を拒絶する者に出会うのは難しくない。こうした事実は当たり前かもしれないが、驚くべきことなのである。

　別の観点から考えてみよう。あなたが本書を読んでいるならば、あなたが特定のある国家、つまり次のような信奉に拘束された国家の市民であることは大いにありうる。すなわち、市民を平等に処遇し、一連の個人の自由を認め、個人の権利を法体系化し、市民に対して説明責任を負い、みずからの信念のもとで各自で生を営むために、各人が他者の自由を尊重するという広範な制約のもとで、みずからが適切だと思う生を営むことができる公正で安定的な社会的枠組みを提供することがその役割であるとみなすような国家である。もう少し詳しくいえば、概してあなたは国家の市民であり、あなたが帰属する国家は、市民の役に立つことを公的な目的とするのである。さらにいえば、国家はみずからの権威が市民に基づくものだと考える。典型的には、権威は統治されることに関して自由にもたらされた合意を通じて与えられる。したがって、国家はみずからの権威を市民による権威づけを必要とするものだとみなす。そして、市民は権威づけを保留し、取り消し、何らかの条件のもとでは国家に対して合法的に反旗を翻す。おそらく、最も重要なことに、国家はあらゆる点で国家の権威が包括的なものではなく、極めて特別な方法で限定されるものであると理解する。より正確にいえば、国家はみずからを親や道徳的指導者というよりはむしろ、公平な審判や裁判官として、つまり政治秩序の中立的な守護者や個人の自由の保護者だとみなしているのである。

　もちろん、これは極めて粗い予備的な議論にすぎない。国家が市民を平等な者だとみなすとはどういうことか、個人の自由とは何か、つきつめると国家の説明責任とは何なのか。こういうことにも言及する必要がある。さらに、上で論じたのは、国家と市民の関係についての理念である。この点を付言しておくことは重要である。大半の既存の国家が、まさに先に述

30　第1部　課題を設定する

べた信奉を支持すると公言する国家でさえも、こうした理念に多くの点ではるかに及んでいないことをあまりにも目の当たりにしている。

だが、このように論じることで、政治的世界のイメージとは概ねどのようなものであるか、という全体像は十分に伝わる。確かに、こうした議論が一般に知られているからといって、それを哲学的に擁護できるわけではないが、なじみのあるところから議論を始めたほうがよいだろう。

2.2　政治哲学におけるリベラリズム

我々がまさに論じてきた一般的な概念は、政治哲学において**リベラリズム**と呼ばれる。リベラリズムという語は正直なところ少々紛らわしい。アメリカで一般的な政治的言説においては、リベラリズムは民主党に関連する政策に言及するために用いられるからである。この一般的な用法では、リベラリズムは保守主義と対置される。保守主義は共和党の政策要綱に関連する。アメリカにおける大衆政治のほとんどは、リベラルと保守の論争に焦点を当てるものである。実際に、この論争を中心に展開される政治評論は、現在1兆円産業である。しかしながら、政治哲学におけるリベラリズムは、政治的世界を概念化する特定の方法の呼び名である。つまり、特定の一連の公共政策にかかわるのではなく、政治的に思考するための枠組みと私が呼ぶものである。一般的な意味における民主党も共和党も（少なくともアメリカにおいては）、この哲学的な意味においてはすべてリベラルである。共和党も民主党も、実のところ内心は何においても意見の相違などない、ということではない。むしろ、哲学的な意味でのリベラリズムは、共和党と民主党のあいだで政策論争が交わされる共通の土台をもたらすのである。共和党と民主党が政策について一致できないのは、政治的世界の共通の概念を共有しているからだとすらいってよかろう。くり返すが、リベラリズムと呼ばれるものが意味するものは、政治的に思考するための枠組みなのである。

これらすべてについてさらに説明する必要があるだろう。哲学的な意味におけるリベラリズム（議論を進めるうえで使用する意味において）は、

第2章　議論の出発点　31

一群の信奉であり、それぞれの信奉は様々に哲学的に解釈できる。だが、リベラルな枠組みを特徴づける一連の考えを明らかにすることはできる。ゆえに、これらの特徴的な信奉をより明確に理解しようとすることから始めよう。そうすることで、大衆政治における相対立する考え方が、共通の枠組みに関する解釈をめぐって競合するものである、ということをどのように理解できるのかがわかるだろう。

2.2.1 リベラリズムの中核をなす 3 つの信奉

リベラリズムの中核をなす 3 つの信奉から分析を始めよう。それらはリベラリズムを政治的な分析枠組みだとみなす者ならば、ほとんど一様に支持する考えである。後に、これらの 3 つの信奉のうちどれを否定してもリベラルでありうるかどうかを問うことがあるだろう。当座のところ、あらゆるリベラリズムが少なくともこの 3 つの信奉に合意しているものとして話を進めよう。

何よりもまず、リベラリズムにおいては、個人はそれ自体で政治哲学的な分析の主たる単位である。リベラリズムは、家族・部族・民族集団・経済階級・国民などの何らかの社会的単位を基本的なものだと考える考え方とは根本的に対置される。言い換えれば、リベラルは、少なくとも政治哲学的な目的のうえでは、社会集団や制度を、個人が多様な形で組織されたものとして理解すべきだと論じる。リベラリズムではない様々な考え方においては、このことは明確に否定される。つまり、リベラリズムを支持しない者は、個人は何らかの社会集団における成員資格の観点から常に理解されるべきだと考える。実際に、リベラルでないアプローチにおいてはしばしば次のように主張される。すなわち、社会的な成員資格は、個人に先立つ、あるいは個人を構成するものであるとか、あなたをあなたたらしめているのは、あれこれの集団の成員だということであるとか、したがって、何らかの社会集団における成員資格があなたを規定する、などというのである。ゆえに、リベラルでない見方によれば、社会的でない個人という考え自体がある意味で矛盾しているのである。というのも、個人であることは何らかの社会的単位の成員であることだからである。リベラルはこ

32　第 1 部　課題を設定する

の点を否定する。リベラルからすれば、基本的には、様々な社会関係がどんなに重要であろうとも、また、自分が帰属する社会集団にどんなに深く自分を位置づけようとも、政治哲学の目的からすれば、個人はそうした関係から原理的に抜けだすことができる者として理解されるべきである。個人は、基本的には社会関係から離脱できると考えるところから政治哲学は始まる。こうした主張がリベラリズムの大元にはあるのである。

このようなリベラルの基本的な信奉を**個人主義**と呼ぼう。それがいかなる信奉なのかを正確に理解しておくことは重要である。個人主義とは、個人は本質的に傲慢で自己中心的だというものではない。あるいは、社会関係は重要ではなく、いつでも捨て去ることができるというのでもない。さらには、個人主義が最も望ましく、最も健全な者とは、みずからを一匹狼であり、「束縛されない主体」であり、ロビンソン・クルーソーだとみなす者だと断じるのでもない。むしろ、個人主義が政治哲学の出発点だということである。くり返せば、政治哲学の目的からすれば、特定の社会的しがらみから引き離して個人を理解すべきである。個人主義とはこのような主張である。実際に個人を社会から分離できるかどうかは問題ではない。個人主義とは、政治哲学的に思考するとき、個人とはそのようなものだという想定から議論を始めるべきだという主張なのである。

個人主義は、第二のリベラリズムの支えとなるものと密接に結びついている。**道徳的平等主義**と呼ばれるものである。後の章で、平等主義と呼ばれる正義に関する固有の考え方が出てくる。ただし、当座のところはこの語を広い意味で使用する。道徳的平等主義は、個人が道徳的に平等だとみなされるべきだという考え方だというのは実にもっともであろう。これが何を意味するのかを明らかにすることが重要である。道徳的平等主義は、各人は等しく善であるというのではない。先生と泥棒が社会において同じように処遇されるべきだというのでもない。むしろ、少なくとも国家に関するかぎり、各人は平等に道徳的に配慮される権原を有するというわけである。したがって、国家は各人の生を、平等に重要であり、平等に保護するに値し、平等に尊重され配慮されるべきだとみなさねばならない。あるいは別の言い方をすれば、道徳的平等主義には、国家が個人のあいだに生

第2章　議論の出発点　33

まれながらの序列関係を認めてはならないという意味がある。つまり国家は、誰も生まれながらに他者に政治的に従属することはないと断じなければならず、ゆえに、各人を平等な市民として処遇せねばならない。だから、道徳的平等主義は、経済階級・社会階層・生まれの高貴さ・人種・ジェンダー・民族・宗教に基づいて市民の政治的立場を決定する実践と対立する。したがって、リベラルな国家においては、中央政府の政治的役職は男性や裕福な者や生まれの良い者だけに開かれていると正当に明言できないし、あるいは女性だけ、ないし何らかの特定の人種や民族集団だけに適用される法律も施行できない。国家は人々を平等に処遇せねばならないのである。

　国家の観点からすれば、市民間の生まれながらの序列関係を否定するということには、あなたの生より本質的に重要なものはない、という含意がある。しかし、誰もが生まれながらにあなたの上司や管理人や主人ではないという意味もある。このことから、リベラリズムの第三の中核的な信奉がもたらされる。各人が道徳的に平等であるとすれば、各人はいくつかの基本的な意味において**自由**でもある。今や自由は、形而上学や心の哲学から倫理学や政治哲学まで、哲学におけるいくつかの固有の副領域にわたる多くの考察をかき立てる多義的な概念である。ただし、ここでこのような面倒事に巻き込まれたくない。本書では、（束縛からの）自由（freedom）と（解放され勝ち得た）自由（liberty）を互換可能なものとし、政治的に固有なものを示すために自由という語を使用しよう。リベラリズムの第三の信奉は自由である。

　第3章で見るように、自由の正確な本質に関して、リベラルな政治哲学者のあいだでかなりの論争がある。したがって、ここで論じたことは前置きにしかなりえない。標準的な解釈のほとんどにおいて、自由は外的な制約や干渉がないところに存在する、という考え方をリベラリズムは信奉している。言い換えれば、自由は他者の妨害なしに行動できるところに存在する。よって、自由という語をこのように解釈すれば、私が一足飛びに高層ビルを飛び越えることはできないという事実は、私の自由を制約するものではない。けれども、あなたの許可なしにあなたの車を正当に運転する

34　第1部　課題を設定する

ことはできないという事実は、私の自由を制約するのである。こうした一般的な見方において、他者が私の行動を制約するときはいつでも、つまり私の行動範囲が他者の制約や妨害によって狭められる場合に、自由は縮減される。ひとまず、リベラリズムとは個人の自由を信奉し、自由は何かがないところに存在すると主張するものだ、といってよかろう。もう少し正確には、次のようにいうことができる。すなわち、リベラリズムとは伝統的に、自由とは常に外的な干渉からの自由である、という考え方を信奉するものだということである。こうした考えは、リベラリズムが実に多くの場合、自由の消極的構想と強く結びついているという主張から理解できるのである。

2.2.2　リベラリズムとアナーキズムからの異議申し立て

こうした3つの信奉、つまり個人主義・道徳的平等主義・自由は、政治哲学の枠組みとしてのリベラリズムの中核をなす。これまでの議論からは、リベラリズムとは素朴な（もしかすると無邪気な）政治へのアプローチであると思われるかもしれない。だが実際には、リベラリズムはとても複雑な考え方である。このことは、消極的自由の構想が有する2つの特徴から理解できるだろう。これがリベラリズムを大いに複雑なものにするのである。第一に、消極的自由の構想は、無人島で一人動けなくなった漂流者が完全な自由を享受するとほのめかす。つきつめると、その人は他者の干渉から完全に自由であり、この意味で、望むことを何でもできるだろう。より正確にいえば、行動に対して他者から課せられる制約がないので、漂流者は完全に自由である。第二に、自由の消極的構想からすれば、法や規則は個人の行動範囲を常に（正当に）制約するという理由で、常に自由を縮減させるものだということになる。言い換えれば、国家権力は強制をともなう権力であるがゆえに、個人の自由は根本的に国家によって縮減されるのである。

消極的自由の構想のこうした2つの問題に特に注意しよう。というのも、そこからリベラリズムの重要な特徴が明らかになるからである。とりわけ、リベラリズムとは国家の道義的妥当性にあえて疑義を呈す政治的世

界について思考するための枠組みである。次のことを考えてみてほしい。リベラルのいうように、我々は基本的にみずからを道徳的に平等かつ自由な市民だとみなす考え方を信奉する。そしてこれには、誰も当たり前のように他者にあれこれ命令する権利などないという意味も含まれる。しかしながら、まさにくり返し述べているように、国家は法という手段によって我々に強制する排他的権利を要求する。そして先に述べたように、法は我々の自由を縮減する。つまり、国家は我々にあれこれ命令するだけではなく、そのようにする排他的権利を獲得する権原を要求するのである。だとすれば、個人主義・道徳的平等主義・自由という一連のリベラルな信奉と国家の存在は、どうすれば両立するのだろうか。

　ここにきて、第1章で展開された政治哲学についての考え方が、政治的世界に関する固有のリベラルな考え方をいかに暗黙のうちに信奉していたのかがよくわかるだろう。国家の正当性を政治哲学の中核に据えるとすれば、国家は正当性を要求するものだということが前提となる。再び前述した、説明と正当化の違いを思い起こそう。たとえば我々は、大西洋の正当性を求めはしない。大西洋は説明されるべきものだと理解する。たとえば、家族のような類の社会的なものがあるとして、それらは正当化されるよりも説明されるものだと理解されるのが妥当であろう。しかしながら国家は、それがいかに機能するのかに関する説明のみならず、そもそも国家はなぜ存在すべきなのかに関する説明、つまり正当性をも問われるべきであるように思われる点で異なっている。したがって、政治哲学についての一般的な考え方は、道徳的な観点からして国家が存在すべきでない可能性、つまり、いかなる国家も正当化できない可能性を真剣に考察するという意味で、国家に関する広義のリベラルな考え方を前提とするのである。

　今やリベラリズムについてさらに踏み込んで論じることができよう。これまで述べたことからすれば、リベラリズムは**哲学的アナーキズム**と呼ばれる考え方と実によく似ている。哲学的アナーキズムは、政治綱領・理念・戦略・戦術としてのアナーキズムとは明確に区別される。哲学的アナーキズムは国家の転覆を必ずしも信奉しない。事実、多くの哲学的アナーキストが国家は存在すべきだと論じる。むしろ哲学的アナーキズムは、国家は

我々に服従や忠誠を求める道徳的権原を有さないという固有の主張である。つまり、哲学的アナーキズムは実のところ、いかなる国家も権威を有さないと論じるのである。哲学的アナーキズムの擁護論は多くの場合、これまで論じてきたリベラルの信奉の特質に基づいている。大まかにいって、哲学的アナーキズムからすれば、権威関係は自由かつ道徳的に平等な個人のあいだにはありえない。言い換えれば、平等や自由を不当に侵害しない権威はないというのである。だが、リベラリズムはアナーキズムではない。実際に、リベラリズムは哲学的アナーキズムに反対している。リベラリズムは哲学的アナーキストによる国家に対する反論を真摯に受けとめ、国家は第一義的には自由を縮減させるにもかかわらず、国家を擁護しようとしているとすらいってよかろう。だとすれば、リベラリズムには、ここまでで明らかになっていないことがまだあるはずである。

2.2.3 リベラリズムのいくつかのさらなる信奉

実のところ、個人主義・道徳的平等主義・自由という中核的な3つ以外のものもリベラリズムは信奉している。そして、それらを信奉しているからこそ、リベラリズムは哲学的アナーキズムと区別されるのである。1つのさらなる信奉は、自由の消極的構想からひきつづいて見いだされるものである。リベラルによれば、自由とは干渉されないことのみならず、ある意味では、自分がみずからの人生の主人公であり、重要なことに、自分の人生が自分自身のものであることに何らかの重要な意味がある。これを**自律**についてのリベラルな信奉と呼ぼう。

リベラルな自律とは、自分の生き方を決定することは各人の特権だ、という主張である。だから、次のような人生の大問題と呼ばれるものの答えを自分で見つけなければならない。すなわち、本当に価値があることは何か、何を達成すべきか、人生の意味は何か、何に自分の人生を捧げるべきか、心の底から欲する価値があるものは何か、神は存在するのか、何が人生を成功に導くのか、いかに人生を歩むべきなのか。こういう問題である。生き方を決めるなかで、我々は自分の将来性を評価し、自分の能力を判断し、いかなる可能性が自分に開かれているのかを理解し、自分の人生

に対する理に適った期待を設定しようとするに違いない。つまり自律とは、生を営むことだけでなく、各人が人生の計画を有することをも意味するのである。

　自律についての信奉は、国家が行いうることをかなり制約する。次のことを考えてみよう。自律についての信奉が意味するのは、市民に人生計画を割りあてるのは国家の仕事ではない、ということである。職業、目標、趣味、1日をどのように誰と過ごすか。これらはすべて、ある一定の制約のもとで、ほとんど自分次第である。さらに、先に述べたように、自律についての信奉は、国家が人生の大問題に対する答えを各人に押しつけることができないことも意味する。そうであるならば国家は、礼拝に行ったり、崇拝を捧げて祈ることを要求したり、あるいは祈りや崇拝を捧げるのをやめるよう（正当に）求めることはできない。また、リベラルな国家は善き生の何らかの特定の哲学に従って生きるよう強制することもできない。実際に国家は、自分の人生について反省するよう人々に義務づけることなど全くできない。同様に、偉大な文学作品を読み、現代美術に関する鑑賞力を養い、高度な数学を学び、黙想し、運動し、庭に植物を植え、ピアノを練習し、テレビをあまり見ないように強制できない。国家は、才能を磨き、結婚し、公務員になり、コンサート・ピアニストになる夢を諦めるよう要求できない。リベラリズムの自律についての信奉からすれば、こうしたことは、つまるところすべて自分次第、人それぞれだというわけである。

　もちろん、リベラルな自律は自分の生き方について他者に助言を求めるのを否定しない。両親から示された計画や自分が神聖だと思う書物、あるいはセラピストやライフコーチのアドバイスに従って生きるのを選ぶことすら否定しない。実際に、あなたは何らかの宗教指導者の従順な弟子となり、その人の指導に従って何の疑いもなく生きることを選ぶかもしれない。さらに、自律についてのリベラルな信奉は、いかに生を営むかに関する助言を求めることはあなたにとって望ましいという考えや、他の誰かの指導に完全に従って生きるべきだという考えとすら矛盾しない。リベラリズムは、他者に同調せずに生きるべきだとか、善き生を道徳的に探求すべ

38　第1部　課題を設定する

きだと要求するのではない。むしろリベラリズムは、国家は我々に対して
いかに人生を営むべきかに関する固有の構想に従うように求めることはで
きない、と主張するのである。別の言葉でいえば、自律が意味するのは、
国家はあなたの道徳的な指導者ではないということである。国家の役割は
善い人を生みだすことではない。くり返せば、それは自分次第なのである。

　それゆえ、リベラルな自律にはさらなる重要な特徴がある。すなわち、
自分の人生についてつきつめれば自分が責任を持つということである。人
生を営み、計画を立てるのは自分自身なのであって、それを管理するのも
自分自身である。ゆえに、成功した人生を歩めるかどうかは大いに自分次
第である。だから、あなたの人生を善くすることや、あなたが最も達成す
る価値があると考えるものは何でも達成できるように保証することは、国
家の仕事ではない。確かに、道徳的平等主義についての信奉には、国家が
各人の生を平等に道徳的に重要だとみなさなければならないことが含まれ
る。このことには、各人が最も追求する価値があるとみなしたものはすべ
て、各人がそれを獲得できるような平等な機会を与えるべきだという含意
がある。概してこのように理解される。無論、諸々の許される範囲のなか
で決定された人生計画を追求するという条件のもとである。リベラルな国
家は、犯罪に手を染める人生を送りたいと強く望む者に平等に機会を与え
る必要はない。だが、人生計画の遂行に関していえば、国家は各人が望む
ものを獲得できる条件を与えるにすぎない。国家は成功を保証するさらな
る役割を負うのではない。

　確かに、自律とは個人が磨き上げ、行使し、維持せねばならないある種
の技術である、あるいは、それを含むものだと考えるのはもっともであろ
う。自律とは、個人が単に自己を見いだす条件であるというよりは、獲得
する何らかのものである。結局のところ、我々は自分の人生の完璧な設計
者や管理人として世界に存在するのではない。みずからの生を営むため
に、我々は人生を自分のものにする必要がある。人生計画の管理やその過
程は、明らかに自動でなされるものではなく、そのために努力したり、そ
のための資源を必要とする。したがって、個人の自律についての信奉に
は、市民が自律できる社会的・物理的条件を国家が保障しなければならな

い、ということが含まれるだろう。それゆえ一般に、リベラルな国家は少なくとも、すべての市民に対して十分な程度の教育と物理的安全を保障しなければならない。このように考えられる。というのも、基本的な教育を受けていない者は自分の人生を責任をもって管理できないからである。同じように、物理的な危害を加えられるおそれが常にある者は、自分の望みや目標に従って責任をもって人生を計画するために必要な能力を陶冶することができないからである。

しかしながら、こうした直観的な考えからすれば、国家が行えることに対する制約に関して、少し前に述べたことが複雑なものになってしまう。国家は個人がある一定レベルの教育水準に達することを求めるだろう。このことにみな同意するだろう。くり返せば、一定の教育水準に達することは自律の必要条件であるからこそ、国家がそれを求めるだろう。概してこのように考えられる。だが、自律を促すという名目で、国家が行うと考えられることに対する制約について、重要な問題が惹起される。優れた絵画やクラシック音楽や偉大な文学作品に触れることで、個人の自律が促されるのは明らかだと考える者もいる。優れた芸術との出会いが心を開き、想像力を刺激し、自分の人生についての新たな可能性を心に描くことができるようになるというわけである。何らかの優れた芸術に触れることの影響に関するこうした主張は正しい。少しのあいだそう仮定してみよう。そうすると、国家は市民に対して博物館やシンフォニーホールや映画館に行くよう求めることができると考えてよいのだろうか。逆から考えてみよう。何らかの音楽・活動・趣味に触れることで、個人の生の構想や可能性は確実に妨げられたり制約される、あるいは、個人が卑屈に服従するように強く促される。このことが本当だとしてみよう。このような事実から、国家がそのような音楽・活動・趣味を禁じるのは望ましいということになるのだろうか。最後に、ある程度肉体的に健康であることが自律にとって必要だとしよう。非常に不健康な者はつまるところ、物理的な危害を受けつづけるおそれがある状況で暮らす者とほとんど変わらない。どちらも人生を責任をもって計画するために知識やその他の資源を活用できない。これらはまさに自分の生存を脅かすものを取り除くために浪費される。だから、

40　第1部　課題を設定する

国家は市民に対して一定の健康を維持するよう要求できる。そういうことになるだろうか。国家が毎日ある程度運動するよう命令することは正当化されうるのだろうか。国家は市民にジムに行くように求める法を制定できるのだろうか。

　もしかするとこうした例のいくつかはばかばかしいと思われるかもしれない。けれども、哲学的には深刻な問題である。自律を何らかの能力であると少なくともある程度は認めるのならば、自律の促進という名のもとに、国家は何をすることが許されるのか。こうした問題に直面する。そしてこの問いをめぐって、リベラルな理論家は次のように分かれる。すなわち、自律を促すために国家ができることについて、幅広い見方を支持する立場と、より限定的な見方を支持する立場である。幅広い見方は、**リベラルな完成主義（卓越主義）**と呼ばれることもある。それによれば、国家はある程度の正当性をもって、自律を促すあらゆる活動を要求する（そして自律を縮減させるいかなる活動も禁止する）ことができる。それに対して**反完成主義**を擁護する者は、自律の促進をいかに効率的かつ代償を払うことなしに行うことができるとしても、それでも国家はあらゆる自律を促す活動を要求できるわけではないと考える。単純化しすぎかもしれないが、リベラルな完成主義者は、国家の側からある程度の段階まで、道徳的・心理的に陶冶しようとすることは、単に国家の自律に対する信奉に含まれると考える。他方で反完成主義者からすれば、そうした政治手法は、それが実のところ市民にとって有益であったとしても、家父長的である。つまり、リベラルな国家は家父長主義を避けなければならないというわけである。

　ここで、リベラルな完成主義者と反完成主義者との論争は、リベラルな政治哲学の内部における論争だということは強調しておくべきである。リベラルな完成主義者と非リベラル完成主義者はこのように区別される。ここでの違いは直観的なものである。非リベラル完成主義者からすれば、国家は市民に対して、市民にとって国家が望ましいと判断したあらゆる活動を要求するだろう。それはケールを食べることであるかもしれないし、ヨガや宗教的しきたりであるかもしれない。つまり、非リベラル完成主義者

第2章　議論の出発点　41

によれば、国家の役割は実のところ市民を善くすることである。リベラルな完成主義者は、国家がこうした包括的な道徳的権限を有するという考え方を退ける。そのかわり、国家は市民の自律を高めるためにとりわけ必要なことを市民に要求できるというのである。したがって、リベラルな完成主義者からすれば、自律というリベラルな価値の観点から必要な場合にだけ、国家が道徳的に介入するのが望ましい。リベラルな完成主義者と反完成主義者のあいだの論争は、リベラリズムの枠内のものである。つまり、両者とも個人の自律の重要性を受け入れる。けれども、国家が自律の促進の名のもとに何をすることが許されるのか、という点についてだけ意見が一致しない。ただし、リベラルな完成主義者と非リベラルな完成主義者には、このこと以上に根本的な対立があるように思われる。なぜなら、後者は個人の自律というリベラルな価値を否定することになるからである。

　このように述べると、リベラルな完成主義者と反完成主義者のあいだの論争は複雑であり、現在むしろ活発に議論が交わされているということがわかるだろう。その主たる輪郭をしっかりと理解するためには、この点について私が論じてきた以上の背景を理解する必要がある。そこで、再び本論に戻ろう。我々はリベラリズムと哲学的アナーキズムを対比しようとしてきたのである。この点に立ち戻ろう。

　ここまで、リベラリズムとは主として、国家が市民をどのようなものとみなし、どのように処遇するのかに着目する4つの一連の信奉が組み合わさったものである、と論じてきた。これまでの議論を次のように要約できるだろう。すなわち、リベラリズムとは、国家が市民を道徳的に平等で自由で自律的な個人だとみなさなければならないという考え方である。このように市民を理解することで、国家が（正当に）行いうることに対していかなる制約が課されるのか。このことについてこれまで論じてきた。そこで我々は、再びアナーキストの問いに直面することになる。すなわち、国家は何のために存在するのか、その目的は何なのか、国家を正当化するものは何か。こうした問いである。

　ここにきて我々は、その問いに対してさしあたりの応答をできるだけの材料を有している。リベラリズムは次のように考える。すなわち、各人

42　第1部　課題を設定する

（くり返せば、自由かつ平等で自律的な個人として理解される）が、あからさまにいえば、お互いに制約しあうという事実のもとで善き生を営むことができる社会秩序を維持するために国家は存在するのである。リベラルな国家は、法・制度・規則・手続きといった手段を用いて、各人が自律を行使し、自分の生を営む空間を提供する一方で、各人の自由や平等をできるかぎり保護する社会における相互作用の体系を作りだそうとする。再度ざっくばらんにいっておけば、リベラリズムによれば、国家は、我々を自由で平等な者として処遇し、我々の自律を認める一方で、各人が他者に干渉しないようにするために存在するのである。

　こうした定義からわかるように、国家は強制するものであり、そしてその強制によって個人の自由が常に縮減されるという点で、リベラリズムは哲学的アナーキストに譲歩している。だが、哲学的アナーキストに対してリベラリズムは次のように明確に主張する。すなわち、政治的に強制することで自由を縮減するのは、何らかの条件を満たすことで道徳的に正当化できるというわけである。より正確にいえば、リベラリズムからすれば、公平かつ説明責任を有する制度によって政治的権威が行使されるならば、自由で道徳的に平等で自律的な個人はそれを正当化できる。これらリベラルな枠組みが有するあと２つの特徴について、以下で論じよう。

　リベラルからすれば、国家が個人の自由を縮減させるのは避けがたいけれども、国家はそれでも、個人の平等を尊重しつつ自由を縮減できる。つまり、すべての市民に対してまさに同じ規則を課すのである。リベラルな国家において、生まれが良く高貴な者のための法や、一般人や貧困層のための法は存在しない。国家は、市民間の不公平な比較に基づいて政策を決定・実行してはならない。この意味において、公平さとはすべての市民の法の下の平等である。これは一般に「法の支配」が意味するものである。

　同様に、公平性についての２つ目の関連する側面がある。公平性という観点からすれば、国家が強制するときには、国家は市民を有徳者にするためではなくむしろ、すべての市民に対して平等に自分の目標を追求できる枠組みを提供するという目的に基づいていなければならない、ということにもなる。確かにこのことは各人に重要な制約を課す。道徳的平等や自

由、あるいは他者の自律を犠牲にして、自分の生き方を探求することは、誰であっても許されない。言い換えれば、国家は、各人を自由で道徳的平等な自律的な個人だとみなすだけでなく、我々がお互いをそのような存在であるとみなすよう要求する。この点は、他者が望むように行動するのを妨げないかぎりで、自分が望むように行動できる、というなじみのある考え方から理解できる。こうした原理は実のところ全員の自由を縮減させるのだが、裏を返せば、重要なことに、各人は他者から自由・平等・自律が侵害されないように国家から守られているということでもある。かかる2つの公平性の側面をあわせれば、次のようにいえよう。すなわち、リベラリズムによれば、国家は市民を平等に保護し、国家が我々に強制するときには、国家は各人がみずから自律的に選択した目標を追求できる社会システムを維持するという目的に基づいてそうしなければならないということである。

　国家の公平性に関する信奉に加えて、リベラリズムは国家の説明責任の原理を支持する。これが意味するのは、市民が国家の政策や行動に疑問符を付し、異議を申し立て、反対し、政策や行動の方向性を決定できる回路を有しなければならない、ということである。この意味での説明責任とは、国家は市民の関心や考え方を代表するように統治しなければならないということである。だが、国家はまた市民に対して応答できなければならない。そして、応答しているといえるには、2つの主たる要件がある。第一に、市民に強制する行為を正当化する要件を国家が満たしていれば、国家は市民に対して応答している。言い換えれば、リベラリズムからすれば、国家は市民に強制するとき、国家はそうする理由を市民に説明する責任を負う。重要なことだが、この正当性は親が時として子どもに与える類のものとは全く異なる。何らかの法や政策に関する正当性の要求に対する応答として、国家は市民に対して「なぜなら市民がそのように述べたからだ」とか、「とにかくそれをやりなさい」などということはできない。国家は、市民の道徳的平等を尊重するようなやり方で、市民に対してみずからの行動を正当化しなければならない。「市民がそのように述べたからだ」というのは、そのような平等を暗に否定している。それゆえ国家が行動す

44　第1部　課題を設定する

るときには、国家は道徳的に平等かつ自律的な個人という市民の地位と矛盾しない理由を説明する責任を負う。第二に、市民に応答するために、国家は、市民が国家にみずからの行動に関する責任を負わすことのできる制度や手続きを備えていなければならない。これが意味するのは、国家による悪事のツケを国家に負わせる、あるいは国家に誤りを正すよう強制する方法を市民が有していなければならない、ということである。

2.2.4 リベラリズムと民主主義

リベラルな信奉の一般的な特徴を前提に、とりわけ国家の説明責任という観点からすれば、今やリベラリズムは民主国家を信奉しているといってよかろう。つまり、リベラリズムによれば、民主主義が（おそらく民主主義だけが）自由・道徳的平等・個人の自律と矛盾せずに国家を権威づけることができる。したがって、リベラリズムは民主主義をもって哲学的アナーキストに応答するのである。

無論、民主主義にはその正確な本質をめぐるかなりの哲学的論争がある。この問題については第6章で検討しよう。さしあたり、リベラリズムとは集合的に自己統治を行う国家を支持するという意味での民主主義を信奉するということで事足りる。ただし、それだけではない。リベラリズムは特定の形態の民主主義を信奉しており、それはしばしば**代表制立憲民主主義**と呼ばれる。説明しよう。自由民主主義国家において、自己統治は多くの場合、代表という複雑なシステムを媒介にして行われる。すなわち、様々な政治的役職に就く者を市民が選挙を通じて選ぶことでみずからを統治する、というものである。重要なことに、こうした役職（彼らに注がれる権力を含めて）は、憲法において規定され、詳しく説明されている。選挙とは、公職に就くべき者を選ぶものであり、各市民が平等に有する意志決定権力を行使する透明性のある過程であり、何らかの公正な規則（多数決のような）によって、集団を拘束する帰結を決定するのである。

さらに、公職者が一般大衆の監視下におかれ、その法や政策が精査され、意味のある異議申し立てをうけ、必要ならば改良されうるような手続きや過程を国家は導入しなければならない。したがって国家は、言論の自

由や結社の自由などの、説明責任の観点から求められる個人の自由を、わけても国家を批判し、その政策に反対しようとする個人に対してすら認め、保障しなければならない。同じ理由から、国家はまた、とりわけ政治や国家や市民の集合的な生に対する考えや意見を公にしたり、流布させることにかかわる自由も認めなければならない。国家は、潜在的な批判者や反対者を黙らせるために行われてきた非公式な制裁から彼らを保護する特別な方策を導入しなければならないかもしれない。

　最後に、間違いなく最も重要なことだが、リベラリズムによれば、国家はみずからの法を制定する権威には限界があることを認めなければならない。つまり、民主主義に基づく圧倒的な多数派でさえ、国家に何でもさせることができるわけではない。このことを国家は認めなければならない。たとえば、現代の民主主義国家において、多数派が非常に規模の小さな少数派集団を奴隷にすると投票で決定することなどできない。あるいは、あなた以外の民主的な市民がある特定のキリスト教を信じることが真の信仰であると同意したとしても、あなたに彼らの信仰する神を崇拝するよう求める法を課すことなどできない。それゆえ、自由民主主義国家における多数派による支配は、平等・自由・自律についてのリベラルな信奉による制約を受ける。このことは、自由民主主義とは民主主義における純粋な多数派支配ではないとしばしばいわれるところに表れている。むしろ自由民主主義とは、個人の権利によって制約されるものとして理解される民主主義であり、個人の権利は国家や多数派集団といった他の市民から受ける何らかの干渉に抗する権原なのである。

2.3　リベラリズムと大衆政治

　ここまでかなりの紙面を割いて、私からすればあなたにとって実になじみ深いはずだと思われる政治的世界に関する1つの考え方を詳らかにしようとしてきた。なじみ深いのかどうかよくわからないとすれば、リベラルな枠組みはアメリカ独立宣言において色濃く主張されていることに目を向けてみよう。アメリカ独立宣言では、政府は市民の「不可侵の権利」を保

46　第1部　課題を設定する

護するために存在し、したがって、その目的を拒否したり、その目的に資することができない政府はもはや権威を有さず、打倒されるべきだと断じられている。リベラリズムはまた、なかでも合衆国憲法の権利章典には、非常に明確かつ頻繁に、巨大な民主的多数派からの保護などを含めて、国家から市民を保護すべきだと事あるごとに書かれている。さらに民権条令において、個人が自律できる権原を有すると主張されている点にも着目すべきである。修正第一項は、冒頭で国教の樹立を禁止し、言論や出版の自由を保障しており、明らかにリベラリズムの表明である。実のところ公文書としての合衆国憲法は、主として国家の権威に対する制約を明確に論じるために作成されたものである。アメリカ合衆国がリベラリズムの原理に基づいて建国されたというのは、そのとおりである。

　リベラリズムは現代の大衆政治の論争の多くの前提にもなっている。たとえば、ポルノグラフィーに関する議論は、その生産や消費が女性に危害を与えるものなのかどうかについての意見対立にかかわる。実際に、ポルノグラフィーの法的な禁止を求める者は、ポルノグラフィーは女性に危害を与えるものだという。その批判者は概ね、ポルノグラフィーの生産や消費はあらゆる人に危害を与えるものではないという。ここでどちらの側も、国家の役割は様々な危害から個人を保護することだ、という基本的なリベラリズムの考え方に同意している点に着目しよう。さらにわかりやすい例は中絶の権利に関する議論であろう。この論争において、中絶に反対する者は多くの場合、胎児の権利に焦点を当て、国家は国境のなかに暮らすあらゆる者の命を守らなければならないと主張し、論争的ではあるが、胎児もある意味では人間だと主張する。中絶の擁護論者は概して、胎児が人間であるという主張を批判し、また中絶の権利を支持するうえでさらに考慮すべきものを持ちだす。すなわち、女性の自律は自分の身体を管理する権利に基づいているというのである。両者の立場が、まぎれもなくリベラルな信奉に対して訴えかける一連の議論をどのように喚起するのかに着目しよう。

　ポルノグラフィーは、それを見るのは有害だから法的に禁止されるべきだ。こう論じる者がいるとしよう。それに対して、ポルノグラフィーを楽

第2章　議論の出発点　47

しむことができるのは性に関して自由である証であり、我々はみな性に関して自由な生活を送るべきなのだから、ポルノグラフィーは許されるべきだと主張する者がいるとしよう。あるいは、母親になれない女性は誰であっても不幸であるから、中絶は禁止されるべきだ、という中絶反対論者がいるとしよう。それに対して、人間という種は絶滅するよう道徳的に求められており、したがって、今から各人が将来世代が存在しないように自発的に行動すべきだという主張に依拠する中絶擁護論者がいるとしよう。こうした主張自体はばかばかしいものかもしれない。ただし、リベラルな枠組みにおいて、各人は、自分の政治的な立ち位置を自分が適切だと考えるあらゆる立場に基礎づけることができる。この点に着目すべきである。けれども重要なことだが、上で述べたような主張は、どこか間違っていると思われるはずである。たとえば、母であることの喜びや、ポルノグラフィーを見ることの肯定的な価値にかかわる主張に基づく法を、国家は制定できないだろうと考えられるべきである。

　それもそのはずである。というのも、こうした主張はすべて何らかの政治的世界の非リベラルな構想を前提としているからである。リベラルからすれば、母であることが女性の幸せの主たる要素だということが真実だとしても、それは往々にして中絶を禁じる法を制定する理由にはならない。概してそのように考えられる理由は、我々が次のような考えを信奉しているからである。すなわち、人々を幸せにすることや、何が人生を価値あるものにするのかに関する何らかの特定の構想を法制化することは、国家の役割ではないのである。むしろ国家の役割は、幸せとは何かを個人が自分で決めることができ、それを追求できる政治的環境をもたらすことだと考えられるのである。

　完成主義と反完成主義の論争を概観したが、ポルノグラフィーに触れることで個人が自律できなくなるとか、母親であることが女性の自律には不可欠だという主旨の主張がリベラリズムに混乱を招いている。だが当座のところ、完成主義に関連する論争とはかかわらない別の議論を検討したい。とりわけ、母親であることが女性の幸せにとって不可欠だとか、ポルノグラフィーを見ることが人生を価値あるものにするという主張である。

48　第1部　課題を設定する

そうした主張は全く的外れだと思われるはずである。我々は多くの場合、そのようなことは国家が何を行うことができるのかとは関係ないものだと考えるのである。

　このように考えるからといって、女性の幸せは母親であることにあるというのは誤りだと主張しなければならない、あるいは、ポルノグラフィーを生産・消費する権利を擁護する者が、ポルノグラフィーはそれを見る人々にとって望ましいという類のあらゆる考え方を支持しなければならない、というわけでもない。ポルノグラフィーや母親であることの価値に関していかなる立場に立つ必要もない。事実、リベラルな枠組みの要点は、市民や国家が政策を決定するときに、そのような表明を避けることができる点にあるのである。

　これらすべての問題について、もう少し論じるべきことがある。これまで論じてきたことは、最終的な結論では全くない。事実、我々はつい先ほどから哲学的に考えはじめたばかりであり、こうした問題の多くは、本書を読み進めるなかで再び登場するだろう。だが、さしあたりこれまで論じてきたことからすれば、ようやくリベラルな枠組みがいかに大衆政治における対立軸の根底にある共通の基盤となっているかがわかるだろう。（一般的な用語の意味における）リベラリズムや保守主義とは、（哲学的な意味における）リベラリズムの競合する解釈だとして理解できる。大雑把にいえば、（一般的な意味における）リベラリズムは、すべての個人が有意義に自由を行使できる社会的条件をもたらすのに必要なことを国家が行う許可を与える目的で、個人の自由・平等・自律を信奉する。したがって、（一般的な意味における）リベラリズムは、平等をより完全に実現するように、社会的・経済的財や機会を再配分するために設計された国家による干渉と結びつく。したがって（哲学的な意味での）リベラリズムの信奉を前提とするかぎりにおいて、（一般的な意味における）リベラリズムは、平等を最も重視するといってもさほど誤りではなかろう。他方で、保守主義は概して、（哲学的な意味での）リベラルな自律における責任の要素を強く信奉する。つまり、保守主義者からすれば、個人の相互作用のための自由で公正な体系を保持しつづけるために、国家の役割は制約されるべき

なのである。そうすると、市民間の公正な相互交流によって生みだされるもの以上の社会的・経済的財を再配分する試みに対しては、強い懸念が示される。したがって、リベラルな枠組みにおいて、保守主義者は個人の自由を最も重視するといってよい。ゆえに保守主義は、個人の責任と強く結びついていると理解してよかろう。だから保守主義は、国家の行動により強い制約をかけようとするのである。

　大衆政治をどのように描きだすかという点は、実に発展が遅れているといわざるをえない。だが、当たらずともいえども遠からずだと思われるのならば、この節の冒頭で述べたこと、つまり、哲学的な意味におけるリベラリズムは大衆政治が展開される枠組みであるというのは、正しかったということであろう。そして今や、幅広い解釈を許す枠組みとしてリベラリズムを理解できるのだから、次のようにもいえる。すなわち、あらゆる現代の民主主義国家は、何らかの意味でリベラルな国家なのである。

2.4　リベラルな理論の種類

　これまで、政治的世界について考察するための枠組みであるリベラリズムを広範にわたって概観してきた。リベラリズムには様々な解釈の余地があることも理解できただろう。そして、いまいちど述べておけば、政治哲学的に思考することとは、国家の正当化可能性について理解できるようになることなのである。ゆえに、本書全体を貫く問いは次のようなものだといってよい。すなわち、哲学的に正当化可能な国家の構想を説明できるリベラリズムの解釈はあるのだろうか。こういう問いである。

　この問いの意味を明らかにしよう。我々は、自由で道徳的に平等で自律的だとされる個人が正当化可能な国家というものが存在しうるかどうかを問うている。国家を正当化することは、自由で道徳的に平等で自律的な個人に対して次のようなことを示そうとすることである。すなわち、特定の形態の国家は存在すべきであり、また少なくともそのような国家が存在すべきだということは許容できるということである。

　だとすれば、次に我々は、一定の条件を満たした国家が存在するとすれ

50　第1部　課題を設定する

ば、自由で道徳的に平等で自律的な個人は、そうした国家の権威のもとで生を営むべきだという類のことを論じることができるのかどうか明らかにせねばならない。先に述べたように、哲学的アナーキズムによれば、自由で道徳的に平等で自律的な個人に対して、国家が定めた規則のもとで生を営むよう要求できるような国家は存在しない。これまで論じてきたように、リベラリズムは哲学的アナーキストの誤謬を示そうとする哲学的試みである。すなわち、リベラリズムは正当化可能な国家の構想について考察しようとするものである。

　したがって、リベラルな理論にはいくつかの明確に異なる種類があり、それぞれが国家を正当化しようとする固有の試みなのである。リベラルな理論はしばしば、国家をうまく正当化できうる要素は何かをめぐって見解が分かれる。

　あるリベラルな理論によれば、国家を正当化することは、自由で道徳的に平等で自律的な個人が国家の権威に服すよう道徳的に求められるような国家のあり方を説明するよう政治哲学者に要求するという。別の理論によれば、国家を正当化することは、そのような個人は国家の権威に服するように理性的に求められるような国家が存在しうることを政治哲学者に示すよう求めるという。これらはともに、リベラルな理論のなかでも、一般に**契約主義**と呼ばれるものである。契約主義によれば、国家の正当性は、自由かつ平等で自律的な個人間の選択が価値あるものだと明示できるかどうかにかかっている。

　リベラルな理論には、概して**帰結主義**と呼ばれるものもある。帰結主義によれば、個人が一定の重要な道徳的義務を満たし、重要な道徳的な善を実現する（または重大な道徳的な悪を避ける）ために国家が必要であることが示されるならば、国家は正当化される。各人は自分の幸福を最大化できるようなことを行うよう道徳的に求められる、という見方があるとしよう。すると、この見方を支持する者は、個人が道徳的義務を満たすことができるためには、そうではないよりも間違いなくましだという理由から、何らかの形態のリベラルな国家を正当化しようとするかもしれない。あるいは、自由を最大化するという道徳的命題があるという見方があるとしよ

第2章　議論の出発点　51

う。リベラルな国家が、やむをえず自由をある程度縮減するとしても、何らかの形態のリベラルな国家は国家全体の自由を最大化すると考える者もいよう。最後に、何らかの形態のリベラルな国家は、社会の安定性を保障し、暴力的な反逆や社会的摩擦を避けるために、最も有益な枠組みだと考えられるという見方があるとしよう。こうした理由に基づいて、ある種のリベラルな国家は正当化できると主張する者もいるかもしれない。こうした見方はすべて、帰結主義的なリベラルな理論だと考えられるだろう。

　リベラルな理論にはさらなる類型があり、それぞれの類型において多くの微妙な違いがかなり存在する。しかしながら、リベラルな理論は大別すれば、契約主義か帰結主義のいずれかである。確かに、各アプローチに固有の考察が入り混じっているものも様々にある。たとえば、特定の形態のリベラルな国家における帰結主義に基づく利益が、自由で道徳的に平等で自律的な個人が国家の支配に服すことに同意すべき道徳的理由をもたらす、という契約主義的な見方がありうる。同様に、帰結主義からすれば、価値ある選択をするための何らかの契約主義的要件を満たすものを正当化するだけの道徳的帰結をもたらすような国家であれば擁護可能である。ゆえに、ここでまた事態は複雑になる。けれども、両者を分かつのは、何が正当性をもたらすのかについての考え方が異なるという点である。契約論者によれば、国家を正当化するには国家の権威に関する市民のある種の合意や同意が必要である。帰結主義者はこのことを否定する。帰結主義者からすれば、自由で道徳的に平等で自律的な個人による何らかの意志に基づく行動が必要だという説明は、正当性の要件ではない。帰結主義者はむしろ次のように主張する。すなわち、国家の権威を正当化するには、リベラルな国家全体として善い帰結がもたらされたということだけで事足りるというのである。

2.5　結論

　前章および本章で、我々が生を営む政治的世界について多岐にわたって論じてきた。政治的世界の哲学的な土台が明らかになってきたであろう。

52　第1部　課題を設定する

我々は広範にわたるリベラルな政治秩序のなかで生を営んでおり、また、積極的に治安を危うくするものだとまではいわないにしても、ごく最近まで、極めて怪しいものだと考えられていた一連の政治的信奉を、我々はもはや当たり前のものだとみなしているようである。我々は平等かつ自律的な個人であり、我々を統治する主体は、我々に資するものでなければならない（しかも、その権威は我々に由来する）。したがって、政府は我々を代表せねばならず、我々に対して説明責任を負わなければならない。そして、政府がそのようにするときしか、個人の自由は正当に縮減されない。これがすべての根本にある考え方である。我々が生を営むリベラルな政治枠組みの一般的な様相を詳らかにするなかで、その複雑さのいくつかについて論じてきた。実に手短ではあったが、リベラルな枠組みを構成する概念、すなわち、個人の自由・権威・正義・民主主義は哲学的な困難をはらんでいると論じた。我々が生を営むリベラルな政治哲学をしっかり理解するにはリベラリズムの各構成要素について詳しく掘りさげて検討しなければならない。リベラリズムが哲学的アナーキストによって示された異議申し立てに応えるならば、リベラルな理論家は、リベラリズムの中核的な信奉それぞれについて、哲学的に擁護可能な説明を与えることができるはずである。よって以下では、リベラリズムの中核的な構成要素の検討に取りかかろう。

読書案内 ————

　本章で論じた主題をさらに探究したければ、政治哲学史の古典を読むべきである。とりわけ、プラトン、アリストテレス、アウグスティヌス、トマス・ホッブズ、ニッコロ・マキァヴェッリ、ジョン・ロック、ジャン＝ジャック・ルソー、イマヌエル・カント、メアリ・ウルストンクラフト、カール・マルクス、ジョン・スチュアート・ミルの著作は代表的なものであり、思想史に重きを置く政治哲学の著作集のほとんどには、これらの論者の主たる著作の一部が収められている。近代政治哲学の伝統（概ねホッブズ以降）に関する近年の評価としては、以下を参照。C. B. Macpherson,

The Political Theory of Possessive Individualism (Oxford: Oxford University Press, 1961)〔藤野渉ほか訳『所有的個人主義の政治理論』（合同出版、1980 年）〕; Jean Hampton, *Hobbes and the Social Contract Tradition* (Cambridge: Cambridge University Press, 1986); Christopher W. Morris (ed.), *The Social Contract Theorists* (Lanham, MD: Rowman and Littlefield, 1999). 社会契約論の伝統に対する批判としては以下を参照。Virginia Held, "Non-Contractual Society," in *Canadian Journal of Philosophy*, Volume 17, Number 1, 1987; Carole Pateman and Charles Mills, *Contract and Domination* (London: Polity, 2007).

　現代リベラリズムに関する著作は広範にわたる。ジョン・ロールズの次の 2 つの著作はリベラリズムの政治哲学の課題とは何かを明らかにした。John Rawls, *A Theory of Justice*(Cambridge, MA: Harvard University Press, 1971)〔川本隆史ほか訳『正義論 改訂版』（紀伊國屋書店、2010 年）〕 and *Political Liberalism*(New York: Columbia University Press, 1993). また以下の著作も参照すべきである。Jeremy Waldron, "Theoretical Foundations of Liberalism" (reprinted in his *Liberal Rights: Collected Papers 1981-1991*, Cambridge: Cambridge University Press, 1993); Ronald Dworkin, "Liberalism" (reprinted in his *A Matter of Principle*, New York: Oxford University Press, 1985)〔「リベラリズム」、森村進ほか訳『原理の問題』（岩波書店、2012 年所収）〕; Will Kymlicka, *Liberalism, Community, and Culture*(New York: Oxford University Press, 1989); Jean Hampton, "Should Political Philosophy Be Done Without Metaphysics?" in *Ethics*, Volume 99, Number 4, 1989. 現代リベラリズムに対する批判としては次を参照のこと。Michael Sandel, *Liberalism and the Limits of Justice*(Cambridge: Cambridge University Press, 1982)〔菊池理夫訳『リベラリズムと正義の限界』（勁草書房、2009 年）〕; Charles Taylor, "Atomism" (reprinted in his *Philosophical Papers, Volume 2: Philosophy and the Human Science*, Cambridge: Cambridge University Press, 1985)〔「アトミズム」、田中智彦訳『現代思想』第 22 巻 5 号（1994 年 1 月）所収〕; Iris Marion Young, *Justice and the Politics of Difference*

(Princeton: Princeton University Press, 1990). かかる論者からのリベラリズム批判に対するリベラルの側の評価としては、以下を参照。Amy Guttman, "Communitarian Critics of Liberalism," in *Philosophy and Public Affairs*, Volume 14, Number 3, 1985; Martha Nussbaum, "Feminist Critique of Liberalism" (reprinted in her *Sex and Social Justice*, Cambridge, MA: Harvard University Press, 1999). 難解ではあるが読み応えのある特に優れたリベラリズムの擁護論としては、Gerald Gaus, *Justificatory Liberalism*(New York: Oxford University Press, 1996) がある。完成主義的リベラリズムについては、ジョセフ・ラズの以下の著作を参照するとよい。Joseph Raz, *The Morality of Freedom* (New York: Oxford University Press, 1986). やや異なる角度から、啓蒙主義の時代から現代までのリベラリズムの展開を説明するものとして、Alan Ryan, *The Making of Modern Liberalism*(Princeton: Princeton University Press, 2012) も参照のこと。

第 2 部

根本的な概念

第3章 自由

3.1 自由の概念

　子どもの世話をしている人ならば誰でもすぐわかるように、人は、幼い
頃から、身体を拘束されることにいら立ちを覚える。ベルト、シートベル
ト、カフス、ロープや他の器具で行動を制約されると不快に感じる。人に
は身体を動かす能力が妨げられるときに感じる独特の苦痛や不快感、ある
いはもしかすると弱さがある。これはとりわけ、いつになったらその制約
から解放されるのかわからない場合に感じるものである。けれども、身体
の動きに対する制約を自分でコントロールできない場合にだけそう感じる
わけではない。たとえば、私の父は今でも、その場に括りつけられる感覚
に耐えられないという理由で、シートベルトを装着するのを嫌がる。人は
制約を受けないようにしようとするものだということは、他の文脈でも同
じくらいはっきりとわかる。多くの人は、簡単に抜けだせるとしても、小
さな囲いのなかにわざわざ入らない。飛行機のなかはあまりにも狭苦しい
という理由で飛行機に乗れない。こういう人を私は何人か知っている。実
際には、機内で身体の動きを制約されることはほとんどないにもかかわら
ずである。

　一般的な語り口において、拘束されている状態を言い表すために、自由
（本書では liberty と freedom を互換可能なものとして扱う）という考え方
を用いる。手錠は行動の自由を制約し、制約されることとは何らかの行動

59

をする自由がないことを意味する。同様に、我々は制約から誰かを自由に
し、解放する。もちろん、日々の生活において、シートベルトを自由の敵
だというのは大げさなように思われる。だがそれでも、直観的には、自由
は意のままに体を動かす能力と何らかの形で密接にかかわっていると考え
られる。

　こう直観的に考えることは、自由を哲学的に分析することにはほど遠
い。つまり、このままではあまりにも単純すぎるのである。まさに述べた
ような、自由は身体の動きと何らかの形で密接にかかわるということが惹
起する一連の哲学的問題に着目しよう。たとえば、意のままに体を動かす
能力が我々にとってなぜ非常に重要だと思われるのかと問うかもしれな
い。単に好きなように手足を動かす能力を普通はそこまで重要だとは思わ
ないだろう。むしろ、意のままに行動できる能力が大事なのであり、その
ためには概して、自分の体を自在に動かす能力が必要となるのである。だ
から、制約されると困ったことになる。なぜなら、望むように動くことが
できるだけではなく、望むように行動することができることが重要だと考
えられるからである。これは正しいだろうか。

　2つの事例を考えてみよう。まず、ベティはアルフレッドを部屋に閉じ
込めた。このことからアルフレッドの自由は大いに脅かされると考えられ
よう。だが図らずも、アルフレッドがその部屋から出たがらないとしよ
う。扉に鍵がかかっていないとしても、彼はそこに留まるだろう。もちろ
ん、アルフレッドがその部屋を出たいと望んでも、それは不可能である。
だが幸運にも、彼の望みは当分変わらないままであり、彼はそこから出た
がらない。このことをどう考えるべきだろうか。アルフレッドは部屋に閉
じ込められたけれども、自分が望むような行動を妨げられてはいない。彼
は自由なのだろうか。

　2つ目の事例を考えてみよう。カールは極度の麻薬依存であり、それは
彼の健康をひどく害するものである。依存症状からカールは、麻薬を心底
欲しいと強く思う症状が長く続く。しかし、またある時には、カールは薬
物依存から逃れたいと思う。薬物を断っているあいだ、カールは薬物治療
センターに入院し、麻薬を摂取しないようにあらゆる方法で行動を制約さ

60　第2部　根本的な概念

れる。カールの依存症状が出はじめたとしよう。彼が欲しいのは何よりも麻薬である。そのあいだカールは、望むように行動することを強制的に妨げられるのである。彼は自由なのだろうか。

　この2つの事例は興味深い。というのも、人が制約されているにもかかわらず自由だという、少なくとも議論の余地がある状態を示す事例だからである。実際に、2つ目の事例において、カールに対する制約は、実のところカールの自由に貢献するものだと考える者もいる。事によれば、自由であることと制約されていることを、完全にはっきりと区別できるのだろうか。

3.1.1　自由 —— 形而上学的なものと政治的なもの

　自由は、我々が（可能ならば）区別しようとすべきである2つの積年の哲学的課題の中核をなすものである。1つは、意志の自由と呼ばれるものにかかわる。それは主に形而上学として知られる哲学の分野に属する。この形而上学的な意味での自由の関心は、人間の行動がそれに先立つ身体的条件が原因となって決定されるかどうかという問いと関係する。ここでの根本的な問いは、次のようなものである。すなわち、行為主体Sがある行為x以外のことを行うことができた場合に、それでもxはSによってなされたというのは正しいのだろうか。形而上学的な**決定論者**は「誤りだ」というが、**非決定論者**は「正しい」という。そして、**両立論者**は、「そうではない」というが、人が実際に行うこと以外に何かをできることが自由意志を有するための必要条件ではないという。

　多くの哲学者は、形而上学的な自由と道徳哲学の中核的問いは明らかに強く関連することを理解している。すなわち、哲学者は実のところ、あらゆる行動が（決定論者が断言するように）因果的に決定されるならば、自分の行動に対する道徳的な責任は誰にもないだろうと考えるのである。この直観的な考え方はたやすく理解できる。たとえば、デニスは車を盗む。決定論が真であれば、デニスはそれ以外の別のことをできなかったのだろう。だが、デニスがそれ以外の別のことをできなかったのならば、彼が盗んだことを道徳的に責めるのは、水中で呼吸ができない者を責めるような

第3章　自由　61

ものである。道徳的に称賛されることについても同様である。たとえば、エディは敢然と子どもを救った。決定論が真であれば、エディはそうせずにはいられなかったわけではないので、彼女を道徳的に称賛するのは的外れであるかもしれない。したがって、自由意志は道徳的責任にとって不可欠であるように思われる。ゆえに決定論者は、道徳的責任というまさにその考えこそが誤りだというのである。非決定論者は決定論を退け、時として、道徳的責任という考え方は絶対に不可欠なので、決定論は間違いなく誤りだという。そしてくり返せば、両立論者は、決定論者と非決定論者の両方に対して、人間の行動は因果的に決定されるという考えと自由意志は両立しうると主張するのである。

　自由意志についての形而上学的な問題は、形而上学的な問題と道徳哲学の関係にかかわるものであり、複雑である。自由意志と道徳的責任は密接に関連するように思われるので、自由の形而上学的な意味は、私が先に触れた2つ目の積年の哲学的問題、すなわち政治的自由と呼ばれる問題の中核をなす。それはもっともであろう。実のところ、自由意志の問題に対する答えが道徳的責任という考え方を規定するのならば、政治的な領域における自由についての見方も、同様に形而上学的な自由についての考え方に依拠すべきだと考えるのはもっともであるように思われる。

　しかしながら、政治的な問題と形而上学的な問題は異なると考えられるのには理由がある。形而上学的な自由は主として、個人が実際に行ったこと以外のことをできたかどうかという問題にかかわるものである。この点を思い起こそう。以下で見るように、政治的自由は個人と社会や政治体制との関係にかかわる。個人の政治的自由は、1つには、当人がそのなかで行動する社会的・政治的秩序から判断して、その人に許されている、あるいは行うことができることにかかわる問題である。この観点からすれば、政治的な問題は、個人が別の行動をできた可能性を形而上学的な観点から利用できたかどうかというよりもむしろ、個人の行動の特性にかかわる問題である。つきつめれば確かに、形而上学的な問題・道徳的な問題・政治的な問題は、まとめて取りあげられ、分析されねばならないのかもしれない。それらの区別は錯覚に基づいており、維持できないとわかるかもしれ

ないし、それらは不可避的に深くかかわるものだとわかるかもしれない。だがさしあたり、形而上学的な問題と政治的な問題は異なるという前提で話を進めよう。これ以降も本章では自由を政治的な意味で使うだろう。では、政治的な意味で自由という語を使用するとはどういうことなのだろうか。

3.1.2　概念と構想の区別

　お待ちかねのように、自由に関するいくつかの競合する概念を考察すべきである。だが、考察を始める前にまず、**概念**と**構想**の重要な哲学的違いを明確にしておかねばならない。

　2人の哲学者が同じ言葉を使って違うことについて話している場合と、2人の哲学者が同じことについて別々の、あるいは反対の説明をしている場合との違いを理解するために、概念と構想を区別する必要がある。自由に関するいくつかの固有の哲学的な構想について話すとき、どのようにそれを解釈するのが最善なのかにかかわる論争がある、という観点から話をしている。すなわち、競合する考え方とは、同じ概念（つまり自由）に関する別々の構想のことである。これらの構想が同じ概念についての諸構想であるということから、単に「話がかみあわない」ということよりもむしろ、我々がしばしば述べるように、自由について異なった考えを有する哲学者同士の意見が合わないとはどういうことなのかを理解できる。2人の話がかみあわないとき、両者は違うことを話しているのだが、自分たちは同じことについて別々の考え方を示していると思い込んでいる。概念と構想を区別すれば、お互いに話がかみあわない人たちは、異なる概念について話しているにもかかわらず、同じ概念の別々の構想について話していると思い込んでいるのである。それゆえ両者のあいだでは、実のところ意見が対立することはありえない。自分たちは意見が対立していると考えているのかもしれないが、意見が対立するには、論争相手が対立する構想を提示する何らかの概念がなければならないのである。

　これではあまりにも抽象的なので、次の例を見てみよう。私は大学で形式論理学を教えることもある。最も一般的な意味において、論理学とは議

論の学問である。初回の講義で私は、この授業の主題について「この講義では議論について学ぶことになる」と明確に述べる。だがそう述べた後に、次のような説明を付け加えることをすぐに学んだ。すなわち、形式論理学とは議論の学であり、議論とは宣言的文同士の形式的な関係として理解される。いくつかの宣言的文（前提）は、他の宣言的文（結論）を補強したり、その妥当性を証明するために述べられる、という説明である。私はこのように説明をすべきだと学んだ。というのも、講師になりたての頃に、ある生徒が私の講義を次のように批判したからである（その学生の批判を大まかに言い換えてみよう）。

　　この授業は面白かったが、議論とは全く関係がなかった。実際に、受講生は何も教授と議論していない。すべて変項・象徴・証明についての講義に費やされ、それらに異論などなかった。シラバスには、議論の哲学的研究と書いてあったので、この講義を履修した。私は議論に勝つ方法を学びたかった。この講義は役に立たなかった。まるで虚偽広告のようであった。

　こうした批判では、形式論理学において学ぶ議論ではなく、別の議論の概念が引き合いに出されている。実際に、この生徒のいう意味での議論を研究するレトリックと呼ばれる別の学問がある。この意味における議論とは、あなたが述べることを対話の相手や聴衆に信じるよう説得しようとするものである。論理学者とレトリック学者は、ともに「議論」と呼ばれる２つの別々のものを研究する場合でさえ、別々の議論に関する理論を提供しない。形式論理学において、議論に関する異なった構想が存在することを記しておくべきである。すなわち、成功する議論の本質についての異なる理論、いかに議論が機能するかについての対立する説明や、特定の論理的機能の適切な分析にまつわる論争などである。つまり、論理学者のあいだにも異論があるのである。確かに、論理学者とレトリック学者のあいだでも多くの意見対立があるが、彼らは同じ概念（すなわち議論）に関して対立する構想を示しているのではない。むしろ、論理学者とレトリック学

64　第２部　根本的な概念

者は異なる概念を用いており、それらはともに「議論」と呼ばれているのである。

3.1.3 概念を明らかにすること

　先に述べたように、自由に関する様々な競合する諸構想があり、自由とは実のところ何であるのかということについて、様々な考え方がある。だとすれば、異なる諸構想が存在するということは、自由に関する共通の概念があるはずだ、ということになろう。だから、それは何であるのかと再び問うことになる。全く話が進んでいないように思われるかもしれないが、何を問うべきかをより理解しやすくなったのではなかろうか。自由の概念について問う場合、自由に関する異なる諸構想において共有され、それについて諸構想のあいだで意見が食い違う、そのような自由についての考えを明らかにしようとしているのである。そこで、自由に関する哲学的な解釈の違いについて探究しようとすれば、他の構想を排除し、特定の構想だけを引きだすことにならないように、自由の概念を明らかにできる方法を探究しなければならない。

　競合する諸構想のなかで、1つの構想に特権を与えないように概念を明らかにするのは、哲学においては悪名高い巧妙なやり方である。自由の概念と自由についての競合する諸構想を区別できるという事実があるからといって、異なる構想が存在するものについて概念を明らかにするのは簡単だということではない。自分が好む構想とその概念を混同し、ゆえにいかなる哲学的な論争もありえない。実のところ、このようになってしまうのは避けがたい。もちろん、そうならないようにすべきである。さらに、自由に関する単一の概念があるというまさにその主張を疑うべきだ、というのはもっともである。ある哲学者によれば、概念とは常に、考え方のまとまりや集積のことであり、それを構成するものに単一の核となるものはない。いずれにしても、まさに概念という考え方について、一連の哲学的疑問が生じるだろう。「とにかく概念とは何なのか」「概念とはどのようなものなのか」「我々は概念をどのようにして知るようになるのか」「概念はどこにあるのか」といったものである。

第3章　自由　65

本章は、自由の本質に関する哲学的論争に主として焦点を当てているので、こうした他の深遠な哲学的問題についてはひとまず措いておく。そこで、自由の概念を探究する際に、我々は自由に関するいくつかの明白な事例を明らかにしようとしているだけだといっておこう。すなわち、本章の目的からすれば、あらゆる構想において同意されるいくつかの事例から始めれば十分であろう。そのような明白な事例を少なくとも1つ見いだすことができたならば、それに関して諸構想から導かれる様々な分析に従って、競合する諸構想を比較することができるだろう。

　ある概念に関する異論のない事例を探すときには、ある概念が欠けている状況について異論のない事例を明らかにするほうが手っ取り早いことがある。自由についていえば、もっともなことだが、奴隷は自由でないことの典型的な事例である。これは広く合意されている。自由に関するほとんどいかなる構想においても、奴隷は自由ではない。奴隷を非常に不自由な状況にあるとみなさないような自由に関する構想が実際にあるとすれば、それは意味をなさない構想だとして退けられるのはもっともであろう。つまるところ、ほとんど自由がない事例として理解されるべきものは何であれ、それは奴隷である。したがって、こうした自由がない状況について異論のない事例を見ることで、自由についてさらに深く考えることができるようになるだろう。

　奴隷であることが何を意味するのかについて、もう少し考えてみよう。事を複雑にしないように、より厳密な意味での奴隷についてだけ考えよう。つまり、合衆国で1865年以前に実践されていたような社会的・政治的制度としての奴隷について考えるのである。もちろん、奴隷という語はより広い意味で使われることもある。たとえばある人を、その人の所有物の奴隷だと表現することもある。だが、少なくとも当座のところは、狭い意味での奴隷についてだけ考えよう。さらに重要なことに、純粋に記述的な問題として奴隷について考えることにしよう。言うまでもなく、奴隷というのは当然ながら道徳的に恐ろしい現象である。ここでの目的は、奴隷を完全に自由のない状態にする条件とは何なのかを理解することである。そのためには、道徳的非難とは切り離して奴隷について記述する必要が

あるのである。

　まず、奴隷とは法的な所有物である。すなわち、奴隷とは他の人間に法
的に帰属する人間である。奴隷は主人が所有し、主人の支配下にある。こ
のことはとりわけ、奴隷の行動が主人によって制約され管理されることを
意味する。すなわち、奴隷は鎖につながれ、拘束され、ゆえに主人から逃
げられない。さらに、主人は奴隷に対して命令し、奴隷はそれに従い、従
わなければ罰を受ける。したがって、奴隷はできることやしたいことがた
くさんあるかもしれないが、主人が制約を課しているのでそれをできな
い。この意味で、奴隷の行動は当人自身のものではない。さらに重要なの
は、奴隷の人生も当人のものではない。アリストテレスのいうように、奴
隷は人間の道具であり、主人の目標や目的を達成するための道具なのであ
る。このように、奴隷はみずからの判断に従って生きるのではなく、自分
の思うがままに生きているのでもない。ゆえに、奴隷は自分の人生の主人
公ではないのである。奴隷は、いわば「内発的に」自分の生を営むことは
なく、奴隷の目標や目的は主人が課すのである。

　今や、ほぼすべての人が、そしてあらゆるリベラルな政治哲学者は確実
に、奴隷を深刻な不正義だとみなす。実際に多くの人々は、想像できる悪
事のなかで最悪なものだと捉える。というのも、奴隷は極めて幅広い悪を
体現しているように思われるからである。奴隷制度があるところでは、奴
隷は暴力・脅迫・痛み・苦しみ・拷問・強姦・恥辱・不名誉・悲しみ・絶
望・脆弱性にさらされており、他の多くの悪事のなかでも紛れもなく度を
越した悪である。奴隷制度があるところではまた、制度的に体系化された
不平等・階層制・征服・統治・抑圧・搾取などを含む実に多くの深刻な悪
が社会に幅広く存在する。だが、奴隷制度があるところでは自由も極端に
失われる。こうした自由に関する概念を中心に、我々は考察を始めるべき
である。すなわち、自由とは奴隷が根本的に失っているものである。自由
に関する異なる諸構想においては、奴隷の自由を侵害する要素の正確な本
質をめぐって意見が対立するのである。

　確かに、自由の構想をこのように特定しようとするのは、かなり薄っぺ
らいものである。実際に、ほとんど意味がないという者もいるだろう。だ

第3章　自由　67

が、少なくともさしあたりは、それでよいのである。我々は、自由に関する競合する諸構想に共通する概念を論じようとしてきたことを思い起こそう。ここにきて我々は、自由に関する異なる諸構想をそれぞれ擁護しようとする者のあいだでいかなる議論が展開されるのかが理解できる。以下で検討する各構想においては、奴隷が自由でないことがそれぞれの角度から分析され、奴隷の状態において、正確に何が奴隷を不自由にするのか、ということが別々の角度から解釈されるのである。

3.2 自由に関する3つの構想

人が奴隷の状況にあると明白かつ直観的に考えられると思われるいくつかの状況を言い表すことから始めよう。次の3つの可能性を考えてみよう。

1. 奴隷に自由がないのは、奴隷が拘束されているからである。鎖につながれている、あるいは閉じ込められているという理由で奴隷は自由ではない。鎖を外せば、奴隷の自由は広がる。
2. 奴隷に自由がないのは、自分で自分を支配できないからである。他者の支配下にあるという理由で奴隷は自由ではない。自分で自分を支配できるようになれば、奴隷は自由になる。
3. 奴隷に自由がないのは、主人と比較して市民としての地位がないからである。奴隷は他者に従属し、他者の所有物とみなされ、それゆえ、他者に対して社会的に無力であるから自由ではない。平等な市民的地位を承認することで、奴隷は自由になる。

こうした3つの直観的な考え方は、以下で検討する構想において哲学的に表現されている。それらは一見すると、総じて同義であるように思われ、単に同じことを違うようにいっているだけだと思われるかもしれない。だが、いくつかの違いに着目しよう。第一の見方によれば、自由とは何かがないことである。他方で、残りの2つの見方からすれば、自由とは何かがあることであるように思われる。第二と第三の見方の違いにも着目

68　第2部　根本的な概念

しよう。第二の見方によると、自由とは個人の内面にあるものであるのに対して、第三の見方においては、自由とは個人の外部にあるものである。すなわち、他者と関連する市民としての地位のことである。こうした3つの解釈の違いを次のようにまとめることができる。

1. 自由とは、個人にとって何か外部のものがないことである。
2. 自由とは、個人の何か内面にあるものである。
3. 自由とは、個人の何か外部にあるものである。

3.2.1 消極的自由

　奴隷に自由がないのは拘束されているからである、という直観的な考え方から始めよう。奴隷は極端な監禁の例であるので、行きすぎた悪であると考えられるかもしれない。すなわち、刑務所の囚人は、手錠をかけられ、柵やコンクリートで固められ、守衛が見張っている牢屋に入れられているが、奴隷は囚人よりも完全に監禁されている。もちろん、刑務所の囚人の自由は大幅に縮減されているが、終身刑の囚人でさえ法的権利を有している。つまり囚人には、ある程度の自由が保障されている。それに対して奴隷は悲惨なほど不自由であり、あらゆる点で鎖につながれているのである。

　こうした考え方は自由の消極的構想の中核をなしている。このことは第2章で簡単に論じておいた。自由の消極的構想によれば、自由とは制約がないところにある。もちろん、様々な種類の制約がある。自然界の法則は自由な行動を制約する。すなわち、自然界の法則によって、光の速さで走ることや、高層ビルを一足飛びに越えることや、水中で呼吸することはできない。だが、これらによって自由が縮減されている、というのはひねくれていよう。同様に、猛吹雪・竜巻・雪崩などの自然現象によって、自分の計画に邪魔が入り、行動が阻害される。けれども、これらは我々が懸念するような制約ではない。むしろ、消極的構想においては、他者によって課される制約がないことが自由である。言い換えれば、単に他者から邪魔

されることなく行動できるかぎりにおいて自由である。すなわち、そうで
なければできたことを他者によって妨げられたときに、自由は縮減される
のである。

　こう考えれば、なぜ奴隷が議論の余地なく自由でないのかがわかる。先
に述べたように、奴隷は主人によるほぼ全面的な強制のもとで生きる。す
なわち、主人による干渉にさらされにくい奴隷の生というものはない。奴
隷がしたいことすべてにおいて、実際に主人の干渉なしにできることはほ
とんどない。奴隷はこの意味での自由を欠いている。したがって、外的な
制約が取り除かれ、干渉がなくなれば、奴隷の自由は広がるのである。

　自由の消極的構想には、間違いなく多くの利点がある。そのなかで主た
るものは、明らかに簡潔だという点であろう。自由とは外的な制約がない
ことであるならば、人の自由度を測ることは簡単である。大雑把にいえ
ば、人が直面する制約の数を単に数えればよい。さらに、消極的構想にお
いては、自由には量があるという一般的な考え方をたやすく説明できる。
つまり、外的な制約に出くわす頻度によって、ある人は他の人より自由で
ある（あるいは自由でない）といえるのである。同様の理由で、消極的構
想は社会に広く行きわたっている自由の量を判断できるようになる。ゆえ
に、自由を強める（あるいは弱める）政策とはどのようなものであるかを
論じることができるようになる。そして最後に、消極的構想は中立的であ
るように思われる。すなわち、ある人の自由を測るとき、その人自身やそ
の人の選択の質を評価することはいかなる場合においてもありえない。つ
まり、消極的構想からすれば、非理性的で愚かで道徳的に疑わしい者はそ
れでも自由でありうる、ということになるのである。

　消極的構想は、実際に簡潔であるように思われる。だが悲しいかな、そ
れは見かけだおしのおそれがある。実のところすでに、ある1つの複雑さ
をアルフレッドとベティの事例で確認していた。自由が外的な制約のない
ことであれば、出ていくのを望まない部屋に閉じ込められた者は、扉に鍵
がかかっていない場合と同じくらい自由であるように思われる。しかも、
アルフレッドがいる部屋の扉を施錠したとしても、彼の自由には全く影響
しない。似たような事例を検討してみよう。ベティは料理人であり、彼女

はアルフレッドに幅広いメニューを見せて、食べたいものを選ぶよう求めたとしよう。アルフレッドはメニューを見て、ハンバーガーを注文した。その後すぐに、ベティはハンバーガーをアルフレッドに渡した。アルフレッドは大いに満足した。だが、ここには困難がある。すなわち、ベティは、アルフレッドが知らないうちにハンバーガーだけを作るだろう。そして、何を注文したとしても、アルフレッドにはハンバーガーが提供されていただろう。アルフレッドには選択肢がいくつかあったように見えるが、実のところ選択肢はなかった。すなわち、アルフレッドは何があろうともハンバーガーを食べることになるだろう。

　このような事例について考えれば、他者による干渉からの自由という考え方に関する2つの異なった解釈を区別せねばならない、ということになる。1つ目の解釈は、アルフレッドは本当に自由だというものである。アルフレッドはハンバーガーを欲しがり、それを食べた。誰も彼を妨げていない。こうした消極的自由の解釈を不干渉に基づく解釈と呼ぼう。この考え方によると、自分がしたいことを誰にも邪魔されないかぎり、人はまさに自由である。行為主体に開かれている多くの選択肢は、当人の自由の問題とは関係ない。すなわち、実際に選んだように行動できることだけが重要なのである。

　不干渉に基づく解釈は、先に述べた簡潔さという利点を有している。だが、そのように自由を理解するのは問題があるように思われる。一例を挙げれば、個人の自由を当人が図らずも望むものに完全に基づかせることになる。つまり、不干渉に基づく解釈においては、自由であることと奴隷であることが、実のところまるで矛盾しないかのように思われるのである。すなわち、単に奴隷が努めてつながれていたいと望むならば、奴隷は自由だということになるのである。こう考えるのは、単に倒錯しているように思われる。拘束されていたいと思うようになった奴隷は、解放されたのではなく、より輪をかけて奴隷になったのであり、当人が奴隷である事実はよりいっそう悪いことなのだといえるかもしれない。

　奴隷についてこのように考えることは、よりありふれた事例に広く当てはまる。第一に、負け惜しみの現象を考えてみよう。イソップ物語の狐の

第3章　自由　71

ように、獲得を邪魔されたものは何であれ、それを欲しくならないように自分を訓練するのである。人は、自分の欲望や望みを自分の見通しに容易に合わせ、そのようにすることで不満から逃れるのである。多くの場合、これは良い方法のように思われる。だが、このやり方ではうまくいかず、間違いなく不安から逃れられないことがある。たとえば、適応的選好形成として知られているものである。適応的選好形成は、人が自分の抑圧的な環境に照らして、しばしば無自覚に発達させる選好のことである。それは、実際に抑圧され、剥奪された人々のあいだに共通する心理現象である。すなわち、彼らは自分が望むものを得られないので、たとえ自分が得たものが不快かつ屈辱的なものであるけれども、受け取らざるをえないと思われる場合でさえ（もしかすると、とりわけその場合に）、自分が得たものを欲していたのだと思うようになる。つまり、消極的自由を不干渉に基づいて解釈すると、概して服従・不名誉・諦めとしかみなされないものが、解放だとみなされてしまうのである。

　自由を不干渉として捉える考え方にはいまひとつの解釈があり、それはより見込みがあるように思われる。それによると、干渉されないこととは、行動するための一連の機会が与えられたなかで邪魔されずに行動できることである。消極的自由に関する第二の解釈を機会に基づく解釈と呼ぶことができよう。機会に基づく解釈によれば、部屋に閉じ込められ、その部屋から立ち去らないことを選んだ者は、それにもかかわらず自由ではない。当人に開かれた選択肢は１つしかない。すなわち、部屋に留まることだけである。こうした事実から、その人は自由ではないのである。アルフレッドが図らずもその部屋を出たがらないのは幸運なことだが、そのことによって彼が自由になったわけではないのである。

　機会に基づく解釈は、不干渉に基づく解釈よりも期待できる。というのも、負け惜しみや適応的選好形成の場合において、直観に基づいて答える余地がまだ残されているからである。すなわち、社会的に抑圧された人々は、当人の抑圧的な環境に従って選好を無意識に調整したかもしれないという事実にかかわらず自由ではない。このようにいうことができる。同様に、機会に基づく解釈によれば、奴隷がみずからが拘束されていることを

どのようにみなすかにかかわらず、奴隷は著しく自由を欠いている。けれども、不干渉に基づく解釈をこのように改良することでそれなりに失われるものもある。機会に基づいて解釈することで、消極的構想の主たる利点の1つのように思われる簡潔さはほとんど失われてしまう。

　説明しよう。機会に基づく解釈は、消極的自由の考えに様相論理の要素を採り入れている。それは、機会に基づく解釈に関して、「ああだったら」などという現実に起こっていない可能性を考慮しなければならないという哲学の話法である。すなわち、個人が実際に何をするのか、実際に干渉されるのかだけでなく、その人が何をすることができるのか、その人が別のことをしていたら何が起こっていたのかにも関心を寄せねばならない。つまり、機会に基づく解釈において、個人がどれくらい自由であるかを判断するには、当人の行動がどのくらいの頻度で外的な干渉を受けるのかを見るだけでは不十分である。当人にできることがどれだけあるのかを考慮し、行動したとすれば、どのくらいの干渉を受けるおそれがあるのかを判断せねばならない。したがって、ある人はハンバーガーが食べたいのだが、その人が選ぶであろう他のどの食事も選べない。そうだとすれば、その選択肢が当人にとって魅力的なものではなかったとしても、選択の幅が狭められているという理由で、その人は自由ではないのである。

　「ああだったら」というのは、悪名高くも厄介であり、以下のような文をどのように正確に理解するかにかかわる多くの哲学的論争がある。

1.　彼がスパゲッティを注文したら、ハンバーガーを提供されていただろう。
2.　彼がスパゲッティを注文すれば、ハンバーガーを提供されるだろう。

これらを次の文と比較してみよう。

3.　アルフレッドはハンバーガーを注文した。

話が複雑であることを理解するために、3. が真実であるのは、アルフ

第3章　自由　73

レッドが実際に注文したという事実によることは明らかなように思われる点に着目しよう。アルフレッドがハンバーガーを注文したという事実によって、3. は真実になるといえるかもしれない。また、アルフレッドがハンバーガーを注文したという事実から、「アルフレッドがピザを注文した」という文は誤りだといえるかもしれない。だがここで、1. と 2. の文について考えてみよう。これらの文は何によって真実になりうるのだろか。

こうした複雑な事態はひとまず措くとしても、消極的自由をさしあたり機会に基づく解釈として理解するとして、それは受け入れ可能なものなのかどうか、もう少し疑問が残るかもしれない。消極的自由においては、ある人がどれだけ自由であるかは、その人が邪魔されずに行動できる選択肢をどれだけ有しているかということと同義である。消極的構想の魅力の1つはその中立性にある点を思い起こそう。個人がどれくらい自由であるのかを判断する場合、合理性や、行為主体の選択や目的の道義性を評価する必要はない。むしろ、その人が邪魔されずに行動できる機会がどれだけあるかだけを考慮すればよい。すなわち、自由を評価する場合、その人にとって、邪魔されずに行動できる機会とは何をするための機会なのかという点を考慮する必要はなく、また、個人の意志決定の健全性を考慮する必要も全くないのである。

これは正しいのだろうか。いくつかの場合を考えてみよう。まず、アルフレッドは様々なメニューを見せられ、ベティも彼が注文するかもしれないあらゆる料理を準備するという場合である。だが、アルフレッドはハンバーガー以外のものを食べることについて非理性的な恐怖にとりつかれており、ハンバーガーを注文する。あるいは、アルフレッドはハンバーガーを注文したが、彼はハンバーガー以外のものを食べると命にかかわると洗脳されていたとしよう。または、アルフレッドはベティに好意を抱かれており、アルフレッドはベティがハンバーガーを頼んでほしいと思っていることを知っているとしよう。これらいかなる場合においても、アルフレッドの心理状況によって、彼が実際に行動できる範囲は制約されている。ゆえに、アルフレッドがハンバーガーを注文したからといって、彼が自由であるわけではない。これはもっともであろう。このように、消極的自由の

理論家は、個人の自由を制約しうるものの一覧に諸種の心理的な制約をも含めようとするはずである。それゆえ、他者からの干渉とはいっても、まるでそれが当の個人の内面にあるかのように思われるのである。

　19世紀の哲学者ジョン・スチュアート・ミルが挙げた別の事例を見てみよう。あなたは川に架かる橋の基礎あたりに立っており、その橋はごく最近損傷し、とても崩れやすい状態であるのを知っているとしよう。その橋はごく最近損傷したので、注意書きはなく、橋が崩れやすいという告知もなされていない。ある人が現れ、明らかに橋を渡ろうとしている。あなたにはその人に橋が危険だと口頭で警告する時間がない。そこで、その人に手を押し当て、橋を渡るのを体で止めたとする。ミルによれば、この場合にあなたは、間違いなく彼の自由を縮減させて・いない・。ミルからすれば、その人は、川に落ちるよりも川の向こう岸に渡りたいのであり、彼は本当は橋を渡ることを望・んで・いないが、そうするほかないと（間違って）思い込んでいる。したがって、その人が橋を渡れないようにしたとき、あなたは彼が望むことをできるよう援助したのであり、ゆえに事実上、彼の自由に貢・献し・ている。何かを知らないことで、人は望むように行動できなくなるので、自由が切り崩されるように思われる。そのような無知に捉われてしまった人の行動に干渉するのは、その人の自由を拡大させることにつながる。仮にミルが正しいとすれば、個人がどれくらい自由であるかを判断するには、少なくとも一定の場合において、当人の合理性を評価することがしばしば必要である。こういうことになるのである。

　現代の哲学者チャールズ・テイラーは別の事例を挙げている。2つの国を想像してみよう。それらを手短にA国・B国と呼ぼう。A国にはほとんど法がなく、実際に車の通行を規制する法がないという点で、ほぼ無政府的である。A国で車を運転すれば、赤信号や速度規制や停止の標識に妨げられることはない。だが、A国には宗教活動に関する厳しい法がある。A国の市民は、車で自由に一日中移動するにもかかわらず、礼拝への出席は禁じられ、宗教行事に公的に参加してはならない。A国と次のようなB国を比べてみよう。B国はあなたの国によく似ている。交通を規制する実に多くの法があり、信号や、速度規制や停止を求める標識が多

第3章　自由　75

くある。車を運転すれば、あらゆる場面で停止・徐行・減速しなければな
らない。日々の運転に対して全く干渉を受けないというのはありえない。
しかしB国では、宗教活動についての自由が極めて強く認められている。
すなわち、市民には礼拝に参加する自由があり、宗教的信念を公に表現す
る自由がある。厳密に干渉される機会という点でいえば、B国の市民は、
A国の市民よりも実に頻繁に干渉を受けていると考えられよう。けれど
も、A国の市民がB国の市民よりも自由だと結論づけるのはばかげてい
ないだろうか。そう思うだろう。だが、なぜそう思うのだろうか。

　テイラーは、自由とは一部には、人間の幸福という観点から価値のある
ことや重要なことを行う能力にかかわると断じる。それゆえ自由とは、少
なくとも部分的には、個人の目的や願望の本質に基づくものである。テイ
ラーからすれば、運転を邪魔されないというのは些末なことである。運転
を制約する規則は、自由という観点からは重要ではない。それに対して、
宗教的行為にかかわる自由は人間の豊かさの観点から決定的に重要であ
る。したがって、宗教的行為を制約する法律は、たとえその規則が交通規
則よりも干渉すること自体は少ないものでありえるとしても、とりわけ多
大な影響を及ぼす。テイラーの主張が納得できるものであるとすれば、自
由とは、人がどれだけのことをできるかだけでなく、人ができうることの
重要性にかかわるものだということである。換言すれば、テイラーが正し
ければ、自由を測る場合に、自由に対する干渉の数を数えるだけでなく、
それらを評価する必要がある。

　こうしたことからすれば、行為主体の合理性や行為の重要性を評価する
必要があるということになるので、自由の消極的構想からは次第に距離を
取ることになる。個人が自由であるかどうかを判断するには、当人の内面
を評価しなければならないということである。ゆえに、自由を個人の何か
内面にあるものだと捉える構想に目を向けていこう。

3.2.2　積極的自由

　先に述べたように、奴隷は、奴隷の人生が自分自身のものではないとい
う事実から自由でない。こう考えられるかもしれない。すなわち、奴隷は

主人に帰属し、奴隷の人生は自分自身の目標よりも主人の目標を達成することに向けられる。主人が溝を掘るよう奴隷に命令すれば、溝を掘ることが奴隷にとって意味があり、達成感があり、価値のあるものかどうかにかかわらず、奴隷は溝を掘らねばならない。奴隷自身の目的・目標・考え方・価値観は、奴隷の行動の指標としては、ほとんどあるいは全く意味をなさない。既述のように（そして、アリストテレスがはるかに昔に述べたように）、奴隷は主人の生きた道具なのである。自由の積極的構想によれば、自分の行動や自分の人生を支配できるかぎりにおいて、人は自由である。すなわち、積極的自由の理論家からすれば、自由とは自己を支配すること、あるいは自己を自分で方向づけることである。あるいは、自由とは自分自身の主人であることだ、という積極的自由の理論家もいる。奴隷にはこれが欠けているのであり、だから奴隷は自由ではないのである。

こうした自由についての分析には見込みがあり、消極的構想を劇的に改良するものであるように思われる。先の議論に照らせば、実のところ奴隷に自由がないのは、消極的構想において断じられるように、奴隷が鎖につながれていることや手足を動かすことができないことにあるのではない。もちろん、拘束するものは、奴隷が自由でないことの現れや象徴、あるいはもしかすると証明であると考えられるかもしれない。だが、奴隷に自由がないことは、奴隷の状況の何らかの特徴に表れているように思われる。考えてみよう。鎖につながれていない奴隷は、それにもかかわらず、脅しや恥辱や習慣化を通して、主人の単なる道具として自己の構想を内面化し、主人に従う。ゆえに、鎖につながれていない奴隷は、それでもやはり自由でないとみなされるべきである。奴隷が自由になるには、外的な制約を取り除くだけでは不十分である。さらに、外的な制約がないにもかかわらず、卑屈なほど服従したままの奴隷は、実のところ当人が行動できる多くの機会を有しているかもしれないが、それにもかかわらず、なおいっそうのこと自由ではない。こう述べたくなるかもしれない。

自由の積極的構想は、自由を個人の内面にあるものに基づくものだとみなすので、外的な制約を取り除いても、自由を拡大したり回復したりするのには不十分だと考える。くり返せば、積極的構想においては主として、

第3章　自由　77

自由とは何か個人の内面にあるものだと論じられるのである。だが、自由であるために個人が内面に有すべきは、行使されるべき認知的・心理的能力だという点に留意しよう。この点を自由の消極的構想との対比で強調しておけば、自由であるために求められる能力は、単に自己を支配するための機会としてあるのではない。自由な個人はそうした能力を行使し、それゆえに自己を支配するのである。自由の積極的構想からすれば、個人は自己を支配する能力を有しているから自由なのではない。そうではなく、その人は実際に自己を支配しているという事実があるからこそ自由なのである。自由とは、人が理性的に自己を支配するための内面の能力を行使するところに存在する。したがって、自由の積極的構想を、自由とは行為主体の何か内面にあるものだと論じるものだとする場合、行為主体の内面に求められるのは自己支配の機会ではなく、自己を支配する能力を行使できることである。この点に留意せねばならない。

　積極的構想においては「行使」という要素が決定的に重要である。このことを明らかにするために、別の例が役立つだろう。本章のはじめに、カールという麻薬依存者について検討した。カールは非常に有害かつ破滅的な麻薬依存者であり、薬物を断っているあいだ、依存から抜けだしたいと思っている。薬が抜けているカールについて、彼は薬を欲しいと思わないだけでなく、欲しいと思わなくなりたいのだ、といえるかもしれない。だが薬を断っていないあいだは、依存症状が活発になると、症状が悪化せざるをえない。麻薬依存者に共通しているように、麻薬を断っていないカールは、そうでなければ決して夢にも思わない行動を取る衝動に駆られる。しばしばいわれるように、彼は麻薬依存の奴隷なのである。

　ちょうど消極的自由の理論家が、自由でない例として囚人を挙げることが多いように、積極的自由の理論家は、自由でない例として麻薬依存者を挙げる。先に述べたことからすれば、その理由は明らかだろう。麻薬依存者は自己をほとんど支配できない。奴隷が自己を支配できないのは、1つには別の他者の支配下にあるからだが、麻薬依存者は自分の内面にある力に支配されている。そして、その力は異質なものであり、真に当人自身のものではない。実際に、麻薬依存者を言い表し、麻薬依存者について議論

78　第2部　根本的な概念

する際に使われる多くの言葉から、麻薬依存にはこのような特徴があることが浮き彫りになる。たとえば、麻薬依存者は、自分の薬物に対する衝動や欲望について、自分自身の一部というよりも、第三者の麻薬依存であるように述べる。したがって麻薬依存者は、そのような衝動や欲望は何か異質なものであり、追いだされるべきものであり、自分自身の一部ではないと考えるのである。より明らかなのは、麻薬依存者の治療が回復と呼ばれることである。それが意味するのは、依存症状を消し去ることで、個人、すなわち本当のその人を取り戻すということである。

　同様の語彙は心理現象と密接にかかわる議論で使用される。たとえば、心配の虜になる人・無知で分別をなくした人・激情に駆られた人・絶望に打ちのめされた人などについて語られることがある。こうした表現は、当人の内面にあるにもかかわらず本当はその人のものではない力によって、自分を支配できなくなったことを示すために使われる。すなわち、そうした心理的な力によって、その人は（一時的に）無力になり、影響を受け、（一時的に）のっとられ、執拗に駆りたてられるのである。我々がそのような力にとりつかれた個人を「その人ではない」と表現するのは示唆的である。

　こうしたいくらか単純な例から、自由の積極的構想の中核にある考え方を公正に言い表すことができる。自分の行動・目的・欲望・態度・願望を含む自分の生が自分自身のものであるとき、人は自由である。自由とは、意のままに生きること、（くり返すが、先に述べたような広い意味での）自分の人生を営むことにかかわり、人生を計画し、目標を追求し、自己を支配する自分の内面の能力を発揮することの発露である。それゆえ、自由の積極的構想の特徴は、自由とは自分自身の主人であることだ、という標語によく現れている。

　重要なことに、自由の積極的構想からすれば、自由を制約する者が、場合によっては人を自由にするという。これはとても奇妙であり、矛盾しているのではないかと往々にして思うだろう。だが、再びカールについて、とりわけ彼が薬物を断っていない状態のことを考えてみよう。カールが強制的に麻薬を摂取できなくなるとき、そのことは、ある意味で彼の自由に

第3章　自由　79

貢献している。彼が麻薬依存から抜けだすよう手助けをしている。つまり、麻薬を断っていないカールを制圧することで、麻薬を断っているカールに力を与える。（麻薬を断っていない）カールを制圧し、（麻薬を断っている）カールを解放する手助けをしているとすらいえるかもしれない。18世紀の哲学者ジャン＝ジャック・ルソーの特筆すべき言葉を借りれば、カールは自由であるように強制されるのである。

　誰かを自由であるように強制するというのは矛盾しているように思われるかもしれない。しかしながら、自分の積極的な構想の中核をなす考え方を言い表す際に、個人の「真の」自己を引き合いに出さなければならなかったという事実に着目すれば、その違和感は和らげられる。カールについていえば、カールは麻薬を断っているあいだ、麻薬を欲しがらず、麻薬に対する欲求もないが、少なくとも依存症状が出ているあいだは麻薬を欲しているように思われる。ゆえに我々は、麻薬を断っているカールと依存症状に苛まれているカールを区別し、「真の」カールを麻薬を断っているカールと結びつける。すなわち、カールの麻薬依存を、彼の内面にあるにもかかわらず、誰か別人格が有している力だと言い表すとき、カールの「真の」自己は麻薬依存ではないカールだと我々は断じている。つまり我々は、麻薬依存を克服したとすれば回復されるであろう自己、つまり彼の依存症状を抑え込むことで解放される自己をカールだとみなす。麻薬を断っている自己を解放するために、麻薬を断っていない自己が制約されるとき、カールは自由であるように強制される。「真の」自己と、依存癖や衝動や脅迫観念に駆られたときに優勢になる見せかけにすぎない歪んだ自己をこのように区別することは、日常会話で自分自身や他者について語る際によく見られる特徴である。だが、それは哲学的には興味深いものである。

　考えてみよう。欲望はいかにしてあなたのものでありうるのか、あなたの内面にありうるのか、本当はあなた自身が有するものではないのではないか。カールの麻薬に対する欲望は、本当は彼のものではない。すなわち、依存へと駆りたてる薬物にかかわる衝動について、まるで麻薬依存それ自体が、カールを支配しようという目的や目標を持つ別の存在によって引き起こされるかのように我々は考える。ただしその支配は、奴隷の主人

80　第2部　根本的な概念

が奴隷を支配しようとする類のものとは異なる。当座のところ、このように語るのは理に適っている。だが、つまるところ「2つの自己」というのは全くの比喩でしかない。カールの麻薬依存は、悪魔祓いに関するホラー映画に出てくる霊魂のように、彼の体に侵入した異物ではない。麻薬依存はカール自身の一部である。カールの2つの自己というのは、彼のなかの葛藤を言い表す便利な言葉である。だが多くの場合、カールについて、彼の真の自己が薬物依存者であり、麻薬を断っている自己は（麻薬を断っていない）カールの自由に対する敵だとはいわない点に留意しよう。すなわち、カールの自由は、我々が理性的な自己とみなすものを強化することと結びつけられるのである。

　もう1人の麻薬依存者であるドラとカールを比較してみよう。ドラは、カールのように麻薬依存に支配され、麻薬を手に入れるためならばどんなことでもする。そうしようとするなかで、彼女自身や他者を傷つけることが多々ある。けれども、ドラはカールとは異なり、麻薬依存から抜けだしたいとは思っていないようである。麻薬を断っているあいだ、ドラはただ不機嫌である。彼女は、麻薬を欲しいと思わないようになりたいとは決していわない。そのため、ドラのなかで「麻薬を断っている」自己と「麻薬を断っていない」自己のあいだに葛藤はない。つまり、ドラは完全な麻薬依存者だといえるかもしれない。

　特筆すべきは、我々は多くの場合、そうであるからなおいっそうのことドラは麻薬依存の奴隷だと述べるということである。だからこそ、ドラの麻薬依存にはなおさら介入する必要があるとすらいえるかもしれない。我々がカールから強制的に麻薬を取りあげるとき、麻薬を断っていないカールに対して、麻薬を断っているカールの意志を押しつけることになる。我々は、カールのなかの非理性的で異質な力から理性的なカールを解放する。だが、ドラから麻薬を取りあげるとき、我々は単に彼女の意志に反してそうしている。だがそれでも、彼女が自由であるように強制していると我々は述べたいだろう。というのも、ドラの「真の」自己は麻薬依存者ではない自己であり、麻薬依存がなければドラはそのようになりたいはずだと我々が信じているからである。この場合に我々は、ドラの真の自己

第3章　自由　81

を、我々が彼女にそうなってほしいと願う自己と同一視するのである。

　したがって、自由の積極的構想からすれば、ドラが自由であるかどうかを判断するためには、当人の内面の状態や過程を評価するだけでは不十分である。どれが本当の彼女であるかを判断するために、内面の状態を区別する必要があるのである。カールの場合には、それは簡単だろう。カールの麻薬を断っている自己に従い、（麻薬を断っている）カールの利益のために、麻薬を断っていない自己を抑え込む。本当のカールを取り戻すために偽のカールを抑圧する。我々はこういう意味で、彼に自由であるよう強制するのである。しかしながら、ドラの場合は大きく異なる。ドラの場合には、我々が彼女に投影した自己のために彼女を強制しつつ、彼女のために彼女の本当の自己を決めなければならない。

　この違いから、自由の積極的な構想がはらむ深刻な問題として多くの人が理解していたものが明らかになる。誰かに自由であることを強制するという考え方が奇妙である点は先に述べた。そして、その奇妙さは、個人の「真の」自己と「偽の」自己を区別することで和らげられる。くり返せば、カールを自由であるよう強制する場合、言いなりになるのは偽のカールであり、解放されたのは真のカールである。だが、今まさに述べた点に留意しよう。その力の影響を受けているカールは、真のカールではなく、偽のカールである。けれども、偽のカールとは誰なのか。我々がカールに自由であるよう強制するとき、誰が強制されているのか。ここで用いられる比喩によって、話がわからなくなってしまう。

　このことは、20世紀の哲学者であり聡明な歴史家であるアイザィア・バーリンによって擁護された批判を思い起こさせる。バーリンによれば、自由の積極的構想の核にある「2つの自己」という考え方は、次のような理由から道徳的かつ政治的に危険である。先に述べたように、「2つの自己」という考え方は、麻薬を断っている自己と麻薬を断っていない自己にカールを分断してしまうだけではなく、麻薬を断っている自己の方を真のカールだと特定することになる。すなわち、「2つの自己」という考え方には、「偽の」もしくは「劣等な」自己から「真の」もしくは「優等な」自己を分離することが含まれ、こうした分断は明らかに、カールがどのような人

82　第2部　根本的な概念

であるべきか、ということにかかわる道徳的判断に基づくものである。つまり、優等な自己を取り戻すことでカールの自由は促進されるのである。実際に、偽の自己を抑え込むことで、カールは全く抑圧されていないのは明らかである。むしろ、(本当の)カールが解放されている。実のところ、カールを鎖につなぎ、手錠をかけ、あるいは監獄に収監し、そうして彼から麻薬を取りあげるとき、我々は彼を自由にしているのである。

だが、どこか間違っているように思われる。自由の積極的構想によれば、カールは刑務所に入れられることで自由になりうる。刑務所に入ることで人は本当に自由になりうるのか。今やこのことは、最初にそれを聞いたときほど直観に反するものではないかもしれない。つまるところ、カールは麻薬を断っているとき、麻薬依存から抜けだしたいというが、麻薬を阻む力がない。だから、カールを刑務所に入れることで、彼が望むこと、つまり麻薬依存を乗り越えることを我々は手助けしていることになろう。そして、先にミルが挙げた壊れた橋の例を検討したときに述べたように、その人が望むことをできるように手助けするとき、我々はその人の自由に一役買っていると考えるのは妥当であろう。けれども、ドラについて再び考えてみよう。彼女の麻薬依存はとても深刻で、彼女は麻薬依存から抜けだしたいという意志を全く表さず、実のところそう望んでもいない。ドラが麻薬依存であるということは多くの場合、それに介入したり干渉する実に大きな正当な理由となる。我々はそう考えがちである。麻薬から遠ざけるためにドラを拘束するとき、我々は彼女が望むことをできるように手助けしたいのではない。むしろ、我々が望むこと、おそらく彼女にしてほしいと思うことを彼女に強制しているのである。こうしてドラは、我々の目的を達成するための道具となる。そして、その目的を彼女は是認していないのである(ただし、我々は彼女がそうあってほしいと願っているのだが)。もちろんこの場合、我々の主たる目的は、ドラを我々の目から見てよりよい別の人間に変えることである。それでもなお、ドラは道具である。我々がドラを拘束するとき、彼女のための計画に従うよう彼女に強制する。そうであれば、ドラの状態は奴隷とどう違うのだろうか。

これがバーリンの反論の主たる内容である。バーリンからすれば、自由

の積極的構想は、つきつめれば自由と服従を峻別できない。積極的構想によれば、「真の自己」を強化しようとするいかなる方法も、それがいかに抑圧をともない、あるいは（ドラの場合のように）受け入れがたいものだとしても、それは解放をもたらすものだとみなされなければならない。しかも積極的構想においては、ドラは麻薬依存から抜けだしたいと全く望んでいないにもかかわらず、麻薬依存のドラは自由でないとみなされなければならない。自由とは真の自己を実現し、偽の自己を克服することだとみなされることになれば、真の自己とは、従順な市民であり、何の疑いも抱かない兵士であり、特定の経済階級の成員であり、何らかの政党の一員であると政府が断じる道筋をつけることになってしまう。個人の多様性や、人々が行うであろう様々な選択や、人々が探求する生活様式は、自由の名のもとに抑圧されるおそれがある。バーリンからすれば、これは自由からの逸脱であり、自由を服従に変えることである。

　先に我々は、人が自由になるのに制約が取り除かれるだけでは不十分だということを認識できないという理由で、自由の消極的構想を批判した。奴隷が自由でないのは、手足を自由に動かすことができないからというよりは、自分の人生を支配できないからである。したがって、自由の積極的構想は見込みがあるように思われた。ところがここにきて、自由の積極的構想は、鎖やその他の制約が個人の自由の役に立つという考え方と実に折り合いがよいことに気づくだろう。実際に歴史は、暴君が人々に容赦なく力を行使した例であふれており、それらはすべて人々の「解放」の名のもとに行使されてきた。自分の内面にある力によって奴隷になりうることを理解するモデルとして自由の積極的構想がどのように論じられようとも、自由の積極的構想が政治的理想として理解されたときこそが危険なのである。このように考えたバーリンは正しいように思われる。

3.2.3　市民の地位としての自由

　第三の直観に基づく考え方を説明していこう。奴隷に自由がないのは主人や他者と比べて社会的地位を欠いているからだというものである。この考え方によると、奴隷に自由がないのは鎖につながれているのでも自分の

84　第2部　根本的な概念

人生を支配できないからでもない。むしろ、奴隷は従属する者とみなされ、他者の支配下にある。この考え方を次のように要約していたことを思い起こそう。すなわち、自由とは個人の何か外部にあるもの、すなわち、その人の主人であろうとする試みから逃れるための市民としての地位があることである。この要約から、市民としての地位に基づく構想は、消極的構想（自由とは何か外部のものがないことである）と積極的構想（自由とは何か内面にあるものである）の混成物であることがわかる。それは、これら2つの考え方の悪い点を避け、良い点を活かして合成する「中庸の道」である。

　当然ながら、「中庸の道」を取る戦略は哲学において一般に見られる。実際に、先に自由の形而上学的な問いについて論じるなかでも見られた。決定論者と非決定論者のあいだに位置する両立論者について述べたが、両立論者はつきつめると、因果関係における決定論は自由意志と両立するというのである。「中庸の道」の考え方が直面する問題はすでに明らかである。つまり、そのような考え方はしばしば、内部において論争があり、少なくとも不安定であるように思われるのである。形而上学における両立論者について再度考えてみよう。両立論者によれば、人のあらゆる行動は因果的に必然性があるという事実にもかかわらず、人は自由意志を有するというものである。両立論者が、みずからの主張が決定論と矛盾しないと考えるならば、両立論者は「自由意志」という言葉で何を意味しているのかと問うのはもっともである。人はどのようにして自由意志をもつことができ、それにもかかわらず、実際にすること以外の他のことをいかにしてできないのだろうか。

　確かに、形而上学における両立論者は多くの場合、自由意志が正確にどのくらいあるのか、そしてなぜそれが問題なのかについて洗練された見解を有している。すなわち、両立論者はみずからの立場から生じる最初の食い違いをなくすための議論を有している。だが、両立論者の批判者は、哲学的に洗練された明確な反論を展開する。両立論者は「中庸の道」でも全くなく、単に2つの見解のうちの1つの巧妙なものであり、また、実のところ固有のものでもなく、形而上学的な自由についての解釈では全くな

第3章　自由　85

い。この批判が有する２つの「矛先」に留意しよう。１つ目の批判によれば、両立論はどちらか一方の考え方にまとめられる。２つ目の批判によれば、両立論は実のところ、決定論者と非決定論者を分かつ概念とは異なる概念を理論化することで主題そのものを変えたというものである。端的にいえば、こうした批判によって、両立論は新しいところが何もない（既存の見解の１つにまとめられる）もの、あるいは全く関係がない（つまるところ異なった概念について検討している）ものだとされるのである。我々はこれらをそれぞれ、既知のものである、または、どうでもよいという反論を引き起こすものだとしよう。両立論者はそうした批判に対して、自分たちの主張は他の２つの考え方において意見が食い違うまさに同じ概念に関するいまひとつの構想であることを示すものであると論じつつ、「中庸の道」の独自性を主張するに違いない。

　「中庸の道」のような考え方は、哲学の分野のあらゆるところで見いだせる。そして、自由とは市民としての地位に基づくという考え方に対して、どのような批判があるかはとりわけ容易に想像がつくだろう。すなわち、市民としての地位に基づく構想は、どちらか一方の考え方にまとめられるもの（既知のものである）だという批判もあれば、それはつまるところ異なった概念を分析しているにすぎない（どうでもよいものである）という批判もあるだろう。だが、こうした批判を検討する前に、市民としての地位に基づく構想について、より詳細に見ておかねばならない。

　先に述べたように、この考え方によれば、奴隷に自由がないのは、奴隷が公的に従属する立場にある者だからである。奴隷は「その人自身」でありえないから自由ではない。社会秩序のうえで、奴隷には主人や監督者がいる。奴隷は他者のいわば「言いなり」であり、服従から抜けだす力を有していない。ところで、他者に「従属」することが全くない者はいない。労働者が上司に従属する場合や、アスリートがコーチに従属する場合である。これらの事例で決定的に重要なのは、従属が自発的に採用された特定の役割だけに限定されていることである。奴隷の従属は、何らかの特定の仕事や生の領域にかぎらず、明らかに自発的なものでもない。奴隷は、１つには社会において従者だとみなされるために、奴隷は主人に従属するの

であり、奴隷が社会的に従属する立場にあるということには、奴隷という立場をくつがえす力がないことも含まれるのである。奴隷を自由にするには鎖を外すだけでは不十分である。あるいは、自己を支配する力を高めるのでも不十分である。奴隷が自由であるためには、他者による支配から抜けださねばならない。すなわち、奴隷は従属する者ではないという社会的地位を獲得しなければならないのである。

　自由とはある種の市民としての地位が与えられていることである。こういう考え方は明らかにいくつかの点で魅力がある。第一に、こうした自由の構想は、自由をある特定の社会構造のなかでしか享受できないものとして扱うという点で、明らかに最も政治的である。消極的構想によれば、ロビンソン・クルーソー、つまり砂漠の島で一人ぼっちの男性は自由の鑑である。彼を邪魔する者は周りに誰もおらず、彼は完全に自由である。積極的構想もある種の非社会的な要素を有している。自己を支配する力はある特定の社会構造のなかにあるわけではない。社会は因果的に自由を必要とするかもしれないが、それは概念的に必要なわけではない。積極的構想によると、ロビンソン・クルーソーは、彼が自分自身の主人であるための能力を備えているかぎりにおいて自由でありうる。市民としての地位に基づく構想は、個人の自由を本質的に他者と取り結ぶ社会関係の問題として扱う点で独特である。この考え方からすれば、人は社会の外では自由でありえない。市民としての地位に基づく考え方によると、ロビンソン・クルーソーは自由でありえない。確かに、ロビンソン・クルーソーはまた自由ではないはずもない。市民としての地位に基づく考え方によれば、ロビンソン・クルーソーは社会的地位を全く有していないので、自由でも不自由でもないのである。

　これは興味深い考え方である。自由や不自由は社会のなかにしか、つまり社会的に構造化された人間関係のなかにしか存在しない。こうした考え方は次の2通りに解釈でき、それらは区別されるべきである。1つ目は、自由は社会のなかにしか存在しないので、社会は第一義的には自由ないし不自由なものだというものである。すなわち、市民としての地位に基づく考え方とは、ある意味では、個人は自由社会の一員であるならば自由であ

第3章　自由　87

るというものだと解釈できる。よって、ある人が自由であるかを判断するには、まず社会が自由であるかを判断する必要がある。このような解釈をここでは、市民としての地位に基づく構想のコミュニタリアン的解釈と呼ぼう。それによれば、個人の自由は自由社会におけるシティズンシップに基づき、自由社会は必然的に民主社会である。大まかにいえば、人が自由であるのは、その人が民主社会の市民である場合だけだというのである。

　市民としての地位に基づく構想のコミュニタリアン的解釈は、自由の積極的構想にまとめられることは容易にわかるだろう。つまり、コミュニタリアン的解釈は、単に自由とは自分自身の主人であることだという考え方そのものであるので、先に述べた積極的自由にともなうあらゆる困難を引き継いでいるのである。自由の構成要素であるみずからの主人であることとは、集合的な自己統治である。それゆえこの考え方には、積極的自由における自由の行使の側面が取り込まれている。個人の自由は、市民としての役割に基づいて行動することのなかに存在すると論じるのである。そうしたことに参加しない市民は、社会の統治に積極的に貢献していないので、自由でありえない。したがって、個人に市民として行動するよう強制することで、あるいは、市民とはかくあるべしという我々の考えに沿って行動するよう強制することで、我々はその人の自由に貢献するのである。

　これは受け入れがたいように思われる。したがって、2つ目のより見込みのある市民としての地位に基づく構想の解釈に移ろう。この解釈は、現代の哲学者フィリップ・ペティットが擁護するものである。初期のローマ共和国のなかにその着想を得ることができるので、この解釈をネオ・ローマ的解釈と呼ぶことができよう。

　ネオ・ローマ的解釈は、消極的自由に対する批判的な検討から始まる。消極的自由の理論家は、自由とは他者から干渉を受けないことだと主張する点を思い起こそう。ここで「幸運な」奴隷の事例を考えてみよう。善良で多くを求めない主人に恵まれた実に幸運な奴隷の例である。奴隷は実のところ主人の所有物であるが、にもかかわらず幸運なことに、奴隷は主人の介入から完全に自由であり、したがって、その奴隷は自分が望むように生を営むことができる。消極的構想からすれば、ここには奴隷の自由を奪

うような状況、奴隷的な状況などないといえるかもしれない。すなわち、その人は奴隷であるにもかかわらず、主人が干渉したり、あらゆることをその人に進んで要求しないという事実から、その人の自由は失われていない。その人は奴隷であるが自由である。なぜこのことが正しいといえるのだろうか。

　ネオ・ローマ的解釈によれば、幸運な奴隷の例から、自由とは介入がないことだという考えには深刻な問題がある。ネオ・ローマ的解釈からすれば、消極的自由は奴隷が不自由であることの本質を見失っているのである。奴隷であるにもかかわらず自由である。このようなことはありえない。断固としてそう主張し、ネオ・ローマ的解釈は幸運な奴隷がいかに自由でないかを示そうとする。その主たる考え方は次のようなものである。すなわち、ある人の自由が他者の干渉にさらされたり、あるいはさらされ・やすいとすれば、実際に干渉を受けなくても、その人の自由は切り崩されているというわけである。つまり、奴隷は拘束されているから自由がないのではない。むしろ拘束される・おそれがあるという事実があるために、つまり誰かがその人を意のままに拘束するかもしれないので、奴隷は自由ではないのである。したがって、幸運な奴隷でさえ自由ではないとみなされるだろう。幸運にも干渉しない主人を持ったとしても、主人の気が突如として変わればいつでも、拘束され、殴られ、あるいは殺されるおそれがあるのである。

　ここにきて、市民としての地位に基づく構想のネオ・ローマ的解釈がいかなる点で自由の消極的構想と積極的構想のある種の混成物であるかを明確に理解できる。ネオ・ローマ的解釈においては、消極的構想のように、自由とは、ある意味では、他者による干渉から自由の問題として理解される。だが、消極的構想とは異なり、ネオ・ローマ的解釈においては、実際・に干渉されたから自由が侵害されたのではない。すなわち、ネオ・ローマ的解釈からすれば、単に干渉される・おそれがあるだけで十分に自由ではないということになるのである。自由とは介入される・おそれのないところにあるという考えはにわかに信じがたい。というのも、人はみな介入されるおそれがある。このことは否めないからである。したがって、ネオ・ロー

第3章　自由　89

マ的解釈はこれ以上のことを論じているはずである。そしてこの点が、ネオ・ローマ的解釈が自由の積極的構想をそのなかに多少組みこんでいるところなのである。ネオ・ローマ的解釈からすれば、厳密にいえば、主人が意のままに、そして何の罰もなく奴隷の仕事に介入できるので、幸運な奴隷には自由がない。すなわちネオ・ローマ的解釈は、自由の積極的構想に基づいて、自由は自分の生をある意味で支配することを要求するのである。だが、積極的自由の理論家とは異なり、ネオ・ローマ的解釈は、個人の内面における理性の能力を支配する必要性を明らかにするのではなく、むしろ他者からの干渉を妨げ、それに抵抗する個人の社会的権力を支配する必要性を明らかにする。言い換えれば、ネオ・ローマ的解釈によれば、自由のために必要なのは、積極的構想の理論家がいうところの「理性によって自己を支配する」能力ではない。むしろ、別の意味での自己支配が必要なのであり、それは他者による支配を退ける能力を有している場合に可能になるのである。しかしながら、ネオ・ローマ的解釈は、自由の積極的構想に基づきつつ、自由でないのは自分を支配できないからだけではなく、自分を支配しようとする異質な力に直面した際に、ある意味で無力だからでもあるという。ただし、積極的自由の構想によれば、そのような力は行為主体の内面にあるという点を思い起こそう。麻薬依存や脅迫観念や不安神経症や悪癖といったものである。反対に、ネオ・ローマ的解釈からすれば、自分の人生を支配しようとする異質な力は他者が有しているのである。とりわけ何らかの社会的権力を巧みに操る他者であり、その影響から逃れることがその人にはできないのである。

　自由の消極的構想と積極的構想の要素がどのように結びついているかをより確実に理解するために、ペティットがしばしば論じる別の例を考えてみよう。伝統的な妻の例である。伝統的な妻は、家庭において夫が妻をどう処遇すべきかを統御する法がほとんどない社会で暮らしている。つまり、そうした問題は公式に「私的」なことだとみなされ、ゆえに国家や法律が関知するものではない。伝統的な妻は、穏やかで親切で思いやりのある十分に理性的な夫と結婚する。2人は平等な者として、幸せな結婚生活をともにする。だが、夫が虐待し、暴力を振るうようになれば、伝統的な

妻は自分を守る力を社会的に有していない。この点を思い起こそう。家庭内でのできごとはその社会では「私的」なものとみなされているので、妻は警察を呼んだり、夫の暴力に対抗する法的な手段を求めることはできない。妻が唯一できることは、夫に媚びへつらうことであり、夫をなだめることである。あるいは、夫を怒らせないようにふるまうことである。端的にいって、妻は結婚生活において、従属する者としての役割を引き受けるか、または夫の虐待に耐えなければならないのである。

　もちろんこうした記述は、アメリカにおいてごく最近まで家庭内のできごとがどのようにみなされていたかを正確に言い表したものである。この点には留意すべきである。ネオ・ローマ的解釈の要点は、幸運な奴隷と同じように、伝統的な妻は、単に配偶者の虐待に対して脆弱であるから自由ではない、ということにある。そして、彼女のように虐待をしない男性と結婚した場合でさえ、こうした脆弱さは免れない。だが、脆弱さが意味するものに着目しよう。これは単に、夫が妻に干渉できるという事実から妻は自由ではない、などという考えではない。くり返せば、我々はみなそうした意味では他者からの干渉に対して「脆弱」である。ネオ・ローマ的解釈からすれば、「脆弱さ」とは、夫の気が変わったとしたら、虐待に抵抗して身を守ることができないという意味で、伝統的な妻が無力だということである。この無力さは社会的なものである。妻は、口論から身体的に自分を守ることができないという意味で無力なのではない。むしろ、虐待からの法的な保護を求める社会的地位がないという意味で、妻は無力なのである。

　脆弱さをこのように理解することが、いかなる意味で積極的自由の構想を組みこんでいることになるのかという点に着目しよう。先に述べたように、伝統的な妻の夫が虐待するようになったとすれば、妻は自分を守る資源を法的にも社会的にも有していない。彼女は、虐待に耐えたり、夫が激怒しないようにふるまいを変えなければならない。いずれにしても、彼女の人生は夫の支配下にあり、ゆえにもはや彼女のものではない。彼女は、全く意のままに自分を罰し、虐待する力を有する他者の監視のもとで暮らさなければならない。妻は、単に夫の意志に自分の人生を傾けなければな

らず、夫の支配から逃れる社会的手段を持たない。麻薬依存者と同様に、彼女は抜けだせないのである。

したがって、ネオ・ローマ的解釈は自由の消極的構想と積極的構想の両方の長所をうまく併せ持っている。しかしながら、先に述べたように、往々にして2つの特徴的な難点がつきものである。つまり、既知のものであるという批判と、どうでもよいものだという批判である。実際に、我々はすでに、社会的の地位に基づく構想のコミュニタリアン的解釈に対してなされる、既知のものであるという類の批判に触れた。つまり、コミュニタリアン的解釈は単に積極的自由の構想の亜種ではないかというものである。そこで、ネオ・ローマ的解釈が別の観点から既知のものだと批判される懸念について考えてみよう。すなわち、ネオ・ローマ的解釈が実のところ消極的自由を擁護しているにすぎないのではないかという点を考えてみよう。

先に述べたように、ネオ・ローマ的解釈は消極的自由に対する反論から議論を始める。すなわち、消極的自由は幸運な奴隷が自由ではないという事実を見失っており、ゆえにそのことを十分に説明できない、というわけである。だが、これは本当にそうなのだろうか。幸運な奴隷は、主人が親切なままでいるように、主人に媚びへつらわなければならない。ネオ・ローマ的解釈にはこの点についての説明が取りこまれているという事実を考えてみよう。奴隷は（幸運にも）親切な主人に気に入られつづけなければならない。さもなくば、干渉を受けてしまう。同様に、伝統社会において、虐待する傾向がある夫と結婚している妻は、自分が虐待を受けないよう、夫の意志に彼女の人生を傾けなければならない。実のところ、幸運にも非常に温和な夫と結婚した妻でさえ、虐待的な傾向性が引き出される事態を避けるために、自分のふるまいを合わせようとするのが望ましいと思うかもしれない。これらすべては、複雑ではあるが、消極的理論家からすれば介入であるように思われる。確かに、消極的構想について論じる際に、制約の実例としてもっぱら鎖や手錠といった単純な事例だけを挙げた。だが、脅迫・恐怖・威嚇・非難・脅威のような、より洗練された介入の手段があることを消極的構想は否定せずともよい。消極的自由の擁護者

からしても、何らかの状況においては、脅迫は身体的拘束と全く同じように、機会を奪うものになりうる。したがって、消極的自由の構想は次のように譲歩できる。すなわち、幸運な奴隷や伝統的な妻は、とりわけわかりにくいのだが、それでもやはり自由が縮減されるような介入を受けているという理由で、実のところ自由ではないのである。だから、ネオ・ローマ的解釈は既知のものであるかのように思われるのである。それは体裁よく脚色された消極的構想でしかないのである。

ここで、ネオ・ローマ的解釈は、自分たちの考えは消極的構想とは異なると主張するかもしれない。ネオ・ローマ的解釈は、自由に関する本質的に社会的な構想であるということを思い起こさせるかもしれない。消極的構想によれば、ロビンソン・クルーソーは、あらゆる社会的つながりから自由であるので、自由の鑑である。だがそれとは異なり、ネオ・ローマ的解釈によれば、自由は他者との関係のなかにしか存在しない。はっきりいえば、ネオ・ローマ的解釈によれば、その人が生をともに営む人々と社会的に平等である場合にだけ自由である。他者から孤立するとき、人は最も自由だという消極的自由の理論家の考えは、ネオ・ローマ的解釈と一致しないように思われる。

これは、ネオ・ローマ的解釈に固有の独特な特徴であるようである。だが、ネオ・ローマ的解釈におけるこうした特徴を強調すると今度は、ネオ・ローマ的解釈は、市民としての地位に基づく構想のコミュニタリアン的解釈が直面した既知のものだという批判を招きよせることになる。つまり、ネオ・ローマ的解釈は、消極的自由に関する最新の解釈を示したにすぎないという批判を懸命に避けようとして、まるで積極的構想であるかのように見せるためにみずからを装飾したのである。

だとすればどういうことになるだろうか。自由は社会的に平等な者のあいだに存在するという考えを強調すれば、ネオ・ローマ的解釈においては、強制や力が平等な条件において行使された場合には、それは自由を減少させるものではないということになる。ある社会的に平等な者（エマ）が他の平等な者（フランク）に対して力を行使するとき、フランクが望むように行動するのをエマは妨害したり阻止したりするかもしれない。だ

第3章　自由　93

が、エマとフランクが社会的に平等であるとすれば、フランクは、エマの干渉に社会的に対抗するための市民としての地位を有している。ネオ・ローマ的構想によれば、フランクはエマに対して法的補償を求める社会的能力を有しているので、フランクは不当な妨害を受けたけれども、それでもエマの干渉に対して脆弱ではない。したがってフランクは、社会的な平等者としてエマに対抗できる。そして、そのことから、フランクは十分に自由なのである。したがって、ネオ・ローマ的解釈からすれば、次のように主張せねばならないかのように思われる。すなわち、エマがフランクを妨害したからといって、それはフランクの自由を縮減させるものではないというわけである。自由の積極的構想によれば、誰かに自由であるよう強制するのは可能であることを思い起こそう。先に述べたように、実際に自由の積極的構想は、何らかの場合には、鎖や牢屋や拘束服は実のところ自由の役に立つかもしれないと主張する。確かにネオ・ローマ的解釈は、エマはフランクに強制することでフランクを自由にしただろう、とまではいわないかもしれない。だが、エマはフランクに強制したが、そのことによってフランクの自由が縮減したわけではない。ネオ・ローマ的解釈はほぼ間違いなくこのようにいうだろう。消極的自由の理論家からすれば、このことはネオ・ローマ的解釈は以前からある積極的自由の構想の亜種だと十分にみなしうる。それゆえ、市民としての地位に基づく構想は、少なくとも盤石ではないように思われるのである。

3.3 結論

　本章では偉大な哲学の道のりを足早に歩んできた。そして、自由の3つの構想に関する論争は、現代の政治哲学者のあいだでひきつづき盛んに論じられているということには触れておくべきであろう。だから、これまで検討してきたいかなる問題についても、結論めいたものだとみなされるべきものは何もない。先にそう述べていたことを思い起こすべきである。けれども私は、たとえ多くの哲学者を引きつけるものではないとしても、ある種の解決策を示唆して本章を終えたいと思う。大まかにいえば、私は市

民としての地位に基づく構想に対して向けられた、どうでもよいものだという批判に反論してみたい。読者はどのように思うか考えてほしい。

　哲学者たちが長く行われている哲学的論争に取りこまれているとき、そこから一歩離れ、彼らの話が実質的にかみあっていない可能性について考えることは、しばしば理に適っている。すなわち、哲学者たちは異なる概念について話すのに同じ言葉を使ってきたということである。つまり哲学者たちは、自分たちは同じ概念に関する対立する構想について論じてきたと誤解しているが、実のところ彼らは異なる概念について話してきたのである。異なる別々の概念は、確かに互いに密接に関係しうるのであり、したがって、別々の概念についての諸構想も同様に互いに関係するのである。よって、これまで論じられてきた3つのリベラルな構想のあいだの論争について、ある人は、消極的自由・積極的自由・市民としての地位に基づく構想が全く互いに関係ないと断じることなく、だからなんだという反応を示すかもしれない。実のところ、消極的自由・積極的自由・市民としての地位に基づく構想が、それぞれ別々の概念を捉えているという場合には、それらすべてが正しく、競合するものではないかもしれないという可能性を考慮している。おそらく、それらは互いに支えあうものである。私が示唆したいのは大まかにいって、このようなことである。

　消極的構想はまるで、自由、すなわち自律と密接に関連する概念を適切に捉えているかのように思われる。市民としての地位に基づく構想は、自律とは異なるが密接に関連している概念、すなわち社会的平等を追求しているように思われる。消極的構想だけが自由の概念を捉えているとすれば、積極的自由や市民とは地位に基づく構想については、どうでもよいと思われるに違いない。しかし、だからといって、積極的自由や市民としての地位に基づく構想を下支えする考えが、自由について思考することとは関係がないという必要はない。積極的自由や市民としての地位に関する理論家は、別々のことを概念化しているとしかいえないのである。そうはいってもやはり、積極的自由や市民としての地位に関する理論家の説明は、自由について適切に考えることと関連しているかもしれない。

　こうするのはどうだろうか。自由とは、消極的自由の理論家が主張して

第3章　自由　95

いることであると規定しよう。つまり、他者からの介入を受けないことである。したがって、自律は自由とは別個の概念であるが、それにもかかわらず、個人が自律できなくなるとすれば、往々にしてその人は自由ではないというのは正しいだろう。というのも、自律的でない個人は、とりわけ他者からの介入を受けやすいからであろう。自律は自律であり、自由とは異なるとしても、自律できないことは、因果関係のうえで自由でないことと大いに関連する。市民としての地位に基づく構想についても同じことがいえる。それは自由ではなく、社会的平等を概念化するものである。だが、社会における不平等が他者による介入と因果関係のうえで関連するのは明らかである。

　そうだとすれば、個人の自律を促進し、社会的平等を保障することは、自由を促進するのに十分であるかもしれないとすらいってよいだろう。したがって、他の構想において最も魅力的だと思われるところをある程度参照して、自由の消極的構想にそれらを組みこむことができるだろう。おそらく自由とは、自律的で社会的に平等な者のあいだで干渉を受けないことであるとさえいってよいだろう。したがって、自由とは、何かがないと同時に何か別のものがある、ということであろう。これは見込みがある考え方かもしれない。だが悲しいかな、ことさら特別な考え方でもない。自由を理論化するには、自律や平等に関する特定の構想を擁護しなければならないということである。さらにいえば、結果的にそれは、いまひとつの混成的な考え方だということになろう。だから、よくある批判に直面せざるをえない。だが、それでもやはり、自由を適切に理解するには、自由・自律・平等はそれぞれ別々の概念であるけれども、自律と平等に関する妥当な構想を引き合いに出す必要がある。こうした考えには見るべきところがあるのである。

読書案内
　第2章の読書案内に挙げておいた政治哲学史における主要な著作は、自由に関する近年の論争を理解するうえでのふさわしい背景的知識をもたら

してくれる。自由に関する過去から現代までの著作選集としては、Ian Carter, Matthew Kramer and Hillel Steiner（eds.）, *Freedom: A Philosophical Anthology*（Oxford: Blackwell, 2007）を参照のこと。いずれにしろ、実に影響力のある、アイザィア・バーリンの「2つの自由概念」（1958年）の完全版には目を通しておくべきである。Isaiah Berlin "Two Concepts of Liberty"（reprinted in his *Liberty*, New York: Oxford University Press, 2002）〔「2つの自由概念」、小川晃一ほか訳『自由論』（みすず書房、2000年所収）〕、あるいは次の著作も参考になるだろう。Friedrich Hayek, *The Road to Serfdom*（Chicago: University of Chicago Press, 2007）〔村井章子訳『隷従への道』（日経BP社、2016年）〕; Richard Flathman, *The Philosophy and Politics of Freedom*（Chicago: University of Chicago Press, 1987）; Amartya Sen, *Development as Freedom*（New York: Anchor Books, 2000）〔石塚雅彦訳『自由と経済開発』（日本経済新聞社、2000年）〕。自由の消極的構想について明確に説明した近年の著作としては次を参照のこと。Matthew Kramer, *The Quality of Freedom*（New York: Oxford University Press, 2003）; Ian Carter, *A Measure of Freedom*（New York: Oxford University Press, 2004）。チャールズ・テイラーは消極的自由について彼の著作の至るところで批判しているが、とりわけ以下を参照のこと。Charles Taylor, "What's Wrong with Negative Liberty"（reprinted in his *Philosophical Papers, Volume 2: Philosophy and the Human Science*, Cambridge: Cambridge University Press, 1985）。自由の積極的構想の擁護論としては、John Christman, *The Politics of Persons*（Cambridge: Cambridge University Press, 2009）を参照。また、Nancy Hirschmann, *The Subject of Liberty*（Princeton: Princeton University Press, 2002）も参考になる。自由の社会的地位に基づく見方の現代的な擁護論としてはフィリップ・ペティットの著作があるが、なかでも重要なものとして次の2つを参照のこと。Philip Pettit, *Republicanism*（New York: Oxford University Press, 1997）; *A Theory of Freedom*（New York: Oxford University Press, 2001）。後者は、形而上学的な自由と政治的な自由を統合する理論を構築しようとしている点で興味深い。自由についての現代の理

第3章　自由　97

論を適切にまとめているものとしては、Katrin Flikschuh, *Freedom* (London: Polity, 2007) を参照。

第4章 権威

4.1 いくつかの予備的な区別

　昨夜のテレビでニュースキャスターが、「サイバーセキュリティの権威」(authority) だと紹介された人にインタビューしていた。その人はターゲット社のサイバーセキュリティは非常に脆弱だと主張した。私の本棚にあるマーク・トウェインの『ハックルベリー・フィンの冒険』には、「原本に完全に基づいている唯一の決定版」(authoritative edition) と書かれたカバーがされてある。ドアに「関係者以外立入禁止」(Authorized Personal Only) の掲示があるのを見かけることがある。クレジットカードの裏には「正式なサイン」(authorizing signature) を書くスペースがある。結婚式では「神によって付与された権限によって」(by the authority vested in me) という言葉で始まる宣言文を聞く。飛行機では疑わしい行動を見つけたら「当局に通報する」(alert the authorities) べきだと喚起するアナウンスがある。政治において、「警察の権威」(police authority)・「国家の権威」(state authority)・「大統領の権威」(the authority of the president)・「法の権威」(the authority of law) などについて語られることが多くある。これらのうち政治による権威の場合は、当該の権威の限界や制約に着目して議論しているように思われる。そして、隣人の車のバンパーには「権威あるものを鵜呑みにしてはならない」(question authority) というステッカーが貼ってある。

権威（authority）に関する話は広範にわたる。だが、権威という語が様々に使用されていることは何を意味するのだろうか。一見したところ、権威という語を使用するうえで用いられる様々な概念があるようであり、それらすべてが政治哲学に関連するわけではない。そのため、いくつかの区別をするところから検討を始めるべきであろう。

4.1.1　専門知識と許可

　第一に、権威という語の専門的な知識を有しているという意味を明らかにすべきである。この意味において、ある人は専門的なあるいは卓越した知識を有しているという理由で権威なのである。したがって、ニュースでインタビューされていた専門家は、何らかの特定の話題に関する、この場合はサイバーセキュリティに関する権威なのである。その人に権威があるのは、単にサイバーセキュリティに関する専門知識を有しているからである。その人を権威と呼ぶことで、サイバーセキュリティに関するゲストのいうことは、視聴者にある特定の類の知的な重みをもって受け取られるべきだと示唆しているのである。サイバーセキュリティに関するゲストのいうことは真実であり、あるいは少なくとも正当なのであり、極めて真実に近いものである。とりわけ専門家ではない者は、そう受け取るべきだ。キャスターはそう断じているのである。したがって、私はターゲット社のサイバーセキュリティについて直接の情報を持たず、国内の大規模小売業社のサイバーセキュリティの基準がどのように評価されているのか、何も知らないけれども、今や私は、ターゲット社の基準は脆弱だと正当に考えるようになるのである。私のそうした考えは、単に専門家がターゲット社のサイバーセキュリティの基準は脆弱だと述べた、という事実によって正当化されている。

　これは医師の権威に似ている。医師が「朝食ごとにこの薬を2錠服用しなさい」というとき、あなたは医師が朝食ごとに薬を2錠服用すべきだと命じたという事実を、実際にそうすべき強力な根拠だとみなす。つきつめれば、医師は特別な訓練を受け、健康に関する専門知識を有するのは明らかである。さらに医師は、あなたの病気を治療するという職業に縛られて

100　第2部　根本的な概念

いる。あなたも健康に関する専門家でないかぎり、あなたはどのように病気を治療すべきかについて何ら直接の知識も有していない。一般的な状況において、医師の処方を無視することは愚かである。なぜ一連の行動が必要な効果を生みだすかを説明できなくても、あなたは朝食ごとに薬を服用すべきだ。これは正当なことであろう。すなわち、あなたがそうするのを正当だと考えるのは、医学の権威の処方だからである。

　だが、医師とサイバーセキュリティの専門家の違いに着目しよう。医師は指示を出したのに対して、サイバーセキュリティの専門家はターゲット社のセキュリティに関して何か問題があると主張した。つまり、医師はあなたに何かをするように命じたのである。指示というのは、他の形態の権威を検討する場合に、極めて重要であるとわかるだろう。だが当面は、単にその区別だけをしておけば事足りるだろう。というのも、単にサイバーセキュリティの専門家が指示を出すことがありうるからであり（つまり「ターゲットのサイバーセキュリティを信用するな」という指示として）、我々はある種の主張として医師の処方を再解釈できるからである（つまり「朝食ごとにこの２つの錠剤を服用するのがよいだろう」という主張として）。すなわち、セキュリティの専門家と医師の発言の違いは、さしあたり問題ではない。したがって、これまでのところ重要なのは、単に専門知識を有している権威が何らかの見解を述べるとき、我々はその人がそのように述べたという事実を、その発言が真実だとする強力な根拠だとみなすべきだということである。より一般的にいえば、（専門知識を有しているという意味での）権威がその人の専門について話している場合、ふつうはその人の主張を信じるべきである。権威が主張したというのは、その主張を受け入れる十分な理由となる。もちろんこれは、専門家がそう述べたということが、専門家が述べたことが真実だとするのに十分だということではない。確かに、専門知識を有する権威は誤りうる。むしろ、何らかの主張をすることによって、権威は我々（専門家ではない者）にその人の主張を信じるに足る強力な根拠を与えるのである。我々が権威が述べたことを信じる根拠は、権威が述べたという事実にある。すなわち、そうした根拠は多くの場合、我々が信じるに足る十分な根拠となるのである。

第４章　権威　101

偉大な小説の決定版であるという考え方は、これと密接に関連している。『ハックルベリー・フィンの冒険』のある版を「決定版」とすることで、出版社は、トウェインの専門家が当該の版を批評し推薦している、と述べているのである。すなわちその版は、トウェインの著作に関する権威のお墨付きを得ているがゆえに決定版なのである。それを「決定」版だとする場合、実質的にそれがトウェインの書いた原稿の本物かつ完璧な版だとトウェインの専門家は述べているのである。したがって、ある登場人物が作中でミシシッピ川に言及する回数について、トウェインの読者のあいだで何らかの論争があるとすれば、読者は他の版よりむしろ決定版の文章を参照すべきである。ここでは、トウェインの小説の決定版という地位は、トウェインに関する（専門家という意味での）権威である人々の支持に基づいている。その版が決定版だと専門家が述べることで、それは決定版となる。くり返せば、トウェインの専門家でない者はその版を決定版として受け入れるべきである。我々はトウェインの専門家ではないので、この特定の版が決定版だとされた理由はわからない。また、専門家が決定版としたものに対して、トウェインの別の版がどのように評価されたのかも全くわからない。だがそれは問題ではない。再度論じておけば、トウェインの権威の意見は、それだけでその人の主張を受け入れる十分に強力な根拠となるのである。

両者の場合において、権威を有する者は知識を有しているがゆえに権威がある。このことは強調されるべきだろう。ある話題について権威をもって話すことができるのは、主として彼らが特別な教育を受け、特別な知識を有しているからである。そして、専門家が権威をもって話すとき、彼らの主張には、特定の知識のうえでの重みがある。専門家がターゲット社のサイバーセキュリティが脆弱だと述べたことは、ターゲット社のサイバーセキュリティが脆弱だと我々が信じるに足る強力な根拠となる。（専門家ではない者として）我々がそう考える根拠の一部は、専門家がそのように述べたというまさにその事実にある。これを専門家ではない者の発言と比べてみよう。たとえば、私はサイバーセキュリティの特別な知識を有していない。つまり、私はサイバーセキュリティの権威ではない。私がター

102　第2部　根本的な概念

ゲット社のサイバーセキュリティの基準が脆弱だと述べたとしても、私の発言はそれ自体では特別な力を持たない。権威が述べたことを私がくり返しているという事実から、せいぜい副次的な重要性を与えられるにすぎない。専門家のもともとの発言に知識のうえで何も付け加えていない。そして、重ねていえば、私は専門家ではないが、ターゲット社は特別に厳重なサイバーセキュリティの基準を有していると私が述べるとすれば、私は自分の考えを受け入れるべき根拠を誰にも示してない。つまり、私の意見は権威があるわけではないのである。

　考えてみれば、これはまさにそれでよいのである。自分を取り巻く世界について知りたいと思うほとんどのことは、少なくともある程度は他者の主張に基づいている。実際に、我々を取り巻く世界はあまりに複雑なので、他者の知識・経験・証拠・データ・発見などの知的資源に頼らざるをえない。世界に関する自分自身の考え方を作りあげるとき、他者に従わなければならない。すなわち、他者の意見にすぎないものを、自分がそう考えるに足る十分な証拠として扱わなければならない。実際に、たとえばグローバルな気候変動の原因についてどう考えるのか説明せよと求められれば、他者の立証・意見・調査を引用せざるをえない。我々は自分で調査したりしない。そのかわりに、他者の調査に基づいて、他者が立証したものを自分の証拠として受け入れる。こういう意味での服従は避けられない。もちろん、それは危険でもある。間違った人の意見に過度に従ってしまうおそれがある。ゆえに、世界について様々な誤った考えや不当な考えを持ってしまう。実際に、専門知識を少しも持たない自称専門家を頼ってしまうおそれもある。人は権威をもって話すように見える者に言いくるめられ、騙される。だが実のところ、その人は単に口先のうまいだけなのである。

　知識のうえでの服従や信頼について問うのは哲学的に深遠かつ難解である。こうした問いは、当座のところの関心を越えている。ここで再び、専門家の権威はその人が誤りえないことを必要としない点に着目しよう。専門家は誤りうるが、その人の専門領域に関して権威でありつづけるのである。だがそれでもなお、専門家の権威はその専門性にあり、専門家として

第4章　権威　103

の地位は特別な知識を明らかにする能力に基づく。したがって、専門家の権威を無効にするに足るような誤りがある。公式に権威を剥奪されることはよくある。たとえば、医師が医療ミスのために医師免許を剥奪される場合である。だが、単に専門家の発言を権威あるものとして扱うのを止めるというような場合もある。専門知識を有するという意味での権威は、専門領域に関する専門家の信頼性を条件とする。このことが重要である。専門家が何か断言したことが、もはや我々（専門家でない者）が何を信じるべきかについての信頼できる導き手となりえない場合、権威は薄れるのである。このことを権威という語の別の使い方と比較してみよう。「関係者以外立ち入り禁止」という張り紙のある扉の例である。その張り紙によれば、選ばれた者だけが入ることが許され、他の者は立ち入り禁止である。トウェインの本の決定版のように、入るのを許可された者は、扉を通りぬける許可を与える権威を有する者から与えられた地位を有している。くり返せば、あなたが扉を通りぬけるのを許されるのは、権威を有する者があなたにそうできるよう権威を与えたからである。だがこの場合、権威ある者が専門家である必要は全くない。

　他者が部屋に入るのを認める／禁じる権威は一般に、単に所有権という観点から、部屋を所有する者であれば誰でも有している。あなたが家を所有しているとすれば、あなたは一般に他者が家に入るのを認める／禁じる権威を有する。もちろん、その権威には限度がある。たとえば、ある状況のもとで、警察や消防士やレスキュー隊が部屋に入るのを禁じることはできないだろう。だが一般には、その家があなたの所有物だという事実だけで、あなたは入室を許可する／禁じる権威を有する。他者があなたの家に入る許可を与える／与えない権威を持ちつづけるために、あなたは専門知識を有していることや、ましてその判断の妥当性を明らかにする必要などない。実際に、誰かが家に入るのを許可するのに、特定の妥当な理由が必要だということは全くない。あなたがそうしたければ、見ず知らずの者や貧しい者に家を解放してもよい。あるいは、一般的な状況において、あなたはとにかくあらゆる理由で、それがどんなにばかげていて好ましくないものであろうとも、ほとんどの人が家に入るのを拒むかもしれない。「茶

髪で左利きの者は家に入ることができない」と表明するだけで、左利きのダークブラウンの髪の女性は家に入ることができなくなる。あなたの家なのであれば、あなたが誰が家に入ることができるかに関する規則を作るのである。この点において、あなたがそういう立場にあるのは、妥当な（まして専門的な）判断を明らかにする能力があるからではない。

　この手の権威はクレジットカードの場合にも作用している。クレジットカードの裏の「署名」欄を提示するとき、あなたは自分の署名の見本を提示している。そのため、買い物をするとき、レシートに書かれた署名はカードの署名と照合される。カードの署名を示すことで、あなたは実質的に、信用取引において支払い義務を負うために、自分の署名を複製できる者に権威を与えるのである。もちろん、極めて重要なのは、自分の署名を複製できるのはあなただけだということである。だが、その権威づけの構造は家の場合と似ている。買い物をするとき、クレジットカードのレシートに署名を複製することで、あなたはある種の誓約をする。つまり、示された合計額の信用取引を請求する権威を小売店に与える。そして、あなたは与信契約に従って、示された額を銀行に支払う約束をする。実際に、ほとんどの買い物の領収書は、大まかにいって「私はここで、自分のクレジットカードの契約に従って、上記に示された額を支払うことに同意する」というような明らかな誓約を含むものである。支払い義務を負わせる権威は、よくご承知のように、財政についての専門知識を有しているか、あるいは買い物上手であるかどうかとは全く関係ない。確かにばかげた買い物をすることで、認められない負債が増えていくだろう。そして、このことから、銀行はあなたのクレジットカードを無効にしてしまうかもしれない。けれども、ばかげた買い物をしたからといって、そのこと自体で、あなたには小売業者が信用口座に請求する許可を与える権威がない、ということにはならないのである。

4.1.2　義務に関する要点

　これまでの議論をまとめると、権威には2つの異なる意味がある。すなわち、**専門家の権威**と許可を与える権威である。後者を**許可の権威**と呼ぼ

う。両者の権威には（暗黙的ないし明示的な）コミュニケーション的行為（一般に言語行為）によって地位を与えることが含まれる。専門家の事例において、権威はある種の知識のうえでの正当化や、権威が断じたことを専門家ではない者が信じる理由を与える。許可の事例においては、権威は他者が特定の方法で行動する許可を与える（もしくは与えない）という宣言や誓約をする。

　このことから、専門家の権威と許可の権威の重要な違いが明らかになる。すなわち、義務という言葉が有する力の差異である。専門家の発言を信じるべきだというとき、専門家の意見を無視するのは、一般に専門家でない者からすれば非理性的であるだろう。専門家の権威に作用する義務は我々の理性にかかわる。ふつうは専門家の発言を信じるべきであり、そうでなければ非理性的である。だから、専門家の権威から理性的義務が生じる。この場合の義務と、許可の権威に作用する義務を比べてみよう。あなたの誘いに応じて、私はあなたの家で開かれたパーティーに参加し、そこでとても悪辣にふるまったとしよう。私はもはや歓迎されず、帰ってくれといわれれば、私は帰るべきだということになる。ここでの義務は、私が理性的でありたければ帰らなければならない、というものではない。むしろこの場合の義務は、政治哲学者がしばしば道徳的義務と呼ぶものである。私があなたの家にいる許可をあなたが取り消すとき、道徳的問題として私は帰るべきだということになる。もはや歓迎されていないといわれても、なお帰るのを拒めば、私は何か非道徳的なことをしている。すなわち、あなたが私に対する許可を取り消しても、なお帰らなければ、私はあなたを不当に処遇することになる。確かに医師の処方を拒否すれば、私は非理性的なことをしている。それゆえに、たとえば、私がずっと健康でいることを期待している家族に対して非道徳的なことをしているのかもしれない。だが処方に反して行動しても、私は医師を少しも不当に処遇していない。くり返せば、医師の指示に逆らうのは愚かだが、それ自体は道徳的に誤りではない。許可の事例とは異なるのである。すなわち、特定の状況を除けば、許可する権威を有する者に逆らうのは誤りなのである。

　専門家の場合と許可の場合は、義務の特徴についてこうした違いがある

106　第2部　根本的な概念

けれども、両者はともに、義務を生じさせる点で明らかに類似している。このことは強調すべきである。すなわち、私があなたの部屋にいてよいという許可をあなたが取り消す場合、「出て行け、さもないとひどい目に遭うぞ！」と私を脅迫することは（めったに）ない。医師が薬を処方するとき、薬を飲むよう説得しようとは（めったに）しない。両者の事例において、その権威は私がすべきことを明らかにする。それゆえ、権威は強制的に従わせる権力とは異なる。カリスマ的な演説家は、ターゲット社のサイバーセキュリティは脆弱だとあなたに思わせることができるかもしれない。だが、それによって、その人がサイバーセキュリティの権威になるわけではない。見た目の良い雄弁な演説家は、薬を飲むようあなたを説得できるかもしれないが、それによって、その人が医学の専門家になるのではない。専門家ではないカリスマ的な演説家の意見は、知識のうえで重要ではない。専門家ではない者がターゲット社のサイバーセキュリティが脆弱だと述べたからといって、その人の主張が真実だという理由にはならない。その人がカリスマ的であるということだけが、その人が信じられるかもしれないという期待をより抱かせる。カリスマ的だからといって、その人が信じられるべきだということにはならない。同様に、屈強な人はあなたを家から追いだすことができるかもしれないが、物理的に追いだせる力があるから、その人は権威があるのではない。華奢な人も同じように、あなたが自分の家にいてよいという許可を取り消す権威を有する。たとえその人が物理的に脅すことが全くなく、ゆえにもしかすると、あなたが帰るのをあまり期待できないとしても、それにもかかわらず、あなたはその人から帰るよう道徳的に要求されることになりうるのである。

　こうした事例すべてから明らかなのは、権威とは規範的なものだということである。権威に従わなければ、概して何らかの方法で批判を受けるおそれがある。権威を行使するということは要求を生みだすということである。もちろんその要求は、往々にして極めて弱いものかもしれない。たとえば、ターゲット社のサイバーセキュリティは脆弱であると専門家が断言したけれども、あなたはターゲット社で決して買い物しないとしよう。今や、あなたにはターゲット社のサイバーセキュリティが脆弱だという確証

第4章　権威　107

があるが、ターゲット社の問題はあなたには全く関係ない。同様に、ある人は、あなたがその部屋にいてもよいという許可を取り消し、とにかくあなたが出て行くように仕向けるかもしれない。この場合、出て行けという要求は大したものではない。それでもいずれの場合においても、権威は何らかの要求をすることにつながる。ターゲット社のサイバーセキュリティについて、何らかの考えを少しでも有しているのであれば、理性的であるために、あなたはその脆弱性を信じるべきである。そして、あなたが自発的に帰ろうとするか否かにかかわらず、部屋にいてよいという許可が取り消されることで、あなたは帰るよう道徳的に要求されるのである。

　権威によって課される義務の力は、権威の要求が我々の意志と対立する場合に、より明らかになる。ターゲット社が最も厳しいサイバーセキュリティの基準しか採用していないという考えにあなたはとりわけ納得したとしよう。そして、専門家の意見では、あなたはそのような考え方を支持すべきでないということになったとしよう。そうすると、それでもあなたがそういう考えを支持するのならば、直ちに批判にさらされるだろう。次の事例を考えてみよう。あなたはパーティーの主催者から帰るよういわれたが、あなたはそこでとても楽しい時間を過ごしていた。さらに、帰るよういった主催者が実に無礼だったとしよう。もしかすると、主催者はそのときにかぎって無礼だったのかもしれない。だがそれは問題ではない。それにもかかわらずあなたは、パーティーから去るように要求されるのである。または、少し違う例を考えてみよう。パーティーの主催者があなたを、お気に入りのランプを不用意に扱い壊したと誤認したために、あなたは出て行けといわれたとしよう。もちろん、あなたは自分が壊したわけではないと主張するだろう。だが主催者は納得せず、なお出て行くよう要求すれば、あなたは出て行かなければならない。くり返せば、許可を与える／与えない者の権威は、たとえその人が誤っていても縮減されるわけではないのである。

4.1.3　政治的権威

　本章の最初に触れた残りの事例を考えてみよう。これらには、ここまで

に検討してきたものとは異なった特徴がある。結婚式で宣言をすることで、カップルの結婚の儀式を法的に司る役人がいる。その役人（地方法務官）は、「（たとえば）ネバダ州によって私に与えられた権限より、私は今、あなたがたを夫婦であると宣言する」というようなことを述べる。その役人は、結婚する人々の法的な儀式を執り行う権威を有する。なぜならそうした権威をネバダ州から与えられているからである。同様に、空港では、何か疑わしい行動を目撃したら「当局に通報する」ようにいわれる。というのも、旅行者を呼び止め、身体検査をし、拘留し、尋問し、属性を調査し、所持品を没収し、逮捕するといったことは普通の市民にはできないが、こうした類のことを行うために国家によって権威づけられている何らかの人々、つまり兵士や警官や警備員や他の「権威」がいるからである。最後に、政治家や政治理論家が、「法の権威」や「大統領の権威」について述べる場合、彼らはしばしば市民に要求を課す国家やその役人の能力について論じている。

　したがってこれらの場合には、権威が国家や国家にかかわる役職や役人、そして国家の正当な権力を発動させる点で、固有の要素が含まれる。つまり、これらの権威要求は、暗黙的であれ明示的であれ、国家や国家的な制度を引き合いに出す。国家がなければ、地方法務官も警官も大統領も存在しない。というのも、それらは国家的な制度における役職だからである。先に述べたように、国家は個人に対して他の者が有さない特別な権力を与えることができる。たとえば、私はカップルの結婚式を執り行うことはできないし、疑わしい者を逮捕することもできない。さらに私は、軍隊を召集し、戦争を宣言し、紙幣を刷り、法を立案し、税を徴収し、国際協定を批准し、召喚状を発行し、判決を下し、刑務所を建て、恩赦を与え、法の執行を延期し、国家の緊急事態を宣言し、酒類免許を発行し、祝祭日を制定したりすることはできない。国家（とその役人）だけがそのようなことを行うことができる。さらに重要なのは、国家はこのように行動する権力を有するだけではなく、そのようなことを行う権威を要求する。それゆえ、国家やそこから転じて公職者や役人や、あるいは国家的な制度が要求する権威である**政治的権威**について論じることができる。

第4章　権威　109

確かに、政治的権威は国家が要求する権威だというのにあまり意味はないので、もう少しよく考えてみよう。政治的権威は、ある意味で許可の権威と似ている。国家がルート 66 に速度制限を設ける法律を制定する場合、それは事実上、運転手に対して、ある速度（もしくはそれ以下）で運転する許可を与えるものである。同様に、国家が地場のレストランに酒類免許を与えるとき、そうすることで国家は酒の販売にお墨付きを与える。国家が行うことの多くには、こうした一般的な特徴がある。何を行ってよいのか（あるいはいけないのか）を明らかにすることで、個人の行動を制約する政策を決め、制度を作る。だが、国家が執り行う権威を要求する行為が単に許可を与えるだけではないことに鑑みれば、直ちに政治的権威と許可の権威は異なることがわかる。国家は許可を与えるのみならず、要求したり、指示を出したりもする。多くの場合、これらは明らかに命令である。たとえば、国家はあなたに税金を払うよう要求する。それは、単に国家の役人があなたの給与から税金を徴収する許可を与えるのではない。実際に、あなたに税金を払うよう要求する場合、国家はあなたの収入を年に一度報告するように命じるのである。別の例を見てみよう。国家はあなたに所定の日時に法廷に出廷するよう要求することができる。それは単に、その日にあなたが家にいてはならないというものではない。国家はあなたを法廷に召還できる。さらに国家は、制服を着用し、武器を持ち、極端な危険に対して命をさらし、他者を殺すことさえ命令できる。国家は、単にあなたがしてもよいことを許可するだけではない。すなわち、国家は許可を与えたり、取り消すだけではない。国家はあなたがしてもよいことを命じるのみならず、あなたがしなければならないことを命じるのである。したがって、政治的権威は許可の権威よりもはるかに広範にわたる権威なのである。

　それでもなお、少なくともある面において、政治的権威は許可の権威に似ている。許可の権威のように、政治的権威は道徳的義務を生じさせる。すなわち、国家があなたに出廷するよう命じるとき、あなたは所定の期日に出廷するよう道徳的に求められている。同様に、警官が路肩に車を寄せるよう命じたとき、あなたはそうするよう道徳的に求められる。どちらの

場合でも、国家に反抗すれば、国家が課す様々な罰を受けるべきだということになる。つまるところ、いずれにしろ国家は、規則や指示に従わない者に対して罰金や罰則を科し、刑務所に入れたり、他の方法で処罰する。したがって、国家を無視したり、国家に反抗するのは危険であり、もしかすると非理性的なことである。だがそうすることはまた、何か誤ったことをしているのである。

　まさに権威それ自体と権力が異なるように、政治的権威は、**政治的権力**と呼びうるものとは異なる点に着目すべきである。政治的権力は人々を従わせるために国家が有する能力である。警官の手錠、テーザー銃、銃火器、唐辛子スプレー、または暴動鎮圧するための装備やその他の武器は、国立の監獄や留置所や精神収容所や拘置所がそうであるように、これらを配備するための社会的地位をともなう政治的権力が行使される舞台である。それどころか、これらには、国家の意向に従って行動するよう人々を強制する国家権力が見事に明示されている。国家は従うのを拒む者を罰したり、刑務所に入れたり、場合によっては殺すことさえできるのみならず、従うのを拒む可能性のある者を確実に脅すことで従わせることができる。ただ、国家が人々を支配する権力を広範にわたって行使することができるという事実それ自体が、ある種の権力である。だが、再度論じておけば、権力と権威は決定的に異なるのであり、国家は権力以上のものを要求するのである。

　国家が権威を有するというとき、国家は指示や命令をする道徳的権利、つまり、指示や命令という手段で市民に道徳的要求を課す道徳的能力を要求する。実際に国家が権威を有しているとすれば、警官があなたに動くなと命令したとき、その権威ゆえにあなたは動かないように道徳的に求められているのである。動くなという道徳的要求は、単に国家と関係する行為主体が命じたという事実から生じる。あなたが動きたかろうが、あるいは、あなたは警官が逃走中の銀行強盗と自分を取り違えているとわかっていても、そのことは関係ない。警官が動くなと命じたとき、あなたは動いてはならないのであり、あなたが動くのは道徳的に間違っていよう。これが政治的権威に固有の本質である。

政治的権威は、服従を要求する道徳的能力を含むものだと述べることで、政治的権威のこうした特徴をより理解できる。服従することは、人が命令に従うときに、命じられたように行動するに足る命令がなされたという事実をその人が受け入れるという点で、単に従順であることとは異なる。警官が動くなと命じるとき、あなたは動かないことが最も自分の利益に適うと判断するかもしれない。というのも、動けば逮捕されるからである。あるいはもしかしたら、あなたは動くなと命じられれば、あっさり動かないようにするかもしれない。というのも、あなたは時々静止するのが好きで、そして警官の命令によって偶然にもそういう機会がもたらされるからである。いずれの場合でも、警官が動くなと命じ、あなたが実際に動かないとすれば、あなたは少なくとも警官の命令に従順である。だが、服従には従順であること以上のものが含まれる。警官に従うということは、ただそれだけで動くなという要求を満たすように警官の命令に従うことである。ゆえに、あなたが本当は動きたい場合や、あなたが警官の静止を無視したり、逮捕を免れることができると理解しており、それでもなお、命令されれば動かない場合は、明らかに服従していることになる。そのような場合に、あなたは単にそのように命令されたという理由で動かないのである。動くなと命令されたということは、あなたが動かない十分な理由となる。すなわち、他の考えられる結果にかかわらず、あなたを動かないよう強制するのに十分なほど強い理由である。したがって、服従とは他者の意志に服従することだといえるかもしれない。つまり、自分自身の意志よりも他者の意志を優先させるのである。あなたに対する警官の意志は、命令にあるように動かないことであり、それは自分がいかに行動すべきかについての自分自身の判断よりも道徳的に勝るものである。したがって、（いくつかのまさに特別な状況を除いて）国家があなたに何かをするよう命令するとき、たとえあなたは国家が誤っていると確信しているとしても、命じられたがゆえにそうするよう道徳的に求められる。政治的権威はこういうことを要求するのである。

　認めたくはないかもしれないが、服従はありふれた現象である。我々は単に他者が指示したからという理由で、指示どおりに行動することはよく

ある。つまり、我々は広い意味で、あっさりと指示に従ったり、言われたように行動しがちである。広告主はこうした人々の傾向を当てにしている。というのも、テレビコマーシャルはほとんど命令ばかりだからである。昼過ぎのテレビコマーシャルに関する鋭い調査から次のことが明らかになっている。つまり、あるスポーツアパレル会社は、「いいからやってみな」（"Just do it"）と命令する。ある炭酸飲料の会社は「喉の渇きに従え」（"Obey your thirst"）と命令する。育毛剤を販売するある会社は、「今行動せよ」（"Act now"）と急き立てる。そして、（私が個人的にお気に入りの）依存性のニコチン製品を販売するある会社は「自由を取り戻せ」（"Take back your freedom"）と命令する。

　しかしながら、政治的権威には、単に指示や権威ある者が命令したように行動する市民の傾向性以上のものが含まれる。くり返せば、国家はあなたを強制する権力だけではなく、服従させる権利を要求する。言い換えれば、国家はあなたを服従させる**道徳的権原**を要求する。さらに、国家はあなたを服従させる権原を道徳的に与えられているので、服従しないあなたを処罰し、服従させるために、罰を与えるぞと脅す権原も有するというのである。加えて国家は、あなたに服従を強制する権利を有するという。国家は、国家の命令に対してあなたが自分の意志を曲げるよう強制できるのである。

　このことは政治的権威の固有の特徴の色合いを示している。これまで述べてきたことを踏まえれば、政治的権威は非常に複雑であり、もしかすると、明らかに問題含みですらある。このことはすでに明らかであろう。だが、そうした複雑で潜在的に問題含みの特徴について考察する前に、政治的権威に対する国家の要求のいまひとつの側面に触れておくべきである。国家は、政治的権威を有するのみならず、その固有の権威の独占を主張する。あなたが帰属する国家は、あなたを服従させる排他的な権利を有しており、だからあなたを強制する排他的権利を有するというのである。ごく一般的な社会組織と比べてみよう。あなたはブッククラブに入会したとしよう。ブッククラブには、責任の割り当てや集合的意志決定といったクラブの運営に関する固有の規則があり、それを遵守することがクラブの会員

資格の条件である。あなたがいつも決まって規則を破るのならば、退会させられるだろう。もちろん、規則違反者に対して、ブッククラブは退会処分を含む比較的軽い罰則以上の、より重い罰則を課すのは許されない。また、ブッククラブの会員資格は自発的な入会によるものでもある。つまり、いつでも好きな時に会員資格を打ち切ることができる。さらに、あなたがそのブッククラブの規則を気に入らないと思えば、よりあなた好みの規則を有する自分自身のブッククラブを自由に始めてよいのである。

このことは国家とは明らかに異なる。あなたが法を犯せば、あなたはもしかすると厳しく罰せられるかもしれない。あなたは簡単に国家から離脱できないし、自分勝手に行動することもできない。重大な犯罪を犯せば、おそらく一生刑務所暮らしだろう。罪状や法律次第では、処刑されるおそれすらある。そして自分の国を作ろうとすることは全く不可能である。端的にいって、国家が政治的権威を要求するとき、国家は何らかの幅広い権力に対する排他的な権原を要求している。国家はあなたに対して、他の誰もあるいはどの社会的主体も行うことが許されないことを行わせる道徳的権原があるという。実質的に国家は、あなたにその構成員であるよう強制できる。国家の管轄から逃れるのを制限できる。そして、別の国家を形成したり、別の国家の成員になることを妨げることができる。実のところ、国家は特定の権力を独占する権利を要求するのみならず、人々が他国に対してではなく自国に対して一連の特別な義務を果たすよう要求する。このことは、たとえば、自分が市民である国家に対してだけ反逆行為を行うことができる理由である。重要なことに、一般に、国家が政治的権威を有しているという理由で、次のような考えを我々は受け入れているように思われる。すなわち、他者や他の制度には許されないことを行うことが国家には許されているという考えである。我々は概して、国家が広範にわたる排他的かつ固有の政治的権威を要求することを受け入れるのである。

国家が要求する政治的権威が広範にわたり、排他的であり、固有であること自体は、国家の権威を特別に表明すること、あるいは国家の権威の象徴が、実に一般に広く行きわたっているという事実と合致するものである。国家は、指示をしたり、服従を強制したり、違反者を処罰するだけで

114　第2部　根本的な概念

はない。国家は自国の存在を祝うために、祝祭日を設定したりもする。国家は国家のための祭典・パレード・パーティーなどその他の公的な行事を行う。国家はしかるべき人々に特別な賞・地位・メダル・肩書・制服を授ける。国家は楽曲を含む芸術作品の製作を依頼する。それは自国のすばらしさを称えるためのものである。国家は自国の記念碑や建築物や像を建立する。公立学校では、生徒は国家に忠誠を誓うよう強制される。スポーツイベントでは、国家を称え、みなで国歌を斉唱することが求められる。さらに、自国に対する適度な忠誠心や献身と結びついた固有の道義的徳性があることを人々は認める。それは愛国心と呼ばれるものである。

　国家が政治的権威を要求することは明らかである。さらに、先に述べたように国家は、巨大な権力に加えて、政治的権威があることを人々に納得させるためにかなりの努力をしており、国家は権威があると人々が認めるようになるためのどんな労力も惜しまない。実際に、我々は国家の行動を正しいと思いがちである。他のあらゆるものがそう行動するとすれば、それは誇大妄想であるとか、極めて問題だと考えるだろう。あなたの隣人が自分の銅像を建て、自分が忠実だとみなす者が着用する特別な制服をあつらえ、自分の生誕を祝うパレードをするとすれば、あなたはどう思うだろうか。あなたを服従させる道徳的権利があるという隣人をどう思うだろうか。

　話を進める前に、いまひとつのことを述べておきたい。まさに政治的権威とは国家が要求する固有の権威であるように、国家は政治的に権威づけられることを要求する政治的存在である。だが当然ながら、あらゆる国家がその市民や住人に対して政治的権威を有するといっても、実際にすべての国家がこのような権威を有するわけではない。疑似国家も存在する。疑似国家は、人々をそのようにするいかなる道徳的権利も有さずに支配する。疑似国家が人々に命令をするとき、それはせいぜい従ったほうがましだという理由を与えているにすぎない。大まかにいえば、「言うとおりにしろ、さもなくばひどい目に遭うぞ！」というようなものである。疑似国家の命令は実のところ脅しでしかない。疑似国家の命令は、いかなる道徳的効力を有さず、疑似国家は服従させる道徳的権原も有さない。実際に、

第 4 章　権威　115

とりわけ残忍な専制国家のような特定の疑似国家の場合には、人々がそれに抵抗し、反逆しさえする道徳的要求もある。ゆえに、再度論じておけば、政治的権威は政治的権力とは異なるのである。国民を広く服従させることができる国家は、それにもかかわらず政治的権威を有さないかもしれない。政治的権威を有する国家の権力は、政変や侵略に打ち勝つには不十分なものだとわかるだろう。

それゆえ、次の2つを区別すべきである。すなわち、実際に政治的権威を有する国家と、政治的権威があると主張しているだけで実のところ政治的権力しか持たない国家との区別である。1つの一般的な方法は、**事実上の権威**と**正当な権威**を区別することである。あらゆる国家は、正当な権威、つまり服従させる道徳的権原を要求する。だが、単に事実上の権威しか要求しない国家もある。そのような国家は、強制的に従わせる権力を有するが、従わせるための道徳的権原を有さない。強調すべき重要な点は次のことである。すなわち、まさに国家が強制的に従わせるのに十分な権力を有するとしても、それにもかかわらず正当な権威を欠くことがありうるように、強制的に従わせる権力はないが、それでも従わせる権原を有する国家は存在しうるのである。もう少し簡潔にいえば、事実上の権威は政治的権力でしかなく、正当な権威は服従させる道徳的権原である。もちろん、ここで関心は正当な権威にあり、それを政治的権威と呼んできたのである。だとすれば、次のことを問わねばならないだろう。すなわち、いかなる国家も正当な権威を有するのか、あるいは別の表現をすれば、実際にいかなる国家も政治的権威を有するのか、ということである。

4.2 政治的権威の複雑さ

これまでの議論を踏まえれば、政治的権威が複雑なものだというのは明らかである。たちどころに、いくつかの重要な問題が生じる。何が正当な政治的権威を構成するのか。政治的権威をどのように獲得するのか。国家のような制度が単に指示や命令を出すことで個人に対して道徳的要求を課すのはいかにして可能なのか。いかにして服従は道徳的に要求されるの

116 第2部 根本的な概念

か。国家の正当な権威の限界はどこにあるのか。国家に服従しないことが道徳的に許される状況はないのか。国家が不正な命令をする場合ですら、国家に従わなければならないのか。政治的権威は、市民的不服従のような様々な形の一般的な異議申し立てや抵抗の余地を残すのだろうか。

　こうした問題をここですべて取りあげることはできない。だが、これらの問題の多くは、リベラルな政治秩序の特徴として備わっている背景的な想定から直観的に引きだされていることに着目しよう。すなわち、権威が複雑なものだと思われるのは、端的にいって、第2章で概観したようなある特定の方法に従って自分自身や自分たちが共有する政治的世界を眺めるように習慣づけられているからである。再度述べておけば、我々はみずからを自由で平等な自律的市民とみなし、それに基づいて、国家は自分たちの役に立つために存在していると考えるのである。それゆえ国家は、その存在の正当性を自分たちに負っていると確信している。そして、国家が権威を有するのは、うまく正当化がなされた場合だけである。したがって我々は、まさに一般的な方法で政治的権威の複雑さを示すことができる。つまり、自由で平等で自律的な市民は政治的権威をいかにして正当化できるのか、ということである。

　それがいかに複雑であるかを理解するために、政治的権威を有するということは、誰かや何かにあなたを服従させる道徳的権原があるということだと考えてみよう。権力を有する者は、我々がしなければならないことを命じる。くり返せば、一般的な状況において、政治的権威の命令はどのように行動すべきかに関する自分自身の判断よりも道徳的に優先する。すなわち政治的権威には、命令をする者と従わなければならない者、統括する者と命令に従わなければならない者を区別することが含まれるのである。

　親と子のあいだに権威関係があることは一般に受け入れやすいことに着目しよう。親が子に対して、座りなさい、あるいは静かにしなさいと命令するとき、親は子に対して、親のいうとおりに行動するよう道徳的に要求する。そして、親の権威は（もちろん全く制約がないわけではないが）幅広くかつ排他的なものであることは容易に受け入れられよう。けれども親と子は平等でないので、親の権威は根本的に政治的権威とは異なる。親子

第4章　権威　117

関係は本質的に階層的である。だが、リベラルな政治的見地からすれば、市民は平等であり、国家は市民の親ではないにもかかわらず、政治的権威は本質的に階層的なもののように思われる。自由で平等な者は、政治的権威をどのように正当化できるのだろうか。

　第2章で触れた哲学的アナーキストの立場を再び考えてみよう。アナーキストによれば、正当な権威というものは存在しない。つまり事実上の権威、あるいはもしかすると、国家の政治的権威について広く受け入れられる観念しかないのかもしれない。アナーキズムが強力な議論だと直観的に思われるのは、単に次のような理由による。すなわち、権威は自由や平等と矛盾するので、自由で平等な道徳的な人格のあいだで政治的権威を正当化できないのである。反アナーキストの考え方を国家主義と呼ぼう。それは、正当な権威は曲がりなりにも可能だという考え方である。端的にいえば、国家主義はあまりに説得力がないので、アナーキズムのほうが優勢なように思われる。アナーキストは正しいのだろうか。

4.2.1　同意と契約

　自由で平等な者がいかにして権威を正当化できるのか。1つの明確な解答は、国家の権威は市民の同意に基づくというものである。国家は命令し、我々は従うよう要求される。なぜなら、そういう取り決めに同意したからである。これと密接に関連する現象として、約束を守ることについて考えてみよう。月曜日に私とあなたは次のような約束を交わした。すなわち、金曜日にあなたの選んだレストランで一緒に食事をするという約束である。金曜日になり、私は外食をする気分ではなくなった。にもかかわらず、月曜日に約束したという事実から、私は金曜日にあなたと夕食に行く義務がある。月曜日に約束をしたとき、私は自分の将来の意志を拘束していたのだといってよかろう。つまり私は、将来の私が、たとえ金曜日になってやはり私が家にいたいと思ったとしても、あなたを夕食に連れて行くように求められる事態を成立させたのである。あるいは、金曜日になり、私は喜んであなたを夕食に連れて行こうとしたが、私はギリシャ料理屋を選んだとしよう。私はあなたが選ぶレストランにあなたを連れていく

118　第2部　根本的な概念

と月曜日に約束したので、ここでも私の意志はあなたの意志に拘束されることになる。あなたがイタリア料理屋を選べば、私はイタリア料理屋であなたと食事をする義務があるということになる。いずれにせよ、あなたと私が月曜日に交わした約束は、あなたが選んだところで金曜日の夜に将来の私が食事をする、というある種の取り決めである。約束をしたときに、あなたが店を選ぶことに私は合意した。私はあなたの意志に服従しなければならない事態を成立させたのである。約束するとき、私は実質的にあなたにある種の権威を与えた。この場合は、私の金曜日の夕食について、あなたに権威を与えたのである。確かに、これは極めて低レベルの権威である。しかしながらそれは、私の意志をあなたの意志に従属させるという取り決めに私が同意したという事例である。これは単に約束とは何かということであり、少なくとも約束についてのありふれた例であるとさえいえるかもしれない。

　もちろん、約束とは複雑な現象である。約束を破ることが道徳的に正当化される場合があるのは想像に難くないのであり、いかなる場合でも、すべての約束には暗黙の限度や限界がある。金曜日にあなたを夕食に連れて行くという私の約束には、（たとえば他国のレストランなどではなく）比較的近場のそれほど高くないレストランをあなたが選ぶことがほのめかされている。約束が反故になると考えられる、同じように暗黙の条件がある。たとえば、金曜日の午後にあなたを夕食に連れて行くという約束は、金曜日の午後に緊急事態がおき、危篤状態にある親戚のそばにいなければならない場合には反故にされる。私が義務を満たすことを免除されると正当に期待できる条件もある。たとえば、金曜日の朝に目が覚めて、私が深刻な食中毒であったならば、私はあなたに対して、一緒に夕食をするのを「またの機会にする」ことを正当に期待できる。そして、金曜日に仕事で過度なストレスを感じたのであれば、別の日に一緒に食事に行くよう予定を変更すべきだということにあなたが合意するだろうと期待するのは理に適っている。だがそれでも、極端に急を要する状況でないかぎり、単に夕食に出席しないことは私にとって誤りだという点に留意すべきである。約束を反故にすることが正当化できる場合であっても、一般に私は、あなた

から明確に義務を免除されねばならないのである。

　約束することと契約をすることは多くの点で似ている。あなたが土曜日に私のオフィスを掃除するなら、私はあなたに50ドル支払うということに互いに合意する。こういう簡単な事例を考えてみよう。この契約はある種の相互の約束だといってよいかもしれない。あなたが土曜日の午後に私のオフィスを掃除するという条件で、私はあなたに50ドル支払うという約束をする。そして、私は土曜日の午後にオフィスを掃除してくれることに対して50ドル支払うという条件で、あなたは土曜日の午後に私のオフィスを掃除するという約束をする。一方に対して他方が同じくらいのものを提供するという条件で、双方が何かを提供しあうことに合意する。我々は多くの場合、契約関係を厳密に法的なものとして理解し、そのような契約もある。けれども、ほとんどの契約は（法的義務と同様に）道徳的義務を明らかにするものである。契約に同意することで、あなたは私のオフィスを掃除するという道徳的義務を負い、まさに同じように私は、部屋を掃除することに対して50ドル支払うという道徳的義務を負う。いずれかが契約を破れば法的な制裁を受けるだろう。だが、我々はまた、合意に至った契約を履行できなかったために、道徳的に非難されるに値するだろう。いずれにしても、契約に合意するうえで、あなたは私の目的に資するために土曜日の午後を充てることに同意する（もちろん、限られた範囲において）。同様に、契約に合意するうえで、私は自分の持ち物のうちのいくらかを（50ドル）あなたに渡すことに同意する。土曜日になり、あなたが掃除するよりもテレビを見ていたいと思ったとしても、あなたは私のオフィスを掃除する義務がある。土曜日になり、私はむしろ新しい本を買うのにお金を使いたいと思ったとしても、私はオフィスを掃除してくれることに対して50ドル支払わなければならない。すなわち、お互いの契約はお互いの意志を制約する。つまり我々はお互いに、土曜日に何をしたいかにかかわらず、お互いに合意したように行動するよう道徳的に要求されるのである。

　さて、約束と同様に、契約が有する道徳的な力について、もう少し長く論じておくべきである。さしあたり、これらの複雑さを検討することは本

120　第2部　根本的な概念

章の目的ではない。そうではなく、国家の政治的権威は何らかの契約や取引に由来するという考え方は、政治哲学の歴史を通して一般的なものだということを論じたい。実のところ、トマス・ホッブズ、ジョン・ロック、ジャン゠ジャック・ルソー、イマヌエル・カントの**社会契約説**は、政治哲学の中核でありつづけており、それにはもっともな理由もある。人はみずからを自由で平等な人格だとする一方で、みずからを他者の権威のもとに位置づけることができる。こうした考え方は確かになじみ深いものである。このような権威を生みだすなじみ深い現象が、国家や政治的権威への国家の要求にまで拡大されうるならば、哲学的アナーキストに明確に応答できるだろう。より重要なことに、正当な権威ある国家は、曲がりなりにも存在しうるという確証を持てるだろう。さらに、かかる合意に関するモデルの一般的な形式は、直観的なものであるように思われる。社会契約において、市民はお互いに国家に対して一定の自由や平等を差しだすことにみな合意する。それと引き換えに、国家によってもたらされる安全を獲得するのである。

　これは明らかに強力な考え方である。しかしながら、政治的権威を社会契約説に基づいて説明するのは問題がある。まず、先に述べた50ドルと引き換えに私のオフィスを掃除するという簡単な契約の事例において、合意が実質的に道徳的な拘束力を有するとすれば、その前提にあるべきいくつかの重要な詳細を見落としている。第一に、契約はそれが自由に結ばれるときしか拘束力を持たないと思われがちである。無理強いや、脅迫や脆弱さ、あるいは合意しようとしていることについてほとんど知らない状況のもとに置かれた者が結んだ契約は、拘束力を持たない。あるいは、一方が他方から示された条件を拒否できないのであれば、契約は拘束力を持たない。「金をだせ、さもなくば殺すぞ」というとき、その人は契約に基づく合意を提案しているのではない。あるいは「俺のオフィスを掃除しなければ、海のど真ん中でお前を船外に放り投げるぞ」と脅している船長もそうではない。同様に、子どもは拘束力のある合意の当事者になりえないし、重度の認知障害者や易感染症の者も合意の当事者でありえない。この状況を良い意味でいえば、契約が拘束力を有するには、当事者が自由に合

第 4 章　権威　121

意を破棄できなければならないということである。つまり、提示された条項を受け入れるうえで、実行可能な別の選択肢がなければならないのである。さらに、双方が交渉力において相対的に平等でなければならず、双方の合意事項について理解できていなければならない。契約が拘束力を有するためには、異議申し立てや見解の対立や不満が当事者のあいだで処理されうる何らかの過程を明確にする条項が契約に含まれなければならない。少なくとも形式上の出口、すなわち契約を解消したり、無効にしたり、改める方法が含まれなければならないのである。

　政治的権威を社会契約説で説明することが難しいのは明らかなはずである。あなたと国家との関係が上記の例のどれに当てはまるだろうか。契約の条項にいかなる点で合意したというのか。これまでに尋ねられることが一度でもあっただろうか。これまでにあなたは交渉する立場にあったのか。合意事項について国家とあなたは相対的に対等な立場にあったのか。これまでに合意から抜けだすという実質的な選択肢がありえたのか。国家の権威を受け入れる以外の選択肢はあったのか。こうした問いに対する答えはすべて、いいえである。国家を形成するために、あなたは同胞とともに契約について交渉したことなどなかった。あなたの側の意志に基づいた行動によって、あなたが帰属する国家は政治的権威を付与されたのではない。だとすれば、あなたが国家の命令に従う義務はないように思われるのである。

　契約説のような考え方のすべてが否定されたわけではおそらくない。過去に大きな契約上の交渉が行われたがゆえに、国家が政治的権威を有するようになったのではない。このことに同意する社会契約論者もいる。社会契約論者はさらに、実のところ既存の国家の歴史は概して血にまみれた非情で残忍な征服の物語であったことをたやすく是認する。彼らによれば、社会契約説は特定の国家がどのようにできあがったのかを説明しようとするものではない。社会契約説はむしろ、既存の国家がなぜ政治的権威を有するのか説明するものである。社会契約説を下支えする考え方は次のようなものである。すなわち、あなたはある意味で、国家によって支配され、国家の権威のもとに置かれることに同意したので、あなたは国家に服従す

122　第2部　根本的な概念

る義務がある、というのである。

　すると、国家の権威の支配下にあることにどういう意味で同意したのか
が問われるはずである。あなたは単に国家の領土のなかで暮らすことで国
家の権威に同意したという者もいる。ジョン・ロックによれば、国家はあ
なたに関して権威を有する。というのも、あなたが国家の支配に同意した
領土のなかで暮らしているからである。ロックが論じるところでは、あな
たの同意は暗黙のものである。間違いなく、この点についてはロックが正
しいはずがない。ある人がいつのまにか取り決めに同意する、などという
ことはありえない。すなわち同意とは、何らかの意図を有する状況でなさ
れなければならないように思われるのである。つまり人は、無意識あるい
は偶然には同意できないのである。いまいちど約束と比較してみよう。意
図しない約束という考え方を理解できるとしても、その約束を拘束力があ
るものだとは思わないだろう。暗黙の同意は、同意ではないのである。

　社会契約説の支持者は次のようにも主張する。すなわち、国家の権威
は、あなたに自分が帰属する国家に政治的権威を与える取り決めを結ぶ機
会があったならば、合意するのはあなたにとって理に適ったものであった
だろうという事実から導かれるというのである。こうした見解は、社会契
約の仮説的同意に基づく解釈として知られている。それによれば、あなた
が尋ねられていたとして、もし国家の条件にあなたが同意することが理に
適っていたとすれば、道徳的観点からして、それは実際に同意していたよ
うなものだというわけである。言い換えれば、仮説的同意に基づく解釈に
よれば、尋ねられている国家の条件に合意することが、あなたにとって理
に適うものだとすれば、国家は政治的権威を有するのである。こうした解
釈は、人は無意識に同意できるという主張を含まない暗黙の合意の考え方
を改良したもののように思われる。だがそれでも、なぜ仮説的合意が仮説
的でない状況において拘束力を有すべきなのかよくわからないという点
で、それは実に根拠に乏しい合意であるように思われる。類似する事例を
検討しよう。私があなたの財布から 50 ドル抜きとったとしよう。あなた
はすぐにそのことに気づき、私を泥棒だと非難する。その非難に対して、
私は次のような理由から実際に 50 ドル受けとる権原があると主張したと

しよう。すなわち、私はあなたのオフィスを掃除し、その対価として50ドル支払うか尋ねられていたとすれば、それに合意することはあなたにとって理性的なことであっただろうという理由である。財布に密かに手を入れ50ドル抜きとるのをこのように擁護することについて、どう考えたらよいだろうか。約束との比較を再び持ちだせば、仮説的約束は特別な類の約束ではない。同様に、仮説的同意は同意の一種では全くない。我々は、自分が帰属する国家による支配のもとにみずからを位置づけるという合意に訴えることで、政治的権威を正当化しようとする。ただし、我々が尋ねられたとすれば、合意することは理に適っていただろうと論じることでは、そうした試みを前進させることはできないのである。

4.2.2 帰結主義

もしかすると、社会契約説は事をいたずらに複雑にしているのでなかろうか。社会契約説を下支えするのは、自由で平等な人格の同意や合意からしか国家に服従する道徳的義務は生じえないというものであろう。このことは次のようなより一般的な原理を示唆する。すなわち、他者に対する積極的な道徳的義務は、概して我々にたやすく降りかかるはずはないけれども、何らかの方法で我々はその義務を負わねばならない、というものである。もちろん、我々に容易に降りかかる道徳的義務はある。それは「消極的義務」として知られており、他者に危害を加えない義務や、他者の権利を侵害しない義務などである。我々にたやすく降りかかる緊急事態にかかわる義務もあるかもしれない。たとえば、（泳げるかぎりにおいて）溺れている子どもを助ける義務や、交通事故の現場に居合わせた人がその被害者を助ける義務である。慈善や人道上の理由などで自分の収入の一部を供出する義務さえあるかもしれない。けれども契約論者は、国家の命令に従う義務は簡単には我々にはたやすく降りかからないと考えている。そのような義務があるとすれば、それは我々の意志に基づく何らかの行為に基づかねばならない。

政治的権威の帰結主義に基づく説明では、こうした根本的な契約論的原理が否定される。帰結主義者によれば、国家に従う義務があるとすれば、

124　第2部　根本的な概念

求められるのは次のことだけである。すなわち、自国に従う一般的義務があると認めるほうが、アナーキストのいう選択肢を取るよりもより望ましい帰結がもたらされるということの妥当性である。つまり、国家に正当な権威があるのは、政治的権威を有する国家が存在しない世界は道徳的に望ましくないという事実に基づくというわけである。

　帰結主義者の考え方は、比較という観点から政治的権威に関して疑問を投げかける点で有益である。帰結主義者によれば、政治的権威を正当化しようとすれば、1つには次のようなことを比較して評価する必要がある。すなわち、人々が国家に服従する義務を承認する社会的世界とそうではない世界とどちらがより望ましいかというものである。実のところ、哲学的アナーキズムに対する直観的な応答は多くの場合、それとなく次のような形をとる。政治的権威に対するアナーキストの批判を聞くと直ちに、人は別の選択肢の実行可能性や望ましさを問う。みずからを自由で平等な者だとして認識している者からすれば、政治的権威についてまさにそのように考えることは奇妙に思われるかもしれないのと同じくらい、政治的権威を有する国家が存在しない社会的世界における政治的アナーキストの選択肢は奇妙に思われる。そして、それが帰結主義的な議論の要点である。国家に服従する義務が自由や平等を大いに損なうとしても、正当な権威のようなものはあり、それゆえに、市民は政治的権威を有する国家に服従する義務がある。というのも、単に別の選択肢をとればさらに望ましくない帰結がもたらされるからである。

　こうした議論は見込みがあるように思われるし、帰結主義の立場からすればごく一般的な議論のように思われる。だが、政治的権威を帰結主義的の観点から正当化できないと考えられる理由がある。第一に、帰結主義者の考え方は、政治的権威の擁護論を経験的主張に根拠づけていることに着目しよう。すなわち、政治的権威を承認するほうがそれを拒絶するよりもより望ましい帰結がもたらされるというものである。もちろん、その人が心に抱いている帰結を正確に特定する責任は帰結主義者にある。国家に従う義務を受け入れれば、我々はいかにしてより望ましい状態になるのだろうか。我々はより幸せになるのだろうか。安全であるのか。より脆弱では

第4章　権威　125

なくなるのだろうか。善き生の個人の理想をより探求できるようになるのだろうか。だが、こうした問いに満足に答えられるとしても、政治的権威を受け入れたほうがより望ましい状態になるという帰結主義者の主張が妥当かどうかという経験的な問題が残る。比較に基づく評価を行うとき、比較される選択肢について十分に考察することが重要である。確かに、みなが政治的権威というまさにその考えを受け入れない世界は、我々が今いる世界とは実に異なるだろうと考えるには十分な理由があり、そのような世界には、多くの点で固有のリスクや脅威や悪影響があるだろう。だがここで、国家が行うことについて少し考えてみよう。国家は戦争をし、侵略し、投獄し、諜報活動を行い、強要し、暗殺をし、財産を没収し、嘘をつき、洗脳をし、奴隷にし、抑圧し、処刑し、拷問にかける。しかも、国家はこれらすべてを体系的かつ大規模に行う。国家の行為の簡潔なリストを作るとき、独裁国家や「ならずもの」国家の行為に限定しているのではないことに留意しよう。道徳的に最善な既存の国家においてさえ、こうしたことは一般に行われている。確かに、国家は多くの善いことを行う。国家は教育をし、人々を保護し、社会を安定化し、人々が相対的に幸せな生活を送ることができる状態を作りだす。もちろん、政治的権威を認めない世界においては、そうした財をもたらす制度を組みこむことができなかったのかどうかは定かではない。だとすれば帰結主義者は、アナーキズムはより望ましくない結果を招くとなぜ自信を持っていえるのだろうか。

　帰結主義には2つ目の問題もある。間違いなく、帰結主義はもとより政治的権威の本質を取り違えている。政治的権威は服従させる道徳的権原であり、服従にはその人の判断に従うことが含まれる。先にそう述べたことを思い起こそう。ある人が警官の命令に従うとき、その人は命令がなされたという事実だけで、命じられたように動くよう要求するには十分だと考える。このことが欠けていれば、それは本当の意味での服従ではなく、単に警官の命令に従順であるにすぎない。政治的権威を承認することは相対的に望ましい帰結をもたらすと帰結主義者が論じるとき、帰結主義はまるで、政治的権威とそれに対応する服従する義務を擁護しているのではなく、従順である義務のようなさほど重要ではないものを擁護しているよう

126　第2部　根本的な概念

に思われる。実のところ帰結主義者は、服従する義務を擁護しているのでは全くなく、従順であることが最良の帰結をもたらす最善の手段であるかぎりで、従順である義務を擁護しているにすぎないのかもしれない。したがって、つまるところ帰結主義は、国家が市民に対して排他的かつ固有の権威を要求することを受け入れられないように思われる。帰結主義に基づく分析からすれば、人がみずからが帰属する国家に対して有する義務は、旅行者が訪れる国に対して負う義務と何ら変わりないのである。つまり、法に従順であることが最善だということなのだが、それは服従することではないのである。

4.2.3　フェアプレイ

　政治的権威を社会契約論や帰結主義に基づいて正当化できるかどうか判然としない。そこで、ここまで検討してきたいくつかの考え方を部分的に組みこんでいる別の見方を検討しよう。国家の権威は、我々が他者と結んだ取引に基づくのではなく、むしろ、我々がお互いに同胞市民に対して負うより基本的な道徳的義務に基づく。こういう考えである。すなわち、社会的・政治的秩序を維持する役割を部分的に担う義務である。それについて、ある類推を通して考えてみよう。あなたは、コミュニティガーデンのような、何らかの集合的財や資源の維持に時間と労力を自発的に捧げる者からなるコミュニティに自分が身を置いていることをわかっているとしよう。あなたはそのガーデンを十分楽しんでいるが、ガーデンを維持するために少しの貢献も絶対にしたくないとしよう。ガーデンに貢献している人々が、あなたが参加しないことについて道徳的に不満を述べるのは正当なことではないのだろうか。彼らがあなたをただ乗りしているとみなすのは正当なことでないのだろうか。あなたが集合的資源を利用し、それを享受するときに、それを維持する活動にいくらか貢献する道徳的義務があなたにはある。こうした彼らの道徳的な言い分は少しも意味をなさないのだろうか。そんなことはないだろう。

　したがって、フェアプレイに基づく説明によれば、社会を、その規模の大きさを理由に、政治的権威を有する国家の存在を要求するある種の集合

的事業だとみなすよう求められる。（部分的には、国家の命令に服従することによって）他者が社会の維持に協力するので、我々もまた公正な割り当てを引き受けなければならない。服従する義務は、他者の犠牲や努力にただ乗りしない義務から導かれる。このように、我々は同胞市民に対してある種の相互性を有しているので、国家に服従する義務があるのである。服従しないのは同胞市民に対して不公正だという理由から、我々には服従する義務があるのである。国家へ服従することを通して、同胞市民はお互いに社会秩序を維持する役割を担っているのである。

　フェアプレイに基づく説明において特筆すべき１つの特徴は、社会が相互に利益をもたらすための諸個人間の協働事業だということを前提としていることである。この前提は、立憲的な民主国家だけが政治的権威を有することができる、という一般的な直観を理解するのに役立つ。専制や寡頭制は、それらが支持する社会システムが諸個人間の協働事業のようにはとても見えないという理由から権威的でありえない。すなわち、フェアプレイに基づく説明の核心には、社会とは我々がともに担うものだという考えがある。そして、服従する義務は同胞市民に対する責任から導かれるということから、政治的権威の１つの構想を示すのである。したがって、フェアプレイに基づく説明は、我々が検討してきた他のものよりもとりわけ優れているように思われる。しかしながらご承知のように、フェアプレイに基づく説明は困難に直面する。その困難の１つは、既存の国家を相互に利益をもたらすための協働事業だとすることにどれほど意味があるかにかかわる。国家はコミュニティガーデンとは全く異なる。そして、相対的に秩序立っている現代民主主義国家は、人々の社会秩序に対する貢献と人々が受け取る利益のあいだにかなりの格差があるように非常に階層化されている。コミュニティガーデンの事例を下支えする、ただ乗りしてはならないという考えは、ガーデンの利益と維持に対する負担は多かれ少なかれ均一に配分されるという想定に基づいている。個人は概して同じくらいの時間と努力を傾け、概して同じくらいの利益を得る。コミュニティの誰かが何らかの理由で、そのガーデンから利益を得ることができず、それゆえにガーデンに貢献しない者について考えてみよう。その人をただ乗りだとす

るのはあんまりではないだろうか。したがって、フェアプレイに基づく説明は、小規模な集合的事業と大規模な社会システムとのあいだのおよそ妥当ではない類推に基づいて議論しているように思われるのである。

いまひとつの困難について考察してみよう。社会秩序は実のところコミュニティガーデンのような集合的事業である。こうした前提を是認することにしよう。また、ガーデンを楽しむことによって他者の時間や労力にただ乗りし、その維持に何の貢献もしないのは道徳的に誤っている。このことも認めるとしよう。すなわち、人は実際に共同事業に貢献する道徳的義務を負うのである。それゆえガーデンの事例では、ただ乗りは道徳的に非難されるべきであり、もしかすると、コミュニティに貢献している構成員は、ガーデンにただ乗りをする者のガーデンに対するアクセスを制限してもよいということになるかもしれない。にもかかわらず、貢献している者が貢献しない者の時間と労力に対する権原を実際に有するのかどうかについては疑問に思う者もいよう。いずれにしろ、貢献している者が貢献しない者に対して彼らの公正な分担を強制的に押しつけることはできない。このことは明らかである。しかしながら、国家が政治的権威を要求する場合には、国家は服従させることに関する道徳的権原のみならず、従わせるために、あるいは従わない者を処罰するために、強制力を行使する権利をも要求する点を思い起こそう。くり返せば、フェアプレイに基づく説明の中核をなす類推はうまくいっていないように思われるのである。

4.3　権威がはらむ危険性

ここまで、正当な権威を正当化しようとしてきた。一般的かつ直観的な説明のいくつかには大きな問題点があることがわかった。だがこのことによって、国家主義のいまひとつの解釈が日の目を見ることになるかもしれない。次のように考えられるかもしれない。すなわちアナーキストは、つきつめれば正しくも、正当な権威のようなものはないとおそらくいうだろう。だが、ここまで考察してきていない方法で、政治的権威をおそらく擁護できるだろう。アナーキストに対する代替案とは本当は何なのであろう

か。それは、政治的権威はありうるという国家主義的な考え方よりも妥当なのだろうか。とにかく、国家は政治的に権威があるという考え方を切り崩すのは、非常に危険であるように思われる。したがって、おそらくは、少なくともアナーキストの立場を支持する決定的な証拠が見つかるまでは、いくつかの立憲民主主義国家は実際に政治的権威があるということを受け入れるべきだ、ということになるだろう。

　哲学の領域において、上述したこの手の考え方はしばしば、立証責任の転嫁と呼ばれる。その理由はたやすく理解できる。この考え方からすれば、アナーキストはもとより議論に勝ってはならないのである。いまだに政治的権威を確実に正当化できないからといって、政治的権威が明らかに不正だということにはならない。さらにいえば、アナーキストの代替案はあまりに危険で未熟であるので、アナーキズムはできるかぎり退けられるべきである。ゆえに、国家主義的な考え方からすれば、政治的権威がありえないことが明確に立証されるまで、政治的権威はありえるという考えを受け入れるべきなのである。それゆえ、立証責任はアナーキストに転嫁されるのである。

　哲学において、立証責任を転嫁するやり口はいかがわしいことで有名である。というのも、それを客観的に評価する方法を教えるのがとても難しいからである。アナーキストと国家主義者との論争において、誰が本当に立証責任を有するのか。我々の哲学的な出発点はどこにあるべきか。哲学的な方法論における複雑な問題がある。ここで、国家主義者はアナーキストに対して極めて明確に応答している。すなわち国家主義者は、1つには、正当な権威はありうるという主張を退ける試みには重大な危険性が内在していると主張する点に着目しよう。つまり、国家主義者からすれば、アナーキズムが真理であるかどうかにかかわらず、アナーキズムは危険だというのである。それに対してアナーキストは、権威を受け入れることは同様に危険だと応答する。ここでアナーキストは、極めて説得力のある根拠を示すのである。

4.3.1 ミルグラム実験

イェール大学の心理学者スタンレー・ミルグラムによって1961年に行われた実験は、今ではよく知られているので、概略を説明するだけで十分だろう。ミルグラム実験には3名の参加者がいる。それぞれ「実験者」・「先生」・「生徒」と呼ぼう。「実験者」は白衣を着ており、「先生」や「生徒」に対して、人間の記憶について研究している科学者としてふるまう。「先生」はボランティアの参加者であり、人間の記憶に関する実験に参加するボランティアの求人広告を見て参加した。「先生」はまた、「生徒」も同じ広告を見て参加したボランティアだと思っている。「先生」は、「実験者」と「生徒」がサクラであることを知らない。「実験者」は「先生」に対して、あなたの仕事は言語連想法を「生徒」に教えることだと告げる。「先生」は電気スイッチの大きなボードの前に座り、「生徒」に対して単語同士のつながりを教えits後、対となる単語の長いリストを読むようにと、「実験者」から指示される。「生徒」は配電盤に電線でつながれているように見え、対応する単語を答えるよう指示される。「実験者」は「先生」に対して、「生徒」がミスを犯したとき、正しい単語のペアを口頭で教えて誤りを正したうえで、「生徒」に電気ショックを与えるよう命じる。さらに「先生」は、「生徒」が間違うたびに電気ショックを徐々に強めるよう命じられる。「生徒」が実際には配電盤につながれていない役者であり、全くショックを受けないことを「先生」は知らない。それに加えて「先生」は、実のところその実験が人間の記憶に関するものではないことを全く知らない。それはむしろ、権威だと認知された者（「実験者」）に服従する先生の意志についての実験なのである。「先生」は単にそうするよう説明されたという理由だけで、「生徒」にどのくらいの痛みをみずから進んでかけるのだろうか。ミルグラム実験の結果は、多角的な実験やいくつかの類似する実験によって確認されているが、衝撃的なものである。実験が進み、「先生」が「生徒」に与えていると思っている電気ショックは次第に激しくなり、「生徒」は痛いと不満を漏らしはじめる（先生は知らないが、「生徒」は役者であり、実際には全くショックを受けていない）。「生徒」は（見かけのうえ

では）痛み叫び、ショックが強すぎると口頭で訴え、実験の参加に同意していないとさえ述べて、よりあからさまに抗議しはじめる。最終的に「生徒」は、ショックに対してうめき泣くだけである。「先生」が実験を続けることにためらいを見せると、「実験者」は、「あなたは続けなければなりません」「この実験はあなたに続行してもらわなければなりません」「続ける以外の選択肢はありません」というようなことをいって、「先生」に実験を続けるよう命じる。ミルグラム実験から明らかになったのは次のようなことである。すなわち、「先生」役の大部分の人（ほとんどの実験で60%以上）は、「実験者」、つまり権威だとされる者が続けるよう命令したというだけで、見知らぬ人に対して極めて強い電気ショックをみずから進んで与えつづけるのである。

　ミルグラム実験のさらなる詳細は興味深いものであり、ミルグラム実験をよく知らない人であれば誰でもさらなる研究にかき立てられる。ただし、実験から引きだされる本書の議論と関連する結論は、明らかであろう。ミルグラム実験において、「先生」役の者は実際にみずからの善悪の判断を放棄し、「実験者」という権威とされる者にみずからの意志や判断をあまりにも進んで従属させた。権威とされる者が、「先生」にそうするよう促したからというだけで、「先生」役のほとんどの人は、そのような処遇を受けることに積極的に同意していない無辜の人に電気ショックを与えつづけたのである。少し別の角度からいえば、みずからが何らかの権威のもとにあると認識することで、我々は道徳的責任の感覚を失ってしまうのである。これは間違いなく危険である。

4.3.2　スタンフォード監獄実験

　スタンフォード大学の心理学者フィリップ・ジンバルドーによって1971年に行われた実験は、同様に我々を不安にさせる。刑務所における受刑者と看守のあいだの虐待の根源や本質を研究しようと、仮設の刑務所がスタンフォード大学のキャンパス内に作られ、24名の男性志願者が無作為に「囚人」と「看守」の役を割り当てられた。「囚人」は牢屋に入れられ、不快な囚人服を着させられ、名前は非人称の番号に置き換えられた。「看

守」は「囚人」に身体的な危害を与えてはならないが、「囚人」の非人間的に扱われているという感覚や無力感をかき立てるよう命じられた。

実験は2週間続けられる予定になっていたが、わずか6日間で終了したことから明らかなことがある。実験では次のようなことが起きていた。「看守」役の者は、無力な「囚人」に対する権力の行使に順応していき、彼らは次第に「囚人」を厳しく、暴力的に、残忍に処遇するようにすらなっていった。「囚人」がちょっとでも抵抗しようものなら、「看守」に仕返しされた。同様に、「囚人」のなかにも与えられた役割を内面化した者もいた。つまり、見たところ強制されたわけでもないのに、有罪判決を受けた犯罪者として与えられたアイデンティティに従った態度をとり、行動を順応させたのである。

くり返せば、まだこの実験になじみがない読者にとっては、スタンフォードの監獄実験の詳細をさらに調べる価値があるだろう。だが、当座のところ導きだされる結論は次のようなものであろう。すなわち、他者の権威のもとにみずからがあると考えることで、我々は責任の感覚を道徳的にゆがめてしまうように、みずからに権威があると考えることも、同様の結果を招くおそれがあるのである。再度論じておけば、自分は他者に対して権威があると認識すれば、我々は、自分が命じたように他者を強制する権力を有するのみならず、他者を従わせる道徳的権原を有すると認識するのである。ゆえに、他者に対して自分は権威があると認識することは、道徳的に危険であるように思われるのである。

4.4　結論

ロバート・ノージックによれば、政治哲学における「根本的な問い」とは「なぜアナーキーではいけないのか」ということである。本章では、我々がノージックに同意できるかもしれない理由を考察してきた。政治的権威の概念や、それがもたらす困難について、とりわけ我々の背景にある個人の自由や平等というリベラルな信奉に照らして探究してきた。とりわけ前節では、我々は次のような国家主義者の主張を検討した。すなわち、国家

主義者は、政治的権威を確実に正当化することは当座のところできないという点でアナーキストに譲歩するにもかかわらず、政治的権威を全般的に認めないのは道徳的かつ社会的に危険だという理由で、政治的権威はありうるとひきつづき考えるべきだ、というのである。そうした主張はある種の立証責任の転嫁戦略であり、アナーキストに対して自説の擁護論を展開すべきだと求めるようなものだと論じた。国家主義がまずありきで、アナーキストがアナーキズムを確実に擁護しえないかぎり、国家主義は取りさげられるべきではないのである。そこで、我々はアナーキストの応答を検討した。アナーキズムが危険だと思われるのと同様に、国家主義にも重大な危険がある。政治的権威にまつわるよく知られているが見当違いの考え方というのは、歴史上の最も道徳的に悪質な人間の集合的行為のなかに見いだせる。国家がこれまで行ってきたことを道徳的観点から俯瞰すれば、なぜ国家主義を哲学的な思考の前提としなければならないのだろうか。

　ここでは、本書の始めの2つの章で述べたことに立ち戻らなければ応答できない。我々は良くも悪くも、自分が今いる場所、すなわち、自分が引き継いできた社会的世界から政治哲学的な思考を始める。このことから明らかなように、我々は政治的権威を要求する諸国家からなる世界を引き継いでいる。そして、政治的権威が複雑であるように、単に政治的権威を主張するが実際には力を行使しているにすぎない国家について、ある程度説得力のある一般的な見解を有している。確かに、世界の独裁者は、その支配のもとで暮らす人々を服従させる権原を有さない。専制国家は、その権力がいかに効果的に行使されていようとも、政治的権威を有さない。独裁国家と立憲的な自由民主主義国家のあいだには特筆すべき道徳的差異があるのであり、アナーキストはそのことを適切に受け入れることができない。アナーキストからすれば、正当な権威というものはないので、民主国家と専制国家の違いは程度の問題でしかないのである。アナーキストは、専制国家は民主国家よりも道徳的にはるかに望ましくないというかもしれない。だがそれにもかかわらず、政治的権威という観点からすれば、両者に道徳的な差はないと論じなければならない。要するに、アナーキストからすれば、すべての国家は専制的なのである。

134　第2部　根本的な概念

少なくとも、私はこれを妥当だとは思わない。実のところ、国家が政治的権威を要求しながらも、みずからを単に市民を統治するのみならず、市民に資するものとみなしている社会秩序は、専制によって保たれている社会秩序とは、種類が異なるように思われる。国家がみずからの権威を厳しく制約し、国家に対抗する個人の権威の範囲を明確にしている公的な政体や、法の支配を認めている国家を見れば、そのことはいっそう明らかであろう。くり返せば、民主国家は、すなわち定期的な選挙・完全な選挙権・報道の自由・広範な市民参加を備えた国家は、専制とは道徳的に種類が異なる。このことは明らかであろう。最後に、さらに人権の保護や社会への参画から得られる社会的・物質的利益の公正な配分を含む社会正義を信奉する国家は、そうではないいかなる国家よりも優れていよう。つまり、自由民主主義を信奉する国家は、単なる柔和な専制国家よりも道徳的に優れているように思われる。

　アナーキストは、こうした考えに対して単純に次のように応答するだろう。すなわち、自由民主主義をいかに楽観的に描こうとも、その政治的権威についての主張はそれでもなお不十分だというのである。実のところアナーキストは、アナーキズムは自由民主主義を支持するものだと述べることでさらに議論を推し進めることができた。つまりアナーキストは、とにかく国家がなければならないとすれば、すべて自由民主主義国家でなければならないと認めることができる。だが、このことに対してアナーキストは、それにもかかわらず、国家は正当な権威を有さないし、いかなる個人や制度にも従う道徳的権原はないと付け加えるだろう。

　アナーキストと自由民主主義を支持する国家主義者とのあいだで身動きが取れなくなったようである。そこで私は、アナーキストが示したいくつかの懸念を受け入れることができる国家主義の立場を簡潔に論じてみたい。ここまでは、正当な権威が人々を従わせる道徳的権原を有するかのように論じてきた。くり返せば、警官が政治的権威を有するとすれば、警官があなたに動くなと命じれば、たとえ警官が逃走中の銀行強盗と自分を取り違えているとわかっているとしても、あなたは動いてはならない。あなたにはこういう道徳的義務がある。すなわち上述のように、政治的権威が

命じるだけで、指示されたように行動する道徳的義務をあなたに課すには十分である。ゆえに当然ながら、政治的権威にはその支配下にある人々の意志や判断をある程度服従させることが常に含まれることになる。そして、こう考えることにアナーキストは反発する。アナーキストは、服従は自由や平等と矛盾するはずだというのである。

　おそらく、国家主義者の考え方を弱めることができる。というのも、政治的権威にはその程度の服従は含まれないからである。**限定的権威**と呼ばれるものについて検討しよう。国家の命令が、指示されたように行動するある程度の道徳的理由と我々が呼ぶものだけをもたらすのに十分だとすれば、国家は限定的権威を有する。しかし、それが一般には重要なものだとしても、無効にされたり、それ自体で十分に決定的ではないとすれば、その理由はある程度のものでしかない。こう考えれば、警官の動くなという命令は道徳的に重要だが、それにもかかわらず、動かないというある程度の理由にしかならない。というのも、その影響力はつきつめるとその背後にある何らかの条件に基づいているからである。すなわち、この限定的権威という考え方からすれば、警官の命令は私が動かないという重要かつ十分な道徳的理由になるが、だからといって動かない義務があるかどうかは、自分で判断すべき他の事由次第なのである。より正確にいえば、限定的権威という考え方によれば、ある程度うまく機能している自由民主主義国家において、そして大抵のふつうの状況において、基底にあるとされるものは服従だが、それは多少はそうであるということにすぎない。状況がふつうでなくなれば（民主主義の条件が損なわれたり、発せられた命令が疑わしい場合）、個人の道徳的判断が求められる。それゆえ、服従は完全な意味での服従ではない。すなわち、必要な背景的条件が満たされている場合にしか命令に服従しなくてよいのである。だから、国家はあなたを服従させる道徳的権原を絶えず獲得しつづけなければならない。政治的権威は条件つきのものなのである。

　それでは、条件つきの権威による命令が、実際に正当な権威を有するようになる条件とは何であろうか。この問いを十分に分析するのは別の機会を待たねばならない。だが、市民に対する正義の基盤を安定的に保護し、

136　第2部　根本的な概念

人権を侵害しない、立憲的かつ自由民主主義に基づく政治秩序は限定的な政治的権威を有する。こういってよいだろう。つまり、ふつうの状況の範囲内で、我々には国家の命令に従う義務が少なくともある程度はある。いくつかの国家はこうした限定的な意味での政治的権威を有する。このことを受け入れるのは、ある種のフェアプレイの議論に基づいて正当化できる。我々は政治的権威を要求する諸国家からなる世界を引き継いだのである。政治的権威は確かに複雑な現象だが、有効な代替案があるかどうかはわからない。したがって我々は、権威に関する要求を、なじみのない状況や例外的な状況でとりわけなされる、政治的権威をさらに拡張したいという要求を慎重に考慮すべきである。また国家の権威が完全に確立されうるという考えも退けられるべきである。くり返せば、政治的権威があるかどうか、国家がみずからを有能な道徳的行為主体だと示すことができるかに左右されるものである。また、国家の行動を人々が管理し監視する公的な過程を備える立憲的で自由民主主義的な秩序においてしか、政治的権威はありえない。我々はこのことを認識すべきである。そうだとすれば、国家が政治的権威を有するかどうかは、自己統治にかかわる民主主義的な過程に我々が集合的に参加するかどうかにかかっている、ということを認めることになる。ゆえに、政治的に権威づけられた社会秩序を維持することは、我々が担うべき集合的事業なのである。

読書案内 ————

　最新の文献目録がついた哲学的な諸課題についての卓越した概説としては、『スタンフォード哲学百科事典』の「権威」の項（トマス・クリスティアーノ執筆）を参照のこと（https://plato.stanford.edu/entries/authority/）。法の権威についての重要な古典としては、以下の３つを参照。Plato, *Crito*, edited by Chris Emlyn-Jones (London: Bristol Classical Press, 1999); Henry David Thoreau, "Civil Disobedience" (reprinted in *Thoreau: Political Writings*, edited by Nancy Rosenblum, Cambridge: Cambridge University Press, 1996)〔佐藤雅彦訳『ソローの市民的不服従

——悪しき「市民政府」に抵抗せよ』（論創社、2011 年）〕；Martin Luther King, "Letter from Birmingham Jail"（reprinted in his *Why We Can't Wait*, Boston: Beacon Press, 2011)〔「バーミングハムの獄中から答える」中島和子ほか訳『黒人はなぜ待てないか』（みすず書房、2000 年所収）〕。不服従や抵抗に関する現代における卓越した探究としては、Kimberley Brownlee, *Conscience and Conviction*（New York: Oxford University Press, 2012）を参照。第 1 章の読書案内に挙げたアナーキストの著作作品に加えて、関心があれば、Christopher Heath Wellman and A. John Simmons, *Is There a Duty to Obey the Law?*（New York: New York University Press, 2005）を読んでみるのもよいだろう。Joseph Raz（ed.）, *Authority*（New York: New York University Press, 1990）には、権威に関する多くの重要な現代の論文が収められている。とりわけ、以下の論文をおすすめする。R. B. Friedman, "On the Concept of Authority in Political Philosophy"（第 3 章）; H. L. A. Hart, "Commands and Authoritative Legal Reason"（第 4 章）; Joseph Raz, "Authority and Justification"（第 5 章）; Thomas Nagel, "Moral Conflict and Political Legitimacy"（第 12 章）。ハンナ・アーレントの権威に関する考察も参照せよ。Hannah Arendt, "What Is Authority ？"（reprinted in her *Between Past and Future,* New York: Penguin Books, 1954)〔「権威とは何か」、引田隆也ほか訳『過去と未来の間 —— 政治思想への 8 試論』（みすず書房、1994 年所収）〕。Stanley Milgram, *Obedience to Authority*（New York: Harper Torchbooks, 1974)〔山形浩生訳『服従の心理』（河出書房新社、2012 年）〕は、ミルグラム実験について書かれており、服従の道義性についての洗練された哲学的分析を与えるものである。服従の危険性に関して、同じように魅力的な見解を提示するものとして、Philip Zimbardo, *The Lucifer Effect*（New York: Random House, 2007)〔鬼澤忍ほか訳『ルシファー・エフェクト —— ふつうの人が悪魔に変わるとき』（海と月社、2015 年）〕も参照のこと。

　権威や民主国家に関する近年の研究業績については以下を参照せよ。William Edmundson, *Three Anarchical Fallacies*（Cambridge: Cambridge University Press, 1998）; Christopher Morris, *An Essay on the Modern*

State (Cambridge: Cambridge University Press, 1998); Thomas Christiano, "Justice and Disagreement at the Foundation of Political Authority," in *Ethics*, Volume 110, 1999 and "The Authority of Democracy," in *Journal of Political Philosophy*, Volume 12, Number 3, 2004; George Klosko, *Political Obligation* (New York: Oxford University Press, 2002); Cynthia Stark, "Hypothetical Consent and Justification," in *Journal of Philosophy*, Volume 97, 2000; Allen Buchanan, "Political Legitimacy and Democracy," in *Ethics*, Volume 112, 2002. 政治的権威を簡潔に説得力をもって批判しつつ無政府社会の魅力ある展望を論じるものとして、Michael Huemer, *The Problem of Political Authority* (London: Palgrave Macmillan, 2013) を参照のこと。

第5章　正義

5.1　正義の概念

　「正義」(justice) という語は、我々の政治的環境に広く行きわたっている。我々は法体系を「正義の体系」(justice system) と呼ぶ。米国政府には、「司法省」(Department of Justice) がある。米国最高裁判所で判決を下す役人は「判事」(justices) と呼ばれる。多くの単科大学や総合大学には「刑事司法」(criminal justice) を学ぶ学部がある。オランダには「国際司法裁判所」(International Court of Justice) がある。警官が犯人を捕えるとき、犯人は「法に照らして裁かれる」(brought to justice)。こうした例は、正義がもっぱら法にかかわる語句であることを示唆しているかもしれない。だが、我々はより広い文脈で正義について話す。たとえば、多くの西洋の宗教において、正義は最も重要な個人の美徳の1つだとされる。とりわけユダヤ・キリスト教の伝統において、神は正義と慈悲を見事に両立させるものとして言い表される。おそらく少々複雑ではあるが、我々は「宇宙的な」正義や「詩的な」正義についても話す。両者には、ある行為主体それ自体の悪行によって当人がますます破綻してゆく事例が含まれるようである。そして、役者や独奏者のような演者が、難しい役や曲を「うまく表現する」(do justice) のに失敗したといっているのを聞くのは珍しいことではない。

　「正義」という語は使われ方が全く異なるが、それらの基盤にあるよう

141

に思われるのは、応分の罰や報酬という形で分け前を得る、あるいは「正当な報い」を受けるという考えである。それゆえ、人が正当に受け取るべきものを得るとき正義は実行されているといえるかもしれない。したがって、他者に当然与えられるべきものを与えるとき、我々は正義を実行している。確かに、厳密に受け取るに値する以上の報酬を与えてもよい特別な場合があるかもしれない。さらに、その人が受けるに値するよりも少ない罰を与えることが正当化される特別な場合があるかもしれない。それでも、受けるに値するよりも少ない報酬や多い罰を与えることが許される事例を理解するのは難しい。正義は害や負担の配分を我々に要求するが、負うべき以上のものを負うことはない。それでもなお、正義が他者に報いを与え、利することを求めるとき、厳密には、他者が受けるに値するよりも少ない利益を与えないことしか要求されないかもしれない。正義と、慈善・慈悲・寛大さ・節度などの他の価値とのバランスを保つ必要がある場合もあろう。このことは、正義とは人々が受け取るべきものを与えることであるというそもそもの考え方を捨て去ったり、大幅に修正したりすることなく、十分に擁護できる。

　哲学者であろうとなかろうと、こうした正義に関する分析に強く反論する者はそうはいないだろう。だとすれば、上記のような分析はあまりにも単純だということがよくわかる。ある考え方を哲学的なものにするのは、ある意味では、議論する用意ができている哲学者がある程度存在することである。そういってもあながち間違いではなかろう。だが、単純な分析であっても、哲学的な考え方を構築する土台にはなりうる。人々が当然与えられるべきものを得るときに正義は実行されている。これまでそう論じてきた。ゆえに、正義について考えるためには、人々が受けるに値することについても考察せねばならない。人々が受けるに値することについて考える1つの方法は、人間にとって何が善い（あるいは悪い）ことに値するものであるのかを幅広く考えることである。議論を進めるためのいまひとつの方法は、人々が負うべきものに限定して考えることである。当然ながら、前者のアプローチは正義を非常に広範な道徳的枠組みとして取り扱い、それには人間の善き生の包括的な構想が含まれる。反対に後者のアプ

ローチは、主として何らかの特定の利益や負担がどのように割り当てられるべきかに焦点を当てるものとして正義を理解する。したがって、幅広いアプローチは、ここで論じてきたリベラルな伝統の枠外で議論している哲学者のあいだで一般的なものであるのに対して、限定的なアプローチは、リベラルな哲学者のあいだで一般的なものである。だがそれでも、2つのアプローチの違いを探究するのは重要なことである。

5.1.1　幅広いアプローチと限定的アプローチ

　古代ギリシャの哲学者プラトンは、正義というテーマを論じるために『国家』という金字塔的著作を著した。その中核には、「我々はどのように生きるべきか」という不変の問いがある。それは確かに深遠かつ重要な問いだが、広範にわたる問いでもある。「我々」という代名詞の曖昧さに注目しよう。その問いは一見すると、各人が個人としてどのように生きるべきかを問うているように思われるが、他方で、集団としての我々にもその問いは向けられている。すなわち、我々が（他者とともに）どのように生きるべきかをも問うているのである。我々には（個人としても集団としても）営むべき生がある。こういう考え方を取り巻く複雑さについても考えよう。生とは、政治的・社会的・家族的・個人的、そして私的な事柄さえも包括する多面的なものである。「我々はどのように生きるべきか」という問いは、見たところこれらすべての事柄に当てはまる。したがって『国家』においては、正義というテーマについて検討するうえで、政治的なことから個人的・私的なことまで、そのテーマに沿った幅広い話題が論じられている。すなわち、政治・法律・金・戦争・教育・宗教・芸術・結婚・性・死といった話題である。

　哲学史を通してプラトンは、他の多くの哲学者と同様に、正義を幅広い意味で使用する。プラトンは、正義を生における善の総称であると捉える。プラトンによれば、正義に適った生とは、ほとんど本質的な意味で、道徳的に最善の生である。つまり、正義に適った者は道徳的に最善な者である。プラトンは『国家』において、正義に適った生が真に最善の生であることを証明しようとするのである。プラトンはとりわけ、自分の考え方

とは真逆の（そしていまだ人気のある）考え方を否定することを目的としている。すなわち、人が営むことができる最善の生とは、その人は完全に正義に適っているという幅広い評判を享受するが、実際には無慈悲で、法外で、不正直で、自己中心的な生であるというような考え方である。

　当然ながら、プラトンの考え方は哲学的に洗練されている。つきつめればプラトンは、正義とは、人間の生において表明される他のあらゆる善の混成物であるだけではなく、人間の生におけるこれらの善が適切に統合あるいは調和したものだと考えているようである。したがって、正義は善き人間の魂の構造のなかに存在するとプラトンは考える。プラトンが「魂」という語を使っていることに起因する複雑さにこだわらなくてよい。プラトンの考え方では、正義は、人間の意欲や野望や感情や合理的な能力が適切に秩序づけられていることの帰結である、というだけで十分である。少し具体的にいえば、人の内面、つまり欲望・感情・野望・信念といったものが理性に支配されるとき、人は正義に適っている。プラトンはそう論じるのである。すなわち、正義に適った者は、理性が望ましいと判断したものしか望まず、理性が不快だとしたものしか不快に思わず、理性が価値があると認めた場合しかその目標を追求しない。反対に正義にもとる者は、理性的であるかどうかにかかわらず、欲望や感情といった非理性的なものに支配される者である。ゆえにプラトンは、正義を個人の内なる戦いと結びつける。つまり、理性に対する意欲や欲望との戦いである。だからプラトンは、正義をとりわけ際立った包括的な美徳だとみなした。プラトンによれば、正義のなかに人間の生において表明されうる他のあらゆる善が統合され、調和されている。正義に適った生とは、生をより善くするものが何ひとつ欠けていないのである。逆に、正義にもとる生は、必ずいくつかの根本的な点で道徳的に不完全かつ不足しており、調和的でなく、欠陥を抱えているのである。

　このように様々な善が統合される方法に着目することで、プラトンは、個人としての生と集団としての生との強いつながりをたやすく認めることができるようになるのである。プラトンによれば、個人の内面の正義が当人の魂の適切な命令からなるように、ある街の正義はその街の構成要素、

つまりその街における諸階級の適切な命令からなる。より具体的にいえば、正義に適った者は当人の理性の能力に支配される者であるように、正義に適った街は最も理性的な市民が他者を支配する街だというわけである。それゆえ周知のように、『国家』においては、賢明な哲学者からなるごく一部の少数者が王として支配する非常に階層化された政治秩序が是認される。『国家』は、民主主義に対する痛烈な批判でも有名であり、プラトンは、無知な大衆による支配は根本的に正義にもとっているとみなすのである。

　正義は、哲学者が王のように支配することを要求する。こうしたプラトンの示唆は、長きにわたって多くの批判や嘲笑にさらされてきた。そこで、当座のところは、プラトンの積極的な政治的提案に対してなされるよくある反論は措いておこう（このことは153 ～ 157 頁で簡潔に論じる）。むしろ、プラトンの考え方の中核にある哲学的基盤の1 つに着目すべきである。プラトンが、個人の内面における正義と街のなかにおける正義を全く同一のものとみなす点に着目しよう。実際にプラトンは、正義に適った街は、一人格における正義がより大規模な形で表明されたものだと考えているようである。プラトンの考えでは、最善な者と最善な街はまさに同じ構造を有する。すなわち、理性がその他すべてを支配するのである。両者において、正義とは他のすべての善の頂点にあり、それらを統合したものである。したがって、次のようにいえるかもしれない。すなわち、プラトンからすれば、正義は単一の包括的な道徳的観点をもたらすのであり、とりわけ個人の生や政治秩序は、そのような観点から規範的に評価されるべきなのである。

　これまで述べてきたことは、プラトンの『国家』に関する極めて簡単な概略であり、最小限のものでしかない。プラトンについてここで論じたことの主たる要点は、プラトンが幅広い意味で正義という語を用いることにいかなる特色があるのかを示すことである。再度論じておけば、こうした正義に対する幅広いアプローチは、現代におけるアプローチとは対照的なものである。現代におけるアプローチは、概して極めて限定的なものである。確かに、我々は様々な善や悪を言い表すために「正義」や「不正義」と

第 5 章　正義　145

いう語をあまりにも使いすぎている。とりわけ「正しい人間」「正しい法」「正しい理由」「正しい戦争」「正しい社会」について語られる。そして我々は、本章の冒頭で述べたいくつかの例のように、これらよりもさらに幅広い意味で正義という語を使用する。だがそれでも、現代において我々は、正義の概念をプラトンが使ったような豊富な内容を有するものとしては使っていない。多くの場合、人間の生における包括的な善として正義が語られることはない。あるいは、とりわけ際立った美徳や他のすべての善を調和させるものとして語られることもない。「正しい人間」について語るとき、我々は一般に、何らかの割り当てられた役割にかかわる義務を遂行する場合に、公正さ・公平さ・中立性といった特性を有する者をそのようにみなす。その人を正しいとする場合、その人の生がまぎれもなく道徳的に完全に成功しているといっているのではない。むしろ正義とは、人生において獲得できる善の1つにすぎない。往々にしてこう考えているわけである。それゆえ、概して正しい人間の生は道徳的に不完全だと考える。正しい人間は、正しいにもかかわらず、たとえば不幸かもしれないし、けちけちしているかもしれないし、頑固かもしれないし、不親切であるかもしれない。別の言い方をすれば、我々は多くの場合、あらゆる道徳的失敗が不正義の事例ではないと考えるのである。

　さらに、プラトンとは異なり、我々は一般に、最善な人間や最善な社会がまさに同じ持ち物を有するとは考えない。実際に我々は、個人を道徳的な観点から評価する場合、物事が政治的にいかなる意味を有しているかを評価する際に用いるものとは別の規範的概念を用いる。個人を道徳的な観点から評価するとき、親切さ・正直さ・勇敢さ・誠実さ・寛大さ・信頼性といった規範的概念を我々は当たり前のように用いる。逆に、政治的な物事を評価するときには、法律・政策・公式命令・公務員・政府・国家といったような、正義にかかわる語をほとんど違和感なく用いる。すなわち、我々はまずもって正や不正でありうるものとして法や政治制度のようなものを考え、概して、政府の行動や国家のためになる行動を正義や不正義の表れであると考える。だから先に述べたように、ある人を正しいとする場合、我々は往々にして、その人に割り当てられた役割におけるその人のふ

146　第2部　根本的な概念

るまいを評価する。そしてその役割は、社会的あるいは政治的に重要なものの1つであることが多い。その人は、警官・判事・市民・兵士もしくは公職者としての本分を守って行動するという意味で、正しいのである。

　ここにきて、プラトンとのさらなる違いを理解できる。我々は多くの場合、個人の生と政治システムのあいだの根本的な道徳的差異を理解する。現代の考え方では、道徳的評価に関する2つの実に異なる主題がある。このことは次のような事実から明らかである。すなわち、我々は個人にとって許されるべき、あるいはそうするのが義務だとさえみなされる行動のいくつかについて、それにもかかわらず、国家がそのように行動することは道徳的に許されないと考える。たとえば、明らかな事例として、えこひいきについて見てみよう。政府が、他の人には否定されているにもかかわらず、ある人に特別な利益や機会を提供するとすれば、我々はそのことを差別や偏見や、もしかすると抑圧だとして正当に批判する。同様に、ある政府の役人が自分の友人や家族が特別な利益を受けられるように計らうとき、それを縁故主義や縁者びいきとして正当に批判する。だが、自分の子どもに対して特別な関心を示さない、自分の子どもに対して特別な利益をもたらさない親は、思いやりがないとか、冷ややかであるとか、あるいは怠慢な保護者だとして批判されるべきだと考える。同じことが配偶者や友人にも当てはまる。他人ではなく身内をえこひいきするよう要求する道徳的関係がある。それにもかかわらず、友人と赤の他人のあいだで完全に公平である個人という考え方は、ほとんど理解できない。往々にして我々は、そのような人について、その人は単に友達がいないだけだというだろう。しかしながら、公正であることは、政府や公的な政治的役職において活動する者に端的に求められるものである。

　あるいは、我々が概して次のように考えるという点についても検討してみよう。すなわち、政府や国家は、個人には許されないやり方で行動することが許されるという考えである。たとえば、これまでの章で論じたように、我々は一般に、国家は法を犯した者を処罰することができると考える。さらに、特定の状況において、罰は極めて厳しいものになりうることを認める。我々はまた、国家は市民に対して何らかのことを強制できると

第5章　正義　147

考える。すなわち、戦争で戦うことや、税金を支払うこと、薬物に手を出さないことなどである。そして、我々は概して、国家は人々を刑務所や監獄に、時として残りの人生のあいだずっと収容しておくことが許されると考える。近年では、何らかの特別な状況において、国家はテロの容疑者を拷問することが道徳的に許されるとさえ考える者もいる。そのようなことをするのが個人に道徳的に許されているとは決して認めないであろう。

いまひとつのプラトンとの違いとして、次の点に着目しよう。すなわち、プラトンが全く異質なものに違いないとした区別、すなわち政府にとって行うことが善であることと、政府が行うことが許されていることの区別を、我々は直観に基づいて理解している。政府は行うことができるけれども、そのように行動することが許されていないいくつかの善いことがある。我々はこのことをたやすく理解できる。たとえば、我々の暮らす社会は、人種差別的な発言が全くなければ、道徳的にはるかに善い社会になるとしよう。そのような発言が決してなされない社会が善い社会だからといって、政府がそうした発言をすることを犯罪だとみなしてよい、ということにはならない。このことは明らかであろう。国家がいかなる善をもたらすことができるかという問題と、国家が何をすることを許されるかという問題とは異なるのである。重要なことは、我々は概して後者を正義に固有の問いだと考えるということである。特定の人種差別的な発言がなくなったとすれば、その社会は全体として善であろう。このことに同意する者もいよう。だがそれでも、いかなる政府もその種の発言を検閲することは許されない。そう考える者もいるだろう。

プラトンと同様に、正義を他のすべての善の表れや調和として理解する者からすれば、不正義によってしか獲得できない善があるというまさにその考え方は、支離滅裂だと思われるだろう。だが、現代に生きる我々からすれば、そう考えるのは当たり前であり、疑う余地のないことのように思われる。くり返せば、このことは我々が概して正義について限定的な見方をしているからである。我々からすれば、往々にして正義は善の1つにすぎない。より正確にいえば、我々は正義を明らかに政治的な善だとみなす。そして、正義や不正義という語を、主として政治的な事柄を評価する

のに用いるものだとみなす。それはもっともなのだが、いかなる政治的な善が正義であるかを次に問わねばならないだろう。

5.1.2　第一の徳目としての正義

プラトンは、個人の生や社会における生の全体を統御する際立った美徳として正義を理解した。それと競合する限定的な考え方は、20世紀の政治哲学者ジョン・ロールズによってもたらされた標語にうまく捉えられている。浩瀚^{こうかん}な著書『正義論』の冒頭でロールズは、**正義は社会制度の第一の徳目である**と主張する。標語は概して一見やさしそうに見えるので、これを紐解いてみよう。

ロールズの標語についてまず述べておくべきは、それは正義に関する限定的な見方をさらに狭めるものだということである。先に述べたように、正義は主として「政治的な事柄」に適用される。それはそれでもっともだと思われるのだが、やや曖昧すぎる。どれが政治的な事柄なのかという問いがたやすく生じる。この点で、ロールズの標語は何らかの手がかりとなる。それによれば、正義は第一義的には社会制度に着目するものだと明示されている。すなわち、第一義的には社会制度に対して「正義」や「不正義」という評価にかかわる語が用いられるというのである。くり返せば、プラトンとは異なり、限定的な考え方において、「正義」や「不正義」という語は、魂や社会全体ではなく、第一義的には社会制度にかかわるものなのである。

このように制度に焦点を当てることは、本書の第1部で展開した考え方を補完することになる。政治的世界とは、我々がみずから作りだした人工物である。こう強調したことを思い起こそう。我々は、今まさに生を営んでいる市民的秩序を個人として作りだしたのではないとしても、それを下支えしている。その秩序は、我々の共通の生を形作り管理する政治制度を備えている。共通の生を形作り管理する活動には多くのものが含まれるが、そのなかで主たるものは、次のことに役立つ規則や法を制定することである。すなわち、制度の役割を定義し、個人の権利・自由・責任を明らかにし、重要なことに、社会生活における様々な利益や負担を配分するこ

とである。再度論じておけば、前章で見たように、このような利益や負担は重要であり、したがって、社会秩序が長期にわたり安定的なものであるために求められる規制は、必然的に強制をともなうのである。言い換えれば、個人がそうでなければやらないことを個人に行わせる権威や権力を有する制度がなければ、我々にとってなじみ深いような社会的世界は存在しない、ということである。正義は第一義的に社会制度に着目するものだということは、正義について考察する場合に、強制をともなう力が適切に行使されているかを考察するということである。安定的な社会制度を維持するために、社会制度は何をすることが許されるのだろうか。我々はこういうことを考察するのである。

　第4章において、我々は権威について、自由で平等な個人のあいだにどのように権威関係が成立しうるのかという問題を検討したことを思い起こそう。前章の最後で、政治的権威の限定的構想は正当化可能なのではないかと論じた。この考え方によれば、市民に対する正義の基本的な基準を安定的に保護し、人権を侵害しない立憲的で自由民主主義的政治的秩序は、政治的な権威を有する。こうした提案がうまくいくと仮定しよう。だとすれば、権威関係が正当化できるとしても、国家の側が強制をともなう権力を適切に行使することに関してさらなる問題が生じることがわかるだろう。国家権力を適切に制限するとはどういうことなのか。何を目的として、国家はその権力を行使するのか。国家が人々に何かを強制するために求められるものは何か。いかなる国家も（正当に）行うことができないものは何か。正義に関する理論はこうした問いに答えようとしている。

　さて、正義は社会制度の第一の徳目であるということの意味を明らかにしよう。それには2つの要素がある。第一に、社会制度が正義に適っていれば、それに他のいかなる誤りがあろうとも、それを道徳的に受け入れられるものだとみなすのに十分である。第二に、社会制度が正義にもとるものであれば、それが他の社会的・政治的善を実現するかもしれないとしても、それは道徳的に受け入れられるものではない。正義が社会制度の第一の徳目であるというのは、社会制度こそが際立った徳や他のすべての善の頂点にあるものを表明する、という意味ではない。むしろ正義は、社会制

150　第2部　根本的な概念

度が道徳的に受け入れられる必要条件だということである。すなわち、正義に適っていなければ、社会制度は道徳的に受け入れられるものではないとみなされるはずなのである。

　問題をより深く理解するために、たとえば国内における平和や安定や効率性といった多くの社会的善を実現するにもかかわらず、市民の言論や移動を厳しく管理する強力な制度を備える社会を考えてみよう。その社会に表現の自由はなく、人々が国外に旅行することも厳しく禁じられている。または、上記のような社会的善を実現しているけれども、少数の人々が自由かつ贅沢に暮らす一方で、大多数の人々が少数者に奴隷として仕える凄まじい階級分断を課す制度を有する別の社会を考えてみよう。これらの2つの社会は多くの異なる理由で好ましくないが、両者に共通して一般にいえるのは、両者の社会は単にその社会制度が不正だという事実から受け入れられない、ということである。そして、さらに一歩踏み込んで、社会の中核をなす制度が市民の自由や平等を尊重できていないという事実から、その制度は正義にもとる。このように論じたいだろう。これが意味するのは、平和や安定や効率性は疑いなく善であるという事実にかかわらず、正義にもとるというだけで、この2つの社会は道徳的に受け入れられないものになる、ということである。

5.1.3　正義の環境

　これまで、正義とは社会制度を評価する規範的な考え方であると論じてきた。より具体的にいえば、正義の問題は第一義的には、社会制度は強制をともなう権力を適切に行使しているかどうかにかかわる問題であると論じた。正義が強制をともなう政治権力の行使にかかわるならば、強制のない世界には正義の問題が存在しないということになる。これは極めて正しい。限定的なアプローチからすれば、みずからが強制をともなう制度を必要とする状況のもとで生を営むことを我々は理解している、というまさにそうした理由から、正義の問題は生じるのである。正義の問題が生じるいくつかの環境を明らかにすることは、論を進めるうえで役に立つだろう。

　まず、食べ物やシェルターや衣服など、生活と福利に求められる基本的

第5章　正義　151

な資源が十分豊富にあり、全員がそれらにたやすくアクセスできる世界においては、強制をともなう制度は必要なく、ゆえに正義も必要ない。このことは明らかだろう。同じことは、資源が極度に不足しているか、あるいはそれらにほとんどアクセスできない世界にも当てはまるだろう。したがって多くの場合、資源が「適度に」希少であることが正義を必要とする世界の1つの環境である。別の言い方をすれば、資源を配分する必要が生じ、それゆえ配分を管理する制度が必要になるのは、資源が適度に希少だからである。同様に、全員が十分に利他的であり、完全に善であるなら、制度のうえで強制する必要はない。我々はみなお互いに当たり前のように正しいことを行い、誰も何かを強制される必要はない。最後に、資源の適切な割り当てや配分に関して、善き意図を有する誠実な人格のあいだで妥当な理由に基づく意見対立があるとすれば、そのような意見対立を調整して配分の計画を実行する社会制度の体系が適切に準備されている必要がある。正義は、制度に基づく資源の配分を評価する際に用いられる規範的枠組みである。

　こうした正義の環境を明らかにする際に、単に規範的枠組みとしての正義を生じさせる世界における経験的な条件を明らかにしよう。我々が暮らす世界とは著しく異なる世界、たとえば資源に全く困っておらず、人々が完全に利他的であり、すべて全会一致で物事が決まる世界には、正義は必要ないので、正義の概念は認められないだろう。このことは明らかであるかもしれない。ただしそのことから、正義に関する考え方は、正義に関する考え方として有効であるために、何らかの前提条件が必要である、という点に留意すべきだということになる。たとえば、完璧な利他主義や道徳的な要求を完璧に順守するよう求める考え方は、それについて思考するのは気分がよいかもしれないが、それらは正義に関する考え方ではない。資源が無限に豊富であることや、人々のあいだで貧困が体系的に存在しないと断じることを前提とする考え方も同様である。そのような考え方は、正義の概念を全く取り入れる必要のない世界を言い表している。やや論争的にいえば、資源は、単に運や運命（しばしば「自然的運」と呼ばれるもの）によって割り当てられるのではなく、配分される必要があるというまさに

その考えを退ける考え方は、正義に関する考え方ではないのである。もちろん、今述べたような考え方は、概してまるでそれが正義に関する考え方であるかのように論じられる。だがそれは、1つ以上の正義の環境を退けており、それゆえ正義に関する考え方では全くないのである。

　正義の概念は本書の始めに論じた社会的・政治的世界についての考えと密接に関連する。ここにきて、このことがよりはっきりとわかるだろう。大規模な社会的世界が存在するところでは、国家のような政治制度が必要とされる。そして、国家が存在するところには、共同の社会的・政治的生活における様々な利益や負担の配分を担う強制をともなった制度が存在するだろう。そして、何らかの社会秩序を実現し、維持するための強制をともなう力を行使する制度が存在するところでは、正義の概念が必要されるであろう。

5.1.4　正義と平等

　国家がその制度を通して適切に強制的権力を行使するときに正義は実行される。これまでそう論じてきた。つまり、不正義とはそうした権力が適切に行使されていないことである。とすればここで、何が国家による強制をともなう権力の行使を適切なものにするのかを問わなければならない。

　くり返せば、歴史を通して、哲学者たちは実に様々な答えを提示してきた。だが、それらの多くは我々が生を営む広い意味でのリベラルな哲学的枠組みのなかに入らない。たとえば、いまいちどプラトンについて考えてみよう。見たところプラトンは、社会が統治者階級・防衛者階級・生産者階級という厳しい3つの階級分断を強いるとき、その国家は正しいと考えたようである。そして、階級における個人の位置は、概して親の階級によって決められる。さらにプラトンは、こうした各階級を、社会において一連の固有の役割や責任を担うものだと考えた。プラトンはまた、こうした異なる役割によってそれに応じた異なる権原が生じると考えた。したがって『国家』は、階級ごとの異なる社会的規則について概観し、それぞれの階級にとって適切な異なる教育システムを明らかにしている。プラトンは、性や結婚や家族生活や育児についての厳しい社会的規則をも示唆し

ている。嬰児殺しは、各階級の適切な規模を維持するのにふさわしい方法だとされる。つきつめると、プラトンにとっての正しい街とは、3つの個別の小社会を含むものだといってよく、各社会が固有の生活様式や特権や法律を有するのである。くり返せば、プラトンによれば、正義とは社会における3つの要素が適切に秩序づけられていることである。つまり、統治者階級が規則を作り、防衛者階級は規則を実行し、戦争で戦い、生産者階級は働き、消費するのである。

　正しい社会に関するプラトンの構想には大きな欠陥がある。間違いなくそう思うだろう。実際に、あなたはプラトンの提案に対して、確実に不正義をもたらすものだと批判するに違いない。だが、なぜだろうか。そのなかの何が好ましくないように思われるのだろうか。確かに、議論すべき多くの問題点がある。とりわけ、プラトンの理想社会は全く民主的ではない（民主主義については第6章で論じる）。さしあたり、プラトンの構想における基本的な問題点は、市民の平等を認めていない点にあるように思われる。実際に、平等は多くのやり方で否定される。市民は生まれ落ちた固有の階級によって組織され、階級それ自体は異なる法律の支配下にある。さらに、各階級に属する人々は異なる教育を受けて育てられる。したがって、市民は社会的権原や責任に関して不平等である。最も明白なことに、この3つの階級からなるシステムには固有の統治者階級が含まれるのであり、だとすれば、政治的立場や政治権力という点においても市民は不平等である。

　現代の我々の感覚からすれば、こうした不平等は明らかに正義と矛盾する。もっといえば、我々からすれば、正義はある種の平等を要求するのである。強制をともなう政治的権力が適切に行使されているといえるのは、その行使が平等と矛盾しない場合だけだとすらいってよかろう。我々にとって、このような言い方はある意味でなじみのあるものであり、心地よい響きがある。結局のところ、平等でないところに正義はないという主張は、すばらしい標語につながりうる。だが、平等は多面的な概念である。だから、正義と平等のあいだには密接な関係があると論じても、平等の意味を明らかにしなければ、単に陳腐な文言を並べているにすぎないのであ

る。

　我々がしばしば、平等について語るとき、平等な処遇といったことを意味し、そして平等な処遇とは一般に、同じように処遇することを意味する。だが、同じように処遇することは正義が要求することと一致しない。多くの配分にかかわる事例において、確かに正義は犯罪者とその被害者を区別して処遇するよう求める。前者は処罰され、後者は補償されるべきである。同様に、達成や努力を含む事例に関して、正義は同じように処遇することを求めるものではないといえよう。たとえば、試験のために勉強し、全問正解であった学生がＡの成績を獲得し、怠けて勉強せず、ほぼ全問不正解であった学生はＡの成績を獲得できなかった。彼らは異なる成績を獲得するべきである。配分が実績のようなものを跡づけなければならない事例もあり、そこでも同じように処遇することは不正であろう。最高打率の打者は首位打者のタイトルを獲得するはずである。最も高いGPAの生徒は卒業生総代に指名されるべきである。最高打率や最も高いGPAに対する賞を全員に与えることは、正義から逸脱していよう（同様に、他の理由からも問題であるということは措いておく）。

　このように考えるのは正義がある種の平等を含むという考え方に反する。こう論じる者もいる。だが、そう結論づけるのはあまりに軽率である。むしろ先の考察が示しているのは、正義が求めるある種の平等は同じように処遇することではなく、何か別の意味での平等だということである。では、いかなる意味における平等なのだろうか。

　正しい社会に関するプラトンの構想について再び考えてみよう。我々は次の点でプラトンの提案を好ましくないと考える。すなわち、単に人々が異なる処遇をされることよりもむしろ、階層的に配置された３つのうちの１つの階級の成員資格が生まれたときに各人に割り当てられるというシステムに基づいて人々が異なった処遇をされる、ということである。先に述べたように、階級に基づく成員資格によって、どのように人が育てられ教育されるか、追い求めるかもしれない職業は何か、結婚し子どもを持つことができるかどうか、法の立案や社会政策の決定に発言権があるかどうかなど、多くのことが決まる。単に生まれに基づいて、別の人には否定され

ている特別な地位・利益・権原をある人に与えるという社会における階層性を含んでいる。プラトンの考え方は、こういう理由で平等に反するのである。

　ゆえに平等は、階層性に反対することや、公的な服従を拒否すること、あるいは積極的に地位の同一性を要求することを意味しうる、ということがわかる。この意味での平等は、単に地位・肩書・血統・社会的階層・身分といったものに基づいて与えられる特別な社会的権原や特権の拒否を要求する。平等は、「二級のシティズンシップ」や、生まれながらの服従や、生まれながらの特権や君主権力に反対する。それゆえ、この意味での平等は処遇に違いがあることと矛盾しない。つまり、実績や努力や達成や功績によって異なるように利益は配分されるべきだ。このことは認められる。平等は、たとえば単に家柄や社会的・経済的地位を理由に特別な社会的利益や特権を与えられる者がいるという考えに反対する。したがって、この意味での平等は、平等な処遇ではなく、平等な者としての処遇、あるいはしばしば平等な配慮や尊重と呼ばれるものを求めるのである。

　これまで検討してきたように、平等に関する微妙な違いを理解することで、本項の冒頭に示した疑問にいくらかうまく答えることができよう。正義とは国家の制度による強制をともなう権力が適切に行使されることである。そう論じたことを思い起こそう。すると、強制をともなう権力の行使を適切なものにするのは何かという疑問が生じる。ここにきて、国家の制度による強制をともなう権力の行使は、あらゆる市民を平等な者として処遇することと矛盾しない場合に適切である、といえよう。これが意味するのは、市民間の不公平な差異や、社会的階層性のシステムや、生まれながらの特権に訴えかけることに基づいて強制をともなう権力を行使するのは不正だということである。もう少し文脈を広げると、正義はすべての市民が同じ一連の規則に従うことを求める。このように述べることができる。つまり、強制をともなう社会制度のシステムが正義に適う最低限の条件は、法の下の平等である。

　このことは、正義とは何かという意味を理解するうえで多少は役に立つけれども、これまで述べてきたことは、実のところすべて導入でしかな

156　第2部　根本的な概念

い。社会制度がすべての者を平等な者として処遇することと矛盾しない方法で強制をともなう権力を行使するときしか正義は実行されない。こうした主張は重要な真実である。しかしながら、それで十分だとはとてもいえない。次に問うべきことは明らかである。すなわち、国家や社会制度にとって、すべての市民を平等な者として処遇するということは、何を意味するのであろうか。

5.1.5 小休止

　我々が探究しようとしている領域は、現代政治哲学において間違いなく最も活発に議論されている領域である。ここでこの点に触れておくべきである。それは、ジョン・ロールズおよび彼の 1971 年の著書『正義論』が政治哲学に与えた絶大な影響によるところが大きい。今日、（他のテーマのなかでも）正義に関する政治哲学者の仕事は、ロールズの議論との関係においてみずからの考え方を位置づけなければならないといっても過言ではない。このことは当然である。というのも、ロールズの仕事は実に並外れた様々な理由で先駆的なものだからである。『正義論』は、政治哲学および政治学・経済学・社会学・法学といった関連する学問分野における正義に関する多くの研究の道筋をつけることにつながった。したがって、ロールズの仕事が議題を設定するのであり、政治哲学にすでになじみのある多くの読者は、本章がこれまでロールズの正義論の概略を論じようとしなかったことを奇妙に思うに違いない。序章で述べたように、我々の仕事はその分野における偉大な著作を概観することではない。むしろ、主たる哲学的問題を通して、我々自身がいかに歩むべきかを考えることである。ゆえに本章では、ロールズの正義論を概観しようとはしないし、それに触発された膨大な後続作品の概略を論じることもないだろう。我々がすべきことは、正義に関するいくつかのより影響力のあるアプローチを検討することである。ここですべてのアプローチを網羅することはできない。実際に、以下ではその触りを論じることしかできないのである。

第 5 章　正義　157

5.2 正義の諸構想

　少し立ち戻って考えてみよう。我々は自分自身を見いだす社会的・政治的文脈から議論を始める。国家や国家の制度は、自由で平等な人格のあいだに社会秩序を構築し、維持するために存在する。共通の安定した社会的世界は実に大きな利益を市民にもたらすが、かなりの負担も生みだす。世界のとある事実、すなわち先に**正義の環境**と呼んだものを前提とすれば、国家の仕事は強制をともなう権力がこうした利益や負担の配分に適用されるように求める。権力があらゆる市民を平等に尊重するように行使・適用される場合に、正義は実行されるのである。

　こうした社会的・政治的世界に関する一般的な描写や、これまで論じてきた他の多くの事柄に同意する哲学者が、それにもかかわらず、異なる正義に関する構想を採用するのは不思議なことではない。「すべての市民に対する平等な尊重」を示すことが国家や国家制度にとって何を意味するのか。この点に関する考え方の違いを諸構想は反映している。本節では、この複雑な考え方に関するいくつかの主たる解釈について詳述しよう。

　しかしながら、「平等な配慮」が直ちにそれ自体で意味することに関する、かなり直観に基づくけれども根本的に対立する2つの考え方に着目するところから議論を始めよう。1つの考え方は、すべての市民を平等に尊重するために、市民が何らかの財や資源について平等な分け前を得るように取り計らわなければならないというものである。このアプローチには、市民間で関連する財や資源の分け前の不平等に出くわしたときはいつでも、不正義を疑う妥当な理由があるということを必然的にともなう。言い換えれば、すべての市民を平等に配慮するということは、ある意味では、何らかの特定の財や資源の所有を市民に平等に保障するということである。いまひとつの直観的な考え方によれば、平等な尊重は市民にいかなる財や資源の平等な分け前を保障することも要求しない。むしろこのアプローチは、国家が特定の財や資源を各人を平等な者とみなす過程に従って配分するとき、国家は各人を平等に尊重しているというのである。この考え方によれば、財と資源の分け前における極端な格差も、そうした不平等

158　第2部　根本的な概念

な割り当てが各人を平等に尊重する配分における過程の帰結であるかぎり
で、正義と矛盾しないとさえいえるのである。大まかにいって、「平等な
配慮」に関するこうした2つの直観に基づく解釈のうち、前者を**平等主
義**、後者を**非平等主義**と呼ぶことができよう。重要なのは、いずれの考え
方も、正義はある種の平等な尊重を要求するという考え方を信奉している
ということである。すなわち、平等主義に基づく考え方も非平等主義に基
づく考え方も、ともに平等を信奉しているのである。ただし、平等主義と
非平等主義では、平等な尊重が何を要求するのかについて見解が異なると
いうわけである。

5.2.1 最小主義

最小主義と呼ばれるなかなか複雑な非平等主義に基づく考え方から始め
よう。本章の以後で考察するいかなる見方においても、正義は根本的に、
国家の強制をともなう権力に関する適切な制約を見定めることにかかわ
る。したがって、正義について考える直観的な方法は、国家そのものを不
正義の主たる要因だとみなすことである。結局のところ、国家は非常に強
力であり、歴史から明らかなように、最も残虐な不正義を行う能力を有す
る。国家が自国民を抑圧したり、従属させたり、奴隷にしたり、剥奪した
り、周縁化したり、搾取したり、暴政を敷いたり、侮辱したり、拷問した
り、ひどく苦しめたり、虐殺したりするという現実世界における事例を考
えるのはあまりにもたやすい。また、ひとたび国家が恐ろしいことを始め
れば、それを止めさせるのは非常に難しいこともよくわかっている。くり
返せば、近年の歴史に鑑みれば、市民一般の善を促すという国家の公然た
る関心から最も残忍な暴政が生みだされたというのは十分に明らかである。
　そのような考察に基づいて、最小主義者は、第一義的には正義を市民で
ある個人に向けられる国家権力を制約する事柄だと理解する。簡潔にいえ
ば、国家は市民を平等に尊重し、したがって、各人が自由を最大化する権
利を平等に承認する場合に、国家は正義の要求を満たしているというわけ
である。重要なことは、このような国家は個人の自由を侵害しないだけで
なく、そのような個人の自由を平等かつ十分に保障せねばならないことを

第5章　正義　159

要求する。最小主義者によれば、これが意味するのは、正義が次のことを要求するということである。すなわち、すべての市民が平等に広範な領域を与えられるという条件のもとで、各人が干渉を受けず、自由に選択することができる領域を最大限に確保することである。それゆえ各人は、自分の裁量で社会関係を構築・維持し、（他者の権利を尊重するという条件のもとで）各人が価値があると判断したものを何でも追求し、（くり返せば、他者の権利を尊重するという同様の広範な条件のもとで）各人がふさわしいと考えるように資源を消費し、他者と自発的に契約やその他の合意を取り結ぶのである。

したがって、正義に適った社会とは、各人が自由を行使できる社会秩序を維持するために必要な場合にしか国家が行動しない社会である。国家の役割がかなり制約されるとすれば、説明するのは比較的簡単である。国家は個人の権利を保護しなければならず、ゆえに国家は、警察権力を支援し、国内外の潜在的な侵略者と戦うのに十分な軍隊を維持することを要求する。自由な市民は財産を所有し、資源を売買できなければならない。ゆえに、市民は合意や法的に拘束力のある契約を取り結ぶことができなければならない。したがって国家は、秩序ある取引を促し、所有権を確固たるものにする様々な種類の市場を含む法的・経済的制度を作りだし、維持する。自由を行使することで、個人のあいだに対立が生じることもあるので、国家は市民間の争いを公平に解決しなければならない。ゆえに国家は、法・紛争解決・執行機関・処罰・刑罰に関する機能的な体系を備えていなければならないのである。

これが国家の主たる役割だということに異論のある者はほとんどいないだろう。最小主義者の主張は、国家はこうした主たる役割を担うにすぎないという点で固有である。むしろ国家は、個人の好きなようにさせ、各人がふさわしいと思うどんなものに対してでも自由を行使することを認める。したがって、この考え方において、国家は夜間警備員と審判を組み合わせたようなものだとみなされる。両者から想起されるのは、何らかのあらかじめ好ましいと思われる結果を促すのではなく、ルールが破られたときや既存の秩序を脅かす争いが生じた場合にだけ介入する公平な観察者と

いう考えである。重要なのは、最小主義者は国家が共通善を促進すること
を制約しようとする、ということである。個人の自由を平等に保護すること
と以上の善を促進しようとする国家の行動を、最小主義者は不正な強制の
事例だと理解する。最小主義者によれば、個人の自由を保護するのに厳密
には必要でない共通善、たとえば公立公園や博物館や公共のごみ処理場の
ようなものは、たとえあったとしてもそのようなものに価値があると考え
る個人が自発的に貢献することで提供されるべきなのである。それゆえ、
最小主義という語を用いるのは適切であるように思われる。

　最小主義者の重要な主張は、平等に尊重すること、つまり正義は本質的
に後ろ向きのものだ、というものである。すなわち最小主義者は、主とし
て市民間の社会的利益や負担の所与の配分に関する正義は、第一義的には
どのようにそのような特定の配分をするに至ったのかにかかわる問題だと
主張するのである。いかなるそのような配分についても、それが何の権利
の侵害も含まない自由な個人による自発的な交換の結果なのであれば、そ
れは正義と矛盾しない。社会的利益や負担の配分が正義に適っているかど
うかを判断する場合、誰が何を所有しているかを見る必要はない。その人
の分け前が不当に獲得されたものであるかどうかを理解するだけでよいの
である。言い換えれば、最小主義者からすれば、何らかの財が極めて不平
等に配分されることはありうるが、だからといって、平等に配慮されてい
ないということにはならないのである。

　単純な事例を示すことで、最小主義が有するこうした主たる特徴をより
はっきりと浮き彫りにできよう。アレックスとベティが2人でケーキを切
り分けたとしよう。わかりやすくするために、ケーキを切り分ける前に両
者ともお互いに相手に対してケーキをより多く所有する権利があるとは主
張しないとしよう。両者はケーキに対して平等な権利があると想定しよ
う。さて、ケーキを切り分けた後に、アレックスはケーキの10%分だけ
を有し、ベティは残りの90%を有している。こうした配分は正義と矛盾
しないのだろうか。確かにその配分は明らかに不平等だといえる。アレッ
クスとベティは明らかに同じ量のケーキの分け前を有していない。だが最
小主義者からすれば、ケーキを1対9で切り分けたことについての正義の

第5章　正義　　161

問題は、単になぜそのようになったのかという問題であろう。最小主義者は次のように問うだろう。ベティはアレックスがより少ない分け前を受け入れるようアレックスを脅したのか。ベティはアレックスからケーキを盗んだのか。ベティはより多い分け前を得るために、アレックスをだましたり、操ったのか。より一般的にいえば、最小主義者は、その1対9の配分がベティの側の何らかの悪事によるものなのかどうかを問うだろう。そうではないのならば、最小主義者はいつでも、そのケーキの配分は正義に適っているとみなすだろう。

　共有の資源をそのように極めて不平等に割り当てることが、最小主義者のいうように、いかに正義と矛盾しないかを理解するのは難しくない。考えてみよう。おそらく、アレックスは単にそれほどケーキが好きではない。だから、少しでも十分だと感じる。あるいはアレックスは、たとえばケーキよりも価値があると彼がみなすものと引き換えにベティがさらに40%を有することを認めると合意したかもしれない。または、おそらく2人はくじを引き、アレックスは短い方を引いた。あるいは、ベティはケーキが大好物であり、アレックスはそのことを知っていて、ベティがより幸福を感じられるように促したのかもしれない。いずれにしろ、ケーキを1対9で切り分けるという配分の結果は、アレックスとベティの自発的な選択によるものである。最小主義者によれば、アレックスとベティのあいだでこのように生みだされたいかなるケーキの割り当ても、正義に適った配分なのである。

　さて、さらに次のように考えてみよう。すなわち、ベティはとりわけ性格が悪く、アレックスがベティよりもより多くケーキをもらうに値するというのはもっともである。あるいは、アレックスがベティよりもとても空腹なので、ケーキの10%以上を欲しがる、あるいは必要とさえするかもしれないとしよう。同様に、アレックスはデザートに目がないので、ベティ以上にケーキをより一層楽しむことができるとしよう。だが、最小主義者の考え方からすれば、このような想定のいずれも1対9の割合を不正だとするのに十分ではない。くり返せば、個人の自由を侵害せずに配分されてさえいれば、その結果は十分に正義に適っているのである。

162　第2部　根本的な概念

先に述べたように、これはとても単純な例である。そして、我々がここで論じている最小主義の考え方は、アレックスとベティのような個人間でのケーキの私的な交換ではなく、社会制度に関する正義の考え方だという点に再度触れておくべきである。だが、アレックスとベティの例の要点は明らかなはずである。最小主義は、平等に配慮すること、それゆえ正義は、平等に自由を行使できる社会的・政治的条件を維持し保護するために必要な場合しか国家が強制をともなう権力を行使しないことを要求する。こうした条件を国家が保証するのならば、個人が何を選択するか、個人が自由をどのように行使しようとするか、利益や負担の配分がどのような結果となるか、といったことは正義の問題では全くない。確かに最小主義者は、何らかの社会的利益や負担の配分が望ましくないものだ、ひどいものだ、嘆かわしいものだ、痛ましいものだ、効率の悪いものだ、不運なものだ、不正なわけではないが道徳的に不当なものだとさえいうかもしれない。だがくり返せば、最小主義者によれば、正義は、配分がどのようになされたのかという問題としかかかわらないのである。

　もちろん、最小主義について論じることはまだ多くあり、現在の政治哲学は、最小主義者とその批判者のあいだの論争や、最小主義の競合する類型の支持者のあいだの論争であふれている。議論を進める前に、最小主義がはらむ主たる2つの問題点について簡潔に述べておこう。

　第一の問題点は、最小主義が厳密な意味での自由の消極的構想を前提とするという事実から生じる。最小主義者によれば、正義とは個人の自由の保護にかかわる問題であり、自由とは根本的に、個人の選択や行動に対して国家の介入がないことである。ここで、このように個人の自由を構想することから生じる多くの困難を思い起こそう。第3章で論じたように、明らかに自分が選んだように行動しているけれども、にもかかわらず、おそらく無知や先見の明のなさ、愚かさ、能力のなさ、あるいは非合理性から自由でないように思われる事例を想定するのはたやすい。この点は、ほんの少し修正するだけで、最小主義者の正義の構想にも容易に当てはめることができよう。先のケーキの例を再び考えてみよう。アレックスは、1対9でケーキを切り分けることに同意し、ベティに共有する資源をより多く

第5章　正義　163

与える。最小主義者によれば、このような配分は、アレックスの自由を侵害することなくそのような配分に至ったというかぎりで、正義と全く矛盾しない。1対9という配分にする際に、ベティはアレックスに対して何も強制していないとしよう。それでも、アレックスはベティと比較して、ケーキに関する交渉において非常に不利な立場にあった可能性はある。もしかするとアレックスは、ケーキという財の種類を知らなかったかもしれない。あるいは、アレックスは交渉について理不尽な不安を抱いていたかもしれない。あるいは、ベティは交渉の達人で、アレックスは交渉の経験が全くなかったかもしれない。あるいは、アレックスは自分がベティより劣っており、ゆえに彼女よりも多く獲得するに値しないと確信させられるようなかなりの社会的圧力にずっとさらされてきたかもしれない。アレックスがベティによる強制から自由でありうる他の方法を想定するのは難しくはない。それにもかかわらず、アレックスはベティにうまく利用され<ruby>や<rt>・</rt></ruby><ruby>す<rt>・</rt></ruby><ruby>い<rt>・</rt></ruby>。だから、ベティがアレックスに対して強制していないからといって、アレックスとベティが平等だとはいえない。したがって、ケーキの配分の結果は、いかなる実行可能な意味でも、平等な尊重を明らかにできていないのである。

　次のように述べることで、このことをより一般的に理解できるだろう。すなわち、まさに自由の消極的な構想が、個人の<ruby>内面にある<rt>・・・・・</rt></ruby>問題によって個人の自由が失われることにさほど敏感でないように、最小主義者の正義の構想は、個人が不平等にもかかわらず、不正な強制からは平等に保護されることがありうる点にさほど敏感でない。したがって、最小主義者の夜間警備員や審判として適切に仕えるものとしての正義に適った国家という考え方は、すべての市民を平等に尊重するには不十分であるように思われる。

　次に、いまひとつの困難について考察しよう。ケーキの例を説明する際に我々は、アレックスとベティが2人のあいだで配分されるべきケーキについて平等な権原を有していると単純に想定した。よく考えてみると、こう想定するのは奇妙であるかもしれない。ケーキは突如として存在するのではなく、原料から作られ、誰かによって焼かれなければならない。いず

164　第2部　根本的な概念

れにしても、アレックスとベティがケーキに対して平等な権原を有するという単純な想定が何を意味するのか、厳密には明らかではない。もちろん、現実世界の文脈においては、我々が簡略化したこの手の背景的な情報は、一般に誰が何に対して権原を有するのかを判断するのに極めて重要である。だが、そのように単純化できるとしても、そもそもある財（たとえばケーキ）をなぜ所有しているのかという点を最小主義者はどのように説明できるのか。こうした課題は残る。

　このように考えよう。最小主義者は、財がある個人から別の個人に移動される文脈に最もなじむように見える正義の説明を提供する。くり返せば、最小主義によれば、いかなる財の移動の結果としての配分も、その財が移動される過程において誰の自由も侵害しないのならば、正義と矛盾しない。それゆえ、最小主義者の考え方は、まさにベティとアレックスがケーキの所有権を平等に有すると想定されていたように、個人が何らかの財や資源に対する権原をすでに有している社会的世界を前提とする。だが、この所有権はそもそもどのように生じたのか。世界の財は突然存在するのではない。すでに誰が何を所有するかを特定するラベルが付されている。考えてみれば、実際に、所有権それ自体が、つまり所有するというまさにその考えが、驚くほどに複雑な現象である。既存の所有権の体系は、我々がそれに従って財を配分したり移動する規則を含むのだが、それが他者の自由を間違いなく侵害する一連の行動に基づいていることに注目すれば、最小主義者の考え方は直ちにより一層困難なものになる。率直にいえば、我々が今日獲得する財の多くは、グローバルな奴隷労働の体系のもとで生産され、自国のインフラや産業の多くは、極端な国内の不平等や国内の奴隷的状況のもとで築かれ、我々が占領する地理的領土は、そもそも大虐殺や暴力的征服や窃盗という手段で獲得された。いかなる既存の財の配分も、今日の所有権の移転も、それに先立つ個人の自由の極端な侵害に毒されているに違いない。したがって最小主義には、現代の諸国家からなる社会は救いがたいほど不正であるということが必然的に含まれるかもしれない。おそらくそれは、当座のところ誰も何も所有していない、というよりはっきりとした結論をも含意するかもしれないのである。

第 5 章　正義　165

5.2.2　功利主義

　功利主義は、個人の行動の道徳性だけではなく、国家を含む社会・政治制度の道徳性を包括する。道徳性全体を総合的に説明する道徳理論である。ゆえに、功利主義は固有の正義の構想を提供する。功利主義に基づく正義の考え方の意味を理解するにはまず、道徳理論としての功利主義を検討しなければならない。それが議論の出発点である。

　功利主義は複雑な教義であり、驚くほど多様である。だが、功利主義の中核は次のように要約できる。功利主義は、行動であれ、政策であれ、法律や制度、あるいはあなたが有しているものであれ、道徳的に評価されるべきものは何であっても、それが単に快楽を生み、苦痛を減らす程度において善い。明確にするために、幸福とは単に快楽があり苦痛のないことだとしよう。したがって、人は快楽を感じ、苦痛がない程度まで幸せである。もう少し詳しくいえば、功利主義は、幸福を究極的かつ本質的な価値とみなし、行動（政策・法律・制度）の善さをそれが生みだす幸福の量で定義するものだといってよい。したがって、功利主義者によれば、幸福はそれを誰が経験したとしても本質的に善いものなので、道徳的に最善の行動（政策・法律・制度）は、それが影響を与える人々全体の幸福を最大化するものである。それゆえ、根本的な功利主義の道徳原理、すなわち「最大幸福原理」によれば、我々は最大多数の人々（みな平等に数えられる）にとっての最大幸福（快楽、および苦痛のないこととして定義される）を生みだすように行動すべきなのである。

　これはあまりにも簡単な功利主義に基づく道徳理論の説明だが、功利主義的な正義の構想を検討するという当座の目的には事足りる。くり返せば、大まかにいって、功利主義からすれば、社会制度はその行動や政策が市民全体の快楽を最大化する（そして全体の苦痛を最小化する）かぎりで正義に適っている。このことから、功利主義が平等に尊重することを独特に解釈していることがわかるだろう。快楽は誰がそれを経験するとしても善である（そして苦痛は悪である）という場合、法律や政策や制度に関する全体の善の計算において各人の利益が平等に重視される。こういう意味

166　第2部　根本的な概念

で、各人の幸福、より具体的には快楽を経験し苦痛を避けるという各人の利益を平等に重要なものとして扱う。すなわち、功利主義者からすれば、正義が要求するのは、社会制度が総体としての社会に対する幸福全体の量を最大化することなのである。したがって正義は、全体としては不快をより多く生みだし、一部の者だけの幸福を促進する行動を禁じる。したがって、平等に尊重することとは利益を平等に重視することだと理解される。そして、それは転じて全体の幸福を計算するうえでの入力の平等として理解される。

　功利主義は、この意味におけるすべての市民の平等を信奉するが、それが最大化原理であることを強調すべきである。再度論じておけば、最大幸福原理によれば、幸福が最大化されなければならないのである。功利主義が非平等主義に基づく考え方である理由はここにある。功利主義者によれば、正義は、何でも平等化されるべきだとか、平等な分け前になるように配分されるべきだと要求しない。むしろ正義は、何か（すなわち全体の幸福）が最大化されるべきだと要求する。確かに、財や利益がすべての市民に平等な分け前になるように配分されれば、全体の幸福が最大化される。こういうことがあるかもしれない。功利主義はそれを否定する必要はない。だがそのような場合、配分を正義に適ったものにするのは、分け前の平等ではなく、この配分が全体の幸福を最大化するという事実である。したがって、功利主義からすれば、何らかの財が著しく不平等に配分されると全体の幸福が最大化されることもありうる。そのような場合、正義は不平等な配分を求めるというわけである。

　次に、功利主義と最小主義の重要な違いに着目しよう。功利主義者は、最小主義者と同様に、社会における財や負担の所与の配分が生みだされる過程を重視する。平等な尊重を表明することは、第一義的には、財が配分される手続きの問題である。このように両者は、平等な尊重に関する後ろ向きの考え方である。だが、最小主義者とは異なり、功利主義者はこのことだけを考慮しなければならないわけではない。つまるところ、最大幸福原理は幸福の生産を目的とする過程に平等に入力することを要求する。したがって、根本的に前向きなものである。社会制度やそれが社会における

第5章　正義　167

利益や負担を配分する方法を評価する場合、功利主義者は確実にすべての人の利益を平等に考慮しなければならず、それゆえ、結果としてもたらされた配分が実際に全体の幸福を最大化するかどうかを確認せねばならない。

功利主義が正義の構想として強い影響力を持ってきたことは驚くべきことではない。結局のところ、その中心的な含意は内在的に妥当であるように思われる。社会制度がそれにかかわる人々のあいだで幸福を最大化する（そして不幸を最小化する）ときに、正義は実行される。こうした間違いなく妥当な道徳的教義に加えて、功利主義は魅力的な経験的立場をも具現化する。社会制度や政策が正義に適っているかどうかは、それが影響を与える人々に対して生みだす幸福の量の問題だというのである。したがって功利主義からすれば、正義とは単に経験的な問題であり、社会科学的な手法によって調査され、測定することさえ可能なのである。功利主義はある意味で、正義の実現を容易なものにする。個人の幸福のレベルを測定する方法を開発しさえすれば、いかなる所与の政策、およびその代わりとなる政策によって生みだされる幸福を比較可能であり、正義が要求するのは最大の幸福を生みだす政策である。すでにおわかりかもしれないが、経済学の近年の仕事の多くは、何らかの功利主義を前提とする傾向にある。

だからといって功利主義は欠陥がないわけではない。実のところ功利主義は、大きな影響力を有するだけでなく、熱心に議論され、功利主義の支持者と批判者のあいだの哲学的な結論の出ない論争は、一世紀以上にわたって活発に交わされている。したがって、功利主義に対する反論（そしてそれに対する功利主義の応答）のリストは広範にわたり、広がりつづけている。ここでは、功利主義的な正義の構想が直面する2つの困難を考察することで、こうした論争のごく一部分だけを描きだしてみよう。

第一の困難は、個人の自由と権原にかかわり、その点は最小主義が力説するものだと考える者もいよう（最小主義者以外の他の論者も同様に力説するのだが）。功利主義は、全体の幸福も最大化するだけで、制度・法律・政策は十分に正義に適ったものになるという。だが、ある特定の個人の自由を侵害することで何らかの望ましい帰結がもたらされるかもしれない、という状況は想定できる。次のような一般的な事例を考えてみよう。カー

ルは極めて人気のない政治的見解を熱烈に支持しており、それゆえに、カールは自分の見解を幅広くかつ頻繁に表現したいと考えるようになるとしよう。カールの見解はあまりに人気がなく、彼の仲間の支持者たちもあまりに数が少なく、社会においてこっぴどい非難を浴びる。したがって、彼の見解を表現するのを禁止するのは、実のところ社会全体の幸福のレベルを劇的に引きあげるのに役立つ。これは、カールが自分の見解を表現することを国家が禁止できるだけでなく、正義の問題としてそれを禁止しなければならないという事例である。あるいは、あなたがケーキを持っているとして、別の事例を考えてみよう。さらに、あなたは何か悪いことをしてケーキを得たわけではないとしよう。たとえば、あなたは最初から自分で作った材料を使ってケーキを焼いたのである。最後に、あなたはたくさんのケーキを楽しむことができるとしよう。さてここで、あなたの隣人のフレッドは実にケーキを楽しむことができるとしよう。実際にフレッドは、ケーキを食べることから並外れた量の幸福を引きだすことができる。事実として、フレッドは何百ものケーキ愛好家がケーキを食べることから引きだす以上の幸福をケーキを食べることで引きだすことができる。この点で、彼に並ぶ者はいない。少なくともケーキに関していえば、資源を幸福に変える点でフレッドは非常に有能だといえるかもしれない。あなたのケーキを食べることでフレッドが獲得する幸福は、あなたがケーキを奪われる経験からもたらされる不幸よりもはるかに上回る。したがって、功利主義的な正義の構想によれば、まるで正義がフレッドにケーキを与えるよう要求するかのように思われるのである。

　カールとフレッドの事例は取ってつけたような話に聞こえるかもしれない。おそらくそうである。だが、功利主義的な正義の構想に対して向けられている主たる批判は概念的なものである。すなわち、例に挙げられているような状況が実際にはありえないかもしれない。だが、そうだとしても、功利主義は、正義が直観的に不正であるように思われるものを要求すると主張しなければならないかのように思われる。こういう事実は変わらない。カールの事例においては、功利主義者は個人の自由が重要だと認められないかのように思われる。フレッドの事例においては、功利主義者は

第5章　正義　169

あなたのケーキに対する権原や所有権を十分に認識できないかのように思われる。両者の事例において、功利主義者は正義にとって何か本質的なものを捉えそこなっているかのように思われるのである。

　2つ目の問題点を考察しよう。功利主義者は、正義を厳密に社会において実現している全体の幸福の問題だとみなす。くり返せば、社会制度は社会における幸福の量を効果的に最大化するかぎりで、正義に適っている。これが意味するのは、正義が社会における幸福の総計を問題とするということである。だとすれば、功利主義は多くの人々のあいだの幸福の配分に無頓着だということになる。そこで、ある集団において配分されるべきケーキがあるとしよう。フレッドはその集団の構成員の1人であり、ケーキを手にすると他の人よりもとりわけ多くの幸福を得るとしよう。次に、ケーキを配分するあらゆる方法を考えてみよう。その集団の幸福を最大化する方法は2つある。つまり、同じ量かつ最大の量の幸福を生みだすケーキの配分について、2つの異なる方法がある。第一の配分の方法は、ケーキをすべてフレッドに与え、他の人には何も与えないというものである。第二の配分の方法はより公平であり、すべての人に概ね平等な分け前を与えるものである。両者の配分が同量の全体の幸福を生みだすとすれば、功利主義者はその2つの配分の方法のあいだで中立でなければならない。功利主義からすれば、その2つの方法は道徳的に同等である。だが、その2つの方法によって同量の幸福が生みだされるとしても、より公平に配分したほうが、ある意味で道徳的により望ましいという印象を直観的に受けるだろう。言い換えれば、我々は概して、より平等な配分は、集団における幸福の総計とは関係なく、より平等な形で配分するほうが望ましいと考えるのである。あらゆる価値を単に幸福の量としてみなすので、功利主義はこうした見解を明確に退けるのである。

　この第二の問題を要約する1つの方法を、ジョン・ロールズが示唆している。ロールズによれば、功利主義は個人の固有性をまともに考えられない。幸福の総計だけを考察する際、功利主義者は、フレッドを極端に幸福にすること（そして他の人には何もしないこと）と、全員を少しだけ幸福にすることの道徳的な違いを認識できない。言い換えれば、功利主義の枠

170　第2部　根本的な概念

組みにおいては、何らかの幸福の量という観点以外からは、個人は重要視されないのである。このことから功利主義者は、プラトンの考え方において我々が好ましくないとしたものの一部を保持しつづけていることがわかる。街における正義は、個人における正義とまさに同じものとして理解されるべきだという考えに我々は反論したことを思い起こそう。我々は、個人の道徳性や社会正義から類推されるいかなる考え方においても、個人の特別な道徳的地位が見失われてしまうおそれがあるという点を懸念している。まさにこうした点において、功利主義は脆弱であるかのように思われるのである。

5.2.3 平等主義

　これまで 2 つのなかなか複雑な非平等主義に基づく正義の構想を検討してきた。平等主義のほうに話を移そう。平等主義とは、何らかの財が市民のあいだで平等な分け前になるように配分される場合に、国家やその制度があらゆる市民を平等に尊重しているという考え方である。この点を思い起こそう。言い換えれば、平等主義とは、何であっても国家が正しく配分しなければならないものに関して、各人が平等な分け前を有するように国家が保障するとき、国家は各人を平等な者として処遇しているという考え方である。したがって、平等に尊重することを後ろ向きな必要条件だとみなす最小主義と異なり、平等主義は、平等に尊重することを、結果としての平等を要求するものだとみなす。このようにいうことができる。その意味で平等主義は、功利主義と同様に前向きな教義である。だが、功利主義との明確な違いは、平等主義は財の何らかの量の最大化を求めるのではなく、むしろあるものが平等な分け前になるように配分されなければならないと要求する点にあるのである。

　少し論じただけで、平等主義が複雑であるのは明らかである。たとえば、平等主義は何らかの善（あるいは財）の分け前の平等な配分を信奉するので、いかなる善（あるいは財）が配分されるべきかという問題が直ちに生じる。したがって、平等な分け前を要求するとき、平等主義者は「何の平等か」という問いに答えなければならない。すなわち平等主義者は、

第 5 章　正義　171

正義の通貨と呼ばれる考え方、すなわち平等化されるべきものを示さなければならないのである。

　一見したところ、平等主義に基づく正義の通貨としては、次の2つの明確な候補がある（本章の終わりのほうで［182〜186頁］我々は3つ目の候補について検討するのだが）。福利と資源である。もちろん社会制度は、政治的権利や権原、あるいは金や所有権や富といった利益をもたらす物質的な手段を含む何らかの財を配分することしかできない。社会制度は、福利を直接的に配分できない。だからといって福祉に対する「何の平等か」という問題が解決されるわけではない。権利や金のような財の価値は、個人の福利や福祉に対してそれがどれだけ貢献できるかにあると直観的に論じる者もいる。したがって、**福利主義**的な平等主義者によれば、福利が正義の通貨である。福利主義者が論じるところでは、社会制度は個人が福利の平等な分け前を享受できるように保障することを要求するのである。したがって、福利の不平等は不正であり、各人が同等の福利を享受できるように権利や金といった財を配分しなければならない。重要なことに、福利主義者は価値に関する快楽主義に基づく構想を功利主義から取り入れている。つまり、「満足」や「快楽」といった個人の何らかの心理状態の平等化を福利主義者は要求するのである。

　福利主義の魅力は明らかである。福利主義は、平等主義を信奉することで功利主義が抱えるいくつかの問題点を回避しているように思われる一方で、功利主義の多くの利点を取りこんでいる。だが、深刻な問題もある。福利主義に従って、社会制度があらゆる市民の同等な福利のレベルを保障するように正義が要求するのならば、満足することが難しい個人は、そのこと自体によって、社会における資源に対してより多い分け前を得る権原を有する、ということになるだろう。学術文献においてよく論じられる明白な例を用いて、ヘレンについて考えてみよう。ヘレンは、毎食とても高級なシャンパンを飲むことができなければ、彼女の福利のレベルは急落する。福利主義によれば、福利のレベルをみなと同じくするために必要な高級なシャンパンを享受する権原をヘレンは有する。ここで、ヘレンとアイリーンを比べてみよう。アイリーンは質素な物事から十分な快楽を得るこ

172　第2部　根本的な概念

とができる。したがって、アイリーンの福利全体のレベルは、高級なシャンパンがなくても安定しており、高いままである。福利主義者からすれば、単にアイリーンがたやすく快楽を得るという事実から、アイリーンは社会における資源に対して、ヘレンよりもはるかに少ない権原しか有さない。こういうことにならざるをえない。より具体的にいえば、福利主義者に従えば、ヘレンは高級なシャンパンを際限なく享受できるように社会的な援助を受ける権原を有する一方で、アイリーンにはそのような権原はないということになってしまう。だが、それはばかげており、もっといえば、平等主義的では全くない。

　こうした単純な議論によって、多くの平等主義者は福利が正義の通貨だという考えを放棄するようになった。なかには、修正された福利主義の立場に立つ者もいる。すなわち、正義は福利ではなく、福利に対する機会の平等、あるいは福利の資源に対する何らかのアクセスの平等を要求するというのである。だが残念ながら、このような考え方は、当該の機会が何を意味するのかを適切に特定する必要があり、すると結局、機会に基づく福利主義者の考え方は、平等主義の観点から福利主義と主として競合する、**資源主義**とほとんど区別がつかなくなってしまう。資源主義者によれば、まだ特定されていない一連の資源を平等に配分するとき、社会制度はあらゆる市民を平等に尊重している。つまり、資源主義者にとって、正義の通貨はある種の資源である。したがって、資源主義によれば、個人間で福利が不平等だからといって、それ自体で不正だというわけではない。正義は、福利における著しい格差と矛盾しないのである。

　正義はあらゆる資源の分け前の平等化を要求するはずがない。今やこのことは明らかである。本、ピックアップトラック、ホットドッグ、グランドピアノ、鉛筆、リンゴの木のような資源の平等な配分を正義が要求する。これはばかげた話だろう。資源主義者は、正確な詳細については意見が分かれるが、概して、正義は**主たる社会資源**と呼ばれるものの平等な配分を求めると論じる。それは、既存の社会的協働から生じる主たる利益として特徴づけられることもある。資源主義者は一般に、各人が個別に追求したり価値を置くものとは関係なく、各人にとって有益だと多くの場合み

第5章　正義　173

なされる資源を念頭に置いている。それは、基本的な政治的な権利や自由、統治や公職に参画する能力、教育や様々な公的サービスへのアクセス、そして金や収入や富のような経済的資源といった財である。より正確にいえば、資源平等論者は、そのような財があらゆる市民に平等に配分されることを正義は要求すると主張するのである。

　すると、直ちに複雑な事態が生じる。たとえば富の配分におけるある程度の不平等がすべての人の利益になりうる場合を容易に想定できよう。すなわち、さらなる富を得られる可能性があることで、全員の富の分け前を向上させる財やサービスを生みだすためにさらなる時間や労力を投資するよう一部の人を動機づけるような状況が想定できる。そのような場合において、不平等を認めることで、人々が厳密に平等に所有するよりも多くの富を全員に与えることが可能になる。そうした不平等は認められるべきだという直観的な考えを受け入れるには、資源平等論は多くの場合、主たる社会資源の配分における平等は正義の基底的な必要条件だと主張する。このことから、全員の利益となる場合には、正義は不平等を許容する（そしておそらく必要とする）ということを資源主義者は認めることができるようになる。それゆえ、資源主義者は一定程度の経済的な不平等を許容できる。だが、平等を基底に据えたとしても、基本的な権利や自由における不平等はそもそも許容できないということは矛盾しない。つまり、ここで論じているのは、何らかの経済的な不平等とは異なり、基本的な権利や自由における不平等はあらゆる人の利益には決してならない、ということである。

　ここまで、平等主義が基本的に信奉するものをかなり大まかに概観してきた。これまで述べてきたことは、ほとんどの平等主義者のあいだで比較的異論のないものである。確かに、資源主義者と機会に関する福利主義者はいくつかの決定的な点で合意できないだろうが、ここまで述べたような平等主義の一般的な概略は、彼らにとって納得できるもののはずである。このことから、平等主義とはどれも似たような哲学的綱領なのだと思われないように、次に平等主義に基づく立場における主たる論争を検討すべきである。この論争は、平等主義的な正義の通貨ではなく、その要点をめぐ

174　第2部　根本的な概念

るものである。すなわち、平等主義者のなかでも、（不平等な配分がすべ
ての人に対してより望ましいこともあるにもかかわらず）全員を平等に尊
重することは、社会正義が主たる社会資源を平等な分け前となるように配
分するよう要求する理由に関して、激しく意見が対立するのである。影響
力のある考え方が多くあるが、ここでは最も影響力のある次の2つの考え
方だけ検討しよう。第一に、平等主義に基づく正義の要点は、主たる社会
資源の配分を個人の責任についてのより広範な道徳的直観に跡づけさせる
ことだというものである。この考え方を**責任主義**と呼ぼう。第二に、平等
主義の要点は、市民が平等者として政治に参加しうる条件を保証すること
だというものである。この考え方を**民主的平等主義**と呼ぼう。以下ではこ
れらを順に取り上げよう。

5.2.3.1 責任主義

　責任主義者によれば、あらゆる市民を平等に尊重するために、社会制度
は、主たる社会資源の不平等を有利な（あるいは不利な）環境というより
は個人の選択によるものだとみなさなければならない。言い換えれば、個
人が正当に責任を有するものの帰結でないかぎり、不平等は正義と矛盾す
る。責任主義者はそう論じるのである。個人が自分に全く責任がない理由
で主たる社会資源を十分に有することができない場合、そのような不平等
は不正である。

　この考え方が魅力的だということに容易に気づくだろう。責任主義は、
正義を各人の人生を導く深遠な道徳的真理と結びつけ、生を営むことは自
分の選択の責任をとることをともなうのである。それゆえ、責任主義者に
いわせれば、次のような場合に国家は各人を平等な者として処遇している
といえる。すなわち、第一に、国家が我々の生を平等に重要だと認識し、
第二に、各人の生について自分で責任を負うことを各人が認識する場合で
ある。それに加えて、責任主義者は次のように主張するといえよう。すな
わち、各人が身を立てるための平等な機会が提供されていなければならな
いことのみならず、各人が人生の選択を甘んじて受け入れることが認めら
れなければならない。正義はこのことを要求するというわけである。

第5章　正義　175

より詳細に説明する必要があろう。責任主義のなかでも最も影響力のあるものは、**運の平等主義**と呼ばれる。運の平等主義によれば、個人の責任を跡づける最善の方法は、個人が行うことと個人に降りかかること、つまり選択と運を区別することである。したがって、運の平等主義者によれば、主たる社会資源における不平等が正義と矛盾しないのは、それが個人の選択の結果であり、不運（あるいは幸運）の結果ではない場合だけである。理解を深めるために次のような事例を考察しよう。主たる制度が、目の色に基づいて主たる社会資源を配分する社会を考えてみよう。すなわち、青い目の者は他の者よりも多くの分け前を与えられるような社会である。いかなる妥当な正義の構想においても、このような枠組みは不正であり、明らかにそうである。運の平等主義者は、そのような枠組みが不正だという極めて妥当な説明を与える。すなわち、目の色は運の問題であって、個人の選択の問題ではない。ゆえに、主たる社会資源を配分する基盤としては不適切だというわけである。

　さて、このような枠組みを、熱心に働くことや努力に基づいて収入や富といった何らかの主たる社会資源を個人にもたらす枠組みと比較してみよう。こうした枠組みのもとでは、熱心に働く者は往々にして、様々な経済的利益について、そうではない者よりもより多い分け前を得る。くり返せば、運の平等主義は、そうした不平等が正義と矛盾しない直観に基づく説明を与える。個人の努力や熱意の差異から生じる不平等は人々の選択に起因するのであり、したがって、平等主義に基づく正義において許容できるものだというわけである。重要なことに、運の平等主義に従えば、社会制度があらゆる市民を平等に尊重しつづけるのならば、こうした不平等を許容することが求められるのである。先に述べたように、平等に尊重することは、1つには、各人がみずからの生の責任を負うべきだということを要求する。だとすれば、熱心に働くことを選んだ者は、そのことによって得られるさらなる利益を享受することが許されるべきであり、他方でのんびり働くことを選んだ者は、そうであるべきではないということになる。最後に、生まれつき体が不自由で、働くことができない者について考えてみよう。ここで再び、運の平等主義者は妥当な結論を示すことができるよう

に思われる。すなわち、体が不自由であることは当人のいかなる過失によるものでもないので、その人は体の不自由さを相殺する社会資源の分け前を享受する権原を有するというわけである。

　こうした例からわかるように、責任主義、とりわけ運の平等主義のような責任主義は直観に基づくものである。だが、その考え方の中核にはかなりの困難をはらんでいる。先に述べたように、責任主義は、個人が行うこと（そして責任を持つことができること）と個人に降りかかること（そして彼らが責任をとることができないこと）の違いに依拠している。つまり、運の平等主義においては、この区別を運と選択の違いとして説明する。だが、つきつめると両者を正確に区別することは極めて難しい。ここに問題がある。この点を理解するために、先に挙げた簡単な例を考えてみよう。運と選択の区別において、目の色が「運」に属するのは明らかだろうが、熱心に仕事をすることが選択の問題であるかどうかは明らかではない。どのみち、熱心に仕事をする能力は、少なくともある程度は個人の心理的な性向の問題だと考えるのはもっともである。何らかの目的に向かって熱心に働くには、意欲・忍耐強さ・やる気といった何らかの気質を有していなければならない。そして、達成するために努力するかもしれない何らかの目的について、努力をしつづけるためには、何らかのレベルの認識能力や生まれつきの才能が必要である。言い換えれば、熱心に仕事をする能力は、ある程度は、育ってきた環境、さらには遺伝的な環境に恵まれた結果としての個人の特質に依存するのである。だから、熱心に仕事をすることは、見かけ以上に幸運に多くを負っているのかもしれない。最後に、才能とは概して、生まれつきの能力（幸運）とそれを向上させるための努力（選択）が何らかの形で融合してもたらされたものだ、というのはもっともだと考えられよう。そうだとすればどうだろうか。

　だが、人々が行うことと人々に降りかかること、つまり選択と運を明確に区別できたとしても、別の困難がある。私が念頭に置いているのは、最初にエリザベス・アンダーソンが平等主義に対して、「平等の要点とは何か」という影響力のある論文において提示した問題である。アンダーソンは、責任主義それ自体に固有であるはずの欠点を指摘している。次のこと

第5章　正義　177

を思い起こそう。運か選択かという原理は、当人が何を有するかに影響するけれどもその人の選択に帰すことができない個人の生の要因を、運や不運の問題だとみなすよう我々に求めるのである。だが、障がい者について考えてみよう。正義は国家に対して、障がい者にさらなる別の資源、たとえば公的な建物に入るためのスロープや、公共交通機関における調整、字幕付きのサービス、特別の医療規約などを与えるよう要求することは明らかである。しかしながら、正義を構想するうえで、障がいが不運の問題だということを本当に公的に信奉すべきなのであろうか。

　様々な障がい者コミュニティは、端的にこのような恩着せがましい、憐れむような烙印と何十年も戦いつづけている。それでも、障がい者が、不運な事例として取り上げられる最善の事例だと考えられるとしても、似たような事例として魅力的でない身体的な特徴を有する者について考えてみよう。醜いことは社会的な不利益を被る大きな要因である。身体的に魅力がない者は、より魅力的な者よりも賃金が安く、社会生活において活動的ではなく、ふさわしい配偶者を見つけるのにもかなり苦労する傾向にある。人の身体的な外見が選択の問題では全くないのは明らかである。運の平等主義は正義の問題として、身体的に魅力がないと判断される人々に対する美容整形を公的に助成するプログラムを支援するよう我々に約束するのだろうか。もしそうだとすれば、我々は正義を構想するうえで、国家と国家制度が市民の魅力を公的に評価するよう本当に要求するのだろうか。それは、みなにとって屈辱的なことではないだろうか。

5.2.3.2　民主的平等主義

　上で検討したようなことから、多くの平等主義者は、平等主義に基づく正義の要点を責任主義として解釈することを退けるようになった。**民主的平等主義**として知られるいまひとつの考え方を提示する者もいる。民主的平等主義は次のように主張する。すなわち、（不平等に配分したほうが全員にとってより望ましいのでないかぎり）国家やその中心的制度が主たる社会資源を平等に配分しなければならない理由は、正義が国家に対して、個人が平等な民主的市民として参画しうる社会的条件を確立し、維持し、

できればより望ましい形で整えることを要求するからだというのである。責任主義者は、正義と我々の個人の道徳的責任に関する幅広い構想とを結びつける一方で、民主的平等主義者は、正義と民主主義に関する幅広い構想とを結びつける。

しかし、ここでいう民主主義に関する幅広い構想とは何であろうか。当座のところ、民主主義において、主たる政治制度や政策決定は、ある意味で市民の集団としての意志の帰結であるといえよう。これが意味するのは、民主主義においては、市民が個人の意志を表明する経路や過程がなければならないということである。したがってこのことから、ある種の社会的平等が市民のあいだで実現されていなければならない。それゆえ、民主主義において市民は、平等な者として対等な立場で、政治的な自己統治にかかわる活動に参画できなければならない。すなわち、人種・階級・ジェンダー・宗教信条・経済的地位などに基づく差異が政治権力の差異に転換されることは許されない。この点を標語らしくいえば、民主主義において二級のシティズンシップは存在しない、といえよう。

民主主義については第6章でしっかり論じているのだが、民主的平等主義の考え方がいかに有力であるかを理解するには、民主主義をこのように概観するだけで十分である。次の点を考えてみよう。たとえば、奴隷・人種差別・性差別・宗教的差別といった不正義に関する最も直観的な事例の多くは、主として公的な、あるいは国家が課した階層的な関係・服従的な関係・抑圧的な関係を含む。そのような関係性は民主主義と矛盾するので、民主的平等主義者はそうした不正義については大した説明をしない。次に、国家が目の色に基づいて主たる資源を配分する枠組みの例に戻ろう。この枠組みもまた、国家が市民を政治的に平等な者として処遇しないことを含み、民主的平等主義の観点から好ましくない。最後に、民主的平等主義者は、障がい者に対する正義の要件をよく理解することができる。運の平等主義者と異なり、民主的平等主義者からすれば、障がいとは恐ろしい影響をともなう不幸な苦痛であり、その影響を受ける個人は社会的に保障されなければならないと理解する必要はない。むしろ民主的平等主義者は、次のように理解することができる。すなわち、国家にはすべての市

第5章　正義　179

民が平等な市民として民主主義に参画できるようにする責任があるという理由で、正義がさらなる資源を障がい者に与えることを要求する。したがって、そのような場合に、民主的平等主義者の目的は次のことを保証することにある。すなわち、障がいを社会において埋め合わせるのではなく、むしろ、障がいは民主的な市民のあいだで政治的に平等な者としての個人の地位を脅かすものではない、ということである。

　こうした見解をまとめると、民主的平等主義は、民主主義に基づく集合的な自己統治に必要な類の社会的平等を阻害し、失わせるあらゆる社会的不平等に反対する。言い換えれば、すべての市民のあいだで民主的に平等な関係性を改善したり、より望ましいものにするいまひとつの配分の方法がないかぎり、富や収入のような物質的財および、政治的権利や権原を含む主たる社会資源の平等な配分を要求するのである。

　民主的平等主義はいくつかの点で見込みがあるように思われる。第一に、個人の行動とその人が置かれた環境とを区別できないという問題に悩まされる必要がないという点で、民主的平等主義は、責任主義よりも望ましい。つまり、運と選択のあいだのあやふやな区別に依拠する必要がないのである。第二に、民主的平等主義は今日の不正義が存在する場に適用可能なように思われる。先に述べたように、たとえば、女性であることは運（不運？）の問題だという事実に訴えることで、性差別における不正義の説明をしようとせずともよい。むしろ、そのような差別は民主的シティズンシップが要求する政治的平等を侵害していると直接的に主張できる。同じように、民主的平等主義は、金や階級における不平等によって、現代の民主主義が歪められるのを批判することができる。わかりきったことだが、金は今日の民主政治において好ましくない役割を果たしている。公職や大衆へのアクセスを金で買うことができ、ゆえに多額の資金を持たない者が決まって除け者にされ、締めだされる社会では、正義の構想はより深遠な民主主義の理念と密接に結びつけられるべきだ。そう考えるのはもっともであるように思われる。

　だが、民主的平等主義に基づく正義が民主主義と密接に結びつくことで、大きな困難がもたらされることにもなる。ここでは、以下の３点につ

いてだけ考察しよう。第一に、民主的平等主義者は、正義を民主的シティズンシップに不可欠な、平等主義に基づく社会関係を保護し強化する企てだとするが、それは民主主義的シティズンシップが何を要求するのかを理解しなければ、それほど有益な考え方だとはいえない。だが、第6章で見るように、民主主義は実に異論の多い理念であり、ゆえに、いくつかの固有のシティズンシップの構想がある。したがって、問題は次の点にある。すなわち、民主的平等主義が1つの厄介な構想（すなわち正義）を分析するときに、いまひとつの厄介な構想（すなわち民主主義）に訴えていることである。もちろん、社会における不正義に関する最も異論のない事例を考察する場合に、民主的平等主義の擁護論は極めて有効であるように思われる。実のところ民主的平等主義者は、奴隷や服従や他の形の差別という不正義を直観に基づいて説明できるように思われる。だが、正義の構想の試金石は、正義が何を要求するのかが不明確な場合、それがいかに我々の判断をよい方向に導くものかどうかという点にあるべきである。そのような場合において、正義は平等なシティズンシップの適切な関係を育むために必要なものであれば何でも要求する。このように主張するのでは、単に正義の問題を、平等なシティズンシップとはいったい何なのかという問題に転嫁しているにすぎない。そして、平等なシティズンシップとはいったい何なのかという問題は、簡単に答えられるものではないのである。

　正義が社会における階層性・抑圧・服従の排除を要求するという民主的平等主義の中核をなす直観的な考え方について、上と関連する第二の問題点がある。ここで、「社会関係を階層的なものや抑圧的なものにするのは何か」を問わねばならない。確かに我々は、正義の概念に訴えることで、階層制や抑圧がいかに悪いものであるかを説明したい。階層性とは権力の不正な差異が存在することである。服従とは地位が不正に異なることである。抑圧とはある人から別の人に対する権力の不正な行使である。このように説明したくなる。だが、民主的平等主義においては、このように分析することは許されない。というのも、民主的平等主義は、階層性や抑圧や服従といった概念に訴えることで不正義を説明するからである。

　第三の困難は、民主的平等主義が有する直接的な含意の1つにかかわ

る。簡潔にいえば、正義が市民のあいだに平等な関係性を構築し、維持することに関心を寄せるのならば、それはまるで、民主的国家はその市民ではない者に対して正義の義務を負っていないかのように思われる。本章の最後に、グローバルな正義に関する課題、つまり相対的に裕福で資源が豊富な国が、正義の問題として、不幸にも恵まれない国々やその市民に対して負うかもしれないものにかかわる問題に簡潔に触れることになろう。だが今のところ、その関心はやや異なっている。現代民主主義国家には、市民でない多くの個人も暮らしている。永住外国人・移民労働者・難民・庇護申請者・留学生・多国籍企業の従業員・大使など、多くの住人が民主的シティズンシップに基づく特権を有していないし、それを望むこともできない。民主的平等主義からすれば、民主国家が市民でない者に対して負うあらゆる義務は、厳密にいえば、正義の義務ではないということになる。これは直観に反している。というのも、民主国家が市民でない者にかかわる不正な政策や制度を実行できるというのは明らかだからである。

5.2.3.3　ケイパビリティ

　責任主義や民主的平等主義にまつわる問題は、ここ数十年のあいだ、「何の平等か」という問いを再考するように理論家を促した。平等主義に基づく正義の通貨が当初2つあったと論じたことを思い起こそう。すなわち、福利と資源である。福利主義にかかわる困難は、福利主義者に対して、平等の適切な測定基準としての福祉（もしくは福祉に関する社会資源へのアクセス）に対する機会を明らかにするように促し、先に述べたように、ある種の資源主義は、そうした観点から福利主義を修正することから生じたように思われる（つまるところ、ある種の資源ではない福利への機会とは何かということである）。ある固有の形態の平等主義は、主たる社会資源が平等主義の適切な正義の通貨であるという考えを退け、ゆえに、責任主義と民主的平等主義の両方を退ける。こうしたいまひとつの考え方は、**ケイパビリティ・アプローチ**と呼ばれる。それはまず、資源主義に対する影響力のある批判から議論を始める。いかなる批判がなされているのかを確認しよう。

ケイパビリティの理論家の資源主義に対する批判は、福利主義者の次のような考えを受け入れることから始まる。すなわち、資源とは本質的に手段としての財であり、ゆえに資源の価値は、もっぱらそれが福利を獲得するためにどのように活用できるかということにあるという考えである。しかし、ケイパビリティの理論家は、福利主義者のように、ここから福利が正義の通貨でなければならないという結論を引きだすわけではない。むしろ、ケイパビリティの理論家は、資源を福利に転換する能力には個人差があるというのである。このことを理解するために、次のことを考えてみよう。すなわち、主たる社会資源の平等な分け前を有する2人のうちの一方が障がい者であるとすれば、平等な分け前を有しているにもかかわらず、社会において不平等かもしれないのである。この不平等は、障がい者が健常者よりも基本的な必要最低限のニーズを満たすために自分が有する資源をはるかに多く費やさねばならないという事実によるものである。したがって、だとすれば障がい者は、自分の福利や繁栄のために必要な他の計画に費やすのに、健常者よりもはるかに少ない資源しか有していないということになる。だから、たとえ障がい者が収入や富といった資源に関して多くの分け前を有しているとしても、にもかかわらず、その人は恵まれておらず、ごくわずかな富しか有さない同国の健常者よりもはるかに貧しいかもしれない。言い換えれば、ケイパビリティ・アプローチによれば、個人のニーズが異なるのは、資源を福利に変える個人の能力が決定的に異なるからなのである。したがって、ケイパビリティの理論家は、すべての市民を平等に尊重するだけでは資源の平等を達成できないと結論づける。主たる社会資源の平等な分け前を有する市民は、それにもかかわらず、社会的に不平等でありうる。というのも彼らは、全体としての福利に寄与する活動を追求し、それに参画する手段としての自分たちの資源の分け前を利用できるかどうかという点で不平等だからである。

　ケイパビリティ・アプローチの資源主義に対する批判を概観すれば、ケイパビリティは有益な企てであると思われるだろう。ケイパビリティの理論家は、平等に尊重することが、人間の福利に関する何らかの特定の基準点に到達するためのケイパビリティの平等を要求すると論じる。こうした

第5章　正義　183

主張は、正義は福利のための機会の平等を要求するという考え方と似ているように思われるかもしれない。だが福利主義者とは異なり、ケイパビリティの理論家は福利を、選好を満たすことやその他のいかなる精神状態とも同一視しない。両者のあいだにはこうした決定的な違いがあることに注意しよう。むしろケイパビリティ・アプローチは、福利を人間の特定の中核的な機能と同一視する。個人の福利は、その人がどのくらい人間の繁栄に特徴的に寄与するように機能するのかによって測られる。ケイパビリティ・アプローチによれば、正義はそのように機能させるケイパビリティをあらゆる市民が平等に有するべきだと要求する。もちろん、繁栄するように機能させるケイパビリティは、実際の機能とは異なる。したがって、平等主義に基づく正義の通貨とは、何らかの人間の固有の特徴をある程度まで発展させる、つまり人間が行ったり、人間に特有な方法で自分自身を十分に陶冶できる能力のことだというわけである。

　これまで述べてきたことから、ケイパビリティの理論家が直面する1つの極めて重要な課題は、人間が繁栄するうえで必要なケイパビリティのリストを作成することである。確かに、そのようなリストに入るもののなかには、明白で議論するまでもないものもある。たとえば、繁栄した固有の人生を送るためには、必要な栄養をとり、身を守ったり、服を着ることができたり、深刻な不安にさらされたり危害を加えられるおそれなく暮らし、人間に固有の認知的・情緒的・感情的能力を発達させることができる必要があることは明らかである。ゆえに、こうした基本的なケイパビリティを奪われている個人は、尊厳のない生を送っており、こうした能力が抑制されたいかなる個人も不正に処遇されていることは明らかであるように思われる。

　この基本的なケイパビリティの一覧に含まれるものは、別の形の平等主義においてもそのようなものとして理解されるものだという点に着目しよう。上で示した基本的なケイパビリティの一覧は、人が繁栄するために必要なのは明らかであるかもしれないが、それだけでは不十分であると気づいたときに、ケイパビリティ・アプローチの固有性が一層明らかになる。ほぼ間違いなく、基本的な必要最低限の生活を送るためのケイパビリティ

以外にも、人は他者と社会生活をともにし、人間に固有の社会活動に参画ができなければならない。したがって、もしかするとケイパビリティの一覧は、次のような能力を含むように拡張される必要があるかもしれない。すなわち、友情や他者との親密で温かい関係を育み、支配や恥辱に基づかない方法で他者と社会的に交流し、人の物理的かつ社会的環境を形成する役割を担い、実践理性を行使して自分自身の人生計画を考え、観念の世界を探究したりすることができる能力である。これらを加えてもまだ足りないかもしれない。というのも、十分に人間的な生活を送るのに必要だと思われる能力は、芸術をたしなみ、歌ったり、踊ったり、自由に自己を表現したり、性生活を楽しんだり、身体的なレクリエーション活動に従事したり、ゲームやスポーツをしたり、笑ったり、恐怖や戸惑いを経験したりといった能力も含まれる。くり返せば、我々は往々にして、そのような能力を育む機会を否定されたいかなる者も、人生を豊かに、よりよくするものを奪われていると考える。そして、ケイパビリティの理論家からすれば、それを奪われているのは不正なことなのである。

　だが、ケイパビリティ・アプローチにも難点がある。資源ではなく、人間の福利の構成要素という観点から正義を分析する際に、ケイパビリティの理論家は、善き生に関する独特かつ論争的な構想に正義の構想を位置づけているように思われる。国家は、許容できるけれども異論のある善き生の諸構想のあいだで中立でなければならない。先に第2章でそう論じたことを思い起こそう。そのために国家は、いかなる特定の構想を是認し、促進することもできないかわりに、個人が（幅広い制約のもとで）人生をどのように生きるか、どのような生き方に価値を置くか、人生において本当に価値があるのは何かを自分で判断できる条件を保護し、維持しなければならない。ケイパビリティ・アプローチは、人間の繁栄という理念からその正義の構想を引きだすので、国家の中立性と両立しないように思われるのである。

　公平を期せば、ケイパビリティの理論家は、自分たちの正義の構想は特定の方法で機能するためにケイパビリティをもたらすことしか要求しないと応えるだろう。つまり、市民が実際に何でもできるようになるべきだと

要求するわけではないというのである。したがって、ケイパビリティの理論家からすれば、自分たちの考え方は、国家は許容できる善き生の構想のあいだで中立的であるべきだということと矛盾しないというわけである。

　だが、このように応答するのは不誠実なように思われる。芸術作品を作ったり、性生活を楽しんだり、スポーツをしたり、自己実現をしたり、観念の世界を探究するといったことについて、そのような活動に従事するよう市民に促すのではなく、市民がしたいことを経験させることだけだったとしても、そのようなケイパビリティを平等化しようとする国家とはどういうものでありうるのか、疑問に思われるかもしれない。市民にそのような活動に従事するよう促すことを国家が引き受けるのなら、国家は許容可能な善の構想のあいだで中立たりえない。というのも、そうした善の構想の多くにおいては、たとえば性生活は楽しむべきものだということは完全に否定されるからである。人間が繁栄するうえで必要なものに関するケイパビリティを平等化することには、各ケイパビリティに応じた活動に従事するよう市民を促すことまでは含まれない。ケイパビリティの理論家はそう控えめに論じるかもしれない。国家は、各人が繁栄できるように行動するための機会を利用できるようにすることしか求められない。こう主張するだろう。けれども、このように控えめに論じるとすれば、国家は人間が繁栄するうえで特徴的なケイパビリティを促進するために必要な資源を各人に提供しなければならないと論じているのとさほど変わらないのではなかろうか。つまるところ、ケイパビリティ・アプローチは独特な考え方ではないのかもしれないのである。

5.3　結論

　本章を長く論じてきた。これまで述べてきたことはごく一部の議論にすぎない。実際に、本章で言及すらしていない正義にかかわる多くの中心的な問題がある。明確な例を1つだけ挙げておけば、本章では、まるで正義とはもっぱらローカルな、つまり厳密にいえば国家が市民をどのように処遇するかという問題であるかのように論じてきた。しかしながら、正義は

グローバルな、あるいは国際的な射程も有していると考えるもっともな理由がある。すなわち、現代の哲学者の多くが論じているように、国家は他国や他国の市民に対して正義の義務を負う可能性がある。グローバルな秩序において、国家はしばしば国境線を越えて生に影響を及ぼすように行動することを認識すれば、本章で論じた考え方がグローバルな正義の理論としてどのように再構成されうるのかを理解するのはたやすくなるだろう。それゆえ、ご期待のように、正義とはもっぱらローカルなものなのか、それともグローバルなものなのかという点について、議論が交わされているところである。

　ここでは、ローカリストとグローバリストの論争を追うことはできない。正義の義務が国境を越えて受け入れ可能なのかどうかについては、未解決のままにしておこう。というのも、グローバリストでさえ、国家は自国民に対して正義の義務を負うと主張するからである。すなわち、正義はもっぱらグローバルなものだと主張する論者はいないのである。そして、いずれにしても、正義がグローバルな次元を有するかどうかを明らかにするためにはまず、正義が国内社会に対して何を要求するのかを理解すべきである。大半の理論家はこのように考えるのである。

　話を元に戻そう。本書全体を通した課題は、国家と国家の強制をともなう制度を正当化できるのかどうか、そして正当化できるとすれば、どのように正当化できるのかを理解することである。正当化の1つの条件は、国家は正義が要求することを市民に保障せねばならない。前章の最後でこういう結論に至った。そこで本章では、正義は国家とその制度が各人を平等な者として、平等な尊重をもって処遇することを要求する、という直観に基づく考え方から議論を始めた。ここで検討してきた正義の様々な構想において、平等に尊重するということがそれぞれ独特に解釈されている。どれが正しいのだろうか。

　ここにきて、民主的平等主義の中核をなす1つの洞察は否定しがたいように思われる。平等に配慮することが何を意味するとしても、それには、政治的な、あるいは国家が課した服従・階層制・支配を排除することが含まれなければならない。固有の社会階級を有し、それに応じて政治的権原

が異なる社会や、男性しか投票ができない、あるいは肌の白い者だけが財産を所有できる社会は、明らかに不正である。確かに、そのような枠組みにおける不正義を、個人の自由の欠如やそのような状況のもとで実現される全体の幸福と同一視する者もいるかもしれない。そして、我々が考察している社会的枠組みのこのような特徴は、それらを裏付ける社会を確実に実に望ましくないものにする。だが、いまひとつの固有の観点から、そのような枠組みは非難されるべきである。政治的な服従・階層制・支配を許容する社会秩序は、そのような枠組みに好意的な者がそのような枠組みを批判する者に危害を加えるのを許容するだけでなく、政治的に服従を強いられている者が既存の秩序に反対し、抗議し、変革する力を相対的に奪うのである。言い換えれば、階層制や服従や支配に基づく社会は、不平等な政治的秩序を確立するだけでなく、抑圧された者が物事を変革しようとする手段を自由に手に取ることすらできなくさせるのである。したがって、民主主義にとって重要である平等な尊重をしそこなっているということになる。だから、民主社会は、民主的平等主義の考え方の中核をなす正義の構想を組みこまねばならないのである。

　このことから、正義は主として民主的シティズンシップに求められる社会的・物質的条件を確立し維持することにかかわるといえるのである。先に述べたように、民主的シティズンシップとは本当にいったい何を意味するのかについては、今のところかなりの論争がある。だが、それにもかかわらず、シティズンシップの競合する諸構想は直観に基づく共通する中核的要素がある。すなわち、個人の基本権に関する一般的なリストのみならず、法の下の平等な保護や、法的手続きに関する権利、公職や意志決定過程への平等なアクセスを含む平等かつ基本的な政治的自由である。いかなる民主的シティズンシップの構想も、それらを本質的にもたらすものだと認めないのであれば、民主的な構想だとはいえない。このことを前提とすれば、次のような含意を否定することも難しいだろう。すなわち、物質的な優位性における極端な格差は、基本的自由の不平等をもたらす原因となるので、民主的シティズンシップはある程度の物質的な福利を要求し、ゆえに公教育や、様々な経済的援助や公衆衛生といったものがもたらされる

よう求めるのである。もちろん、これらすべてが、政府によって基盤が整えられることを要求し、ゆえに必然的に公的な租税システムを要求することになるのである。

　無論、このような幅広い民主的平等主義に基づく考え方は極めて曖昧である。こうした考え方を最小限の民主的平等主義と呼ぼう（先に最小主義と呼んだ考え方とは全く異なる点に留意しよう）。厳密に、民主的構想として先に挙げたいかなるものをも否定するシティズンシップの構想を見いだすことは難しい。したがって、あたかも最小限の民主的平等主義に基づく構想が、少なくとも立憲的かつ自由民主主義的な社会における正義を考察する正しい出発点であるように思われる。

　最小限の民主的平等主義は、その正義の通貨に関する構想について、間違いなく資源主義者に類似している点に着目しよう。このことは厄介である。というのも、ケイパビリティ・アプローチが展開する資源主義に対する批判は確かに一理あるからである。民主的平等主義が目指す政治的平等を達成するには、各人の主たる社会資源の分け前だけでなく、各人が有する能力にも目を向けなければならないということになろう。ケイパビリティの理論家のこうした中心的な洞察について、それによってもたらされる困難がなければ、最小限の民主的平等主義者はそれを受け入れることができるのだろうか。

　おそらく受け入れることができるだろう。先に指摘したように、ケイパビリティ・アプローチは人間のケイパビリティの中核をなすものの一覧を絶え間なく拡大する傾向があるという点にかかわる問題点がある。このことは、ケイパビリティ・アプローチが、ケイパビリティを人間の繁栄と結びつくものとして扱うという事実からもたらされる。もしかすると、最小限の民主的平等主義者は、中核をなす民主的ケイパビリティ、あるいは民主的な市民の基本的な政治的機能という考え方を採り入れることができるかもしれない。最小限の民主的平等主義者は、遊ぶこと・踊ること・恐怖を感じること・身体的運動などに関するケイパビリティを論じるのではなく、政治的な情報に通じていることや、歴史に関する理解、政治参画や公的な行動に関するケイパビリティに限定して論じることができる。つまり

第5章　正義　189

これらは、批判的に考え、公共の論議にかかわり、政治的・社会的問題を説明することにかかわる様々な考え方を比較衡量し、対立する観点を想定し理解するといった能力を発達させるように求める。さらに、最小限の民主的平等主義は、公的・政治的環境に障がい者がアクセスでき、それを高齢者にとって受け入れられるものにすることにかかわる、ケイパビリティの理論家の関心をも取り入れることができる。つまり、最小限の民主的平等主義者は、中心的な民主的ケイパビリティに関する何らかのそのような構想を活用できるのである。

　だが、私が概観した最小限の民主的平等主義を下支えする極めて重要な考え方は次のようなものである。すなわち、税体系の適切なあり方や、公教育の中身や範囲、公的扶助のあり方などの正義の詳細な内容は、不断の議論や批判や再評価の話題としていつかは俎上に載せなければならない。このことを理解することができるのである。すなわち、正義を理論的に論じるうえでは、民主主義が持続するために満たすべき極めて複雑な出発点が定められねばならず、その後のさらなる詳細を詰めることは民主的過程に委ねられなければならない。したがって、次に民主主義の話題に移ることがふさわしいだろう。

読書案内

　いつものように、政治哲学の歴史的伝統における偉大な著作に取り組むべきである。最低でも、プラトンの『国家』やアリストテレスの『ニコマコス倫理学』の第 5 巻および『政治学』、そしてこれまでの章末の読書案内で触れたホッブズ、ロック、ルソー、カント、ミルの著作には目を通してもらいたい。現代正義論に関するあらゆる著作は、ジョン・ロールズの金字塔的著作 *A Theory of Justice*（Cambridge: Harvard University Press, 1971）〔川本隆史ほか訳『正義論 改訂版』（紀伊國屋書店、2010 年）〕の背中をずっと追いつづけている。ロールズに関する二次的な文献については、あまりにも膨大な数があるので、ここでは紹介できない。ロールズの政治哲学全体を包括的に概観するものとして、Samuel Freeman, *Rawls*

(New York: Routledge, 2007) を参照のこと。正義に関する現代的論争に立ち入る最善の方法の1つは、ロールズに対する影響力のある批判のいくつかを見ることから始めることである。ロールズに対する早い段階における批判として、以下に所収の諸論文を参照のこと。Norman Daniels (ed.), *Reading Rawls*(Stanford: Stanford University Press, 1989)。また最も近年におけるロールズの評価については、Jon Mandle and David Reidy (eds.), *A Companion to Rawls*(Oxford: Wiely Blackwell, 2014) を参照のこと。リベラリズムの枠組みの外側からのロールズに対する批判としては、以下を参照。Michael Sandel, *Liberalism and the Limits of Justice* (Cambridge: Cambridge University Press, 1982)〔菊池理夫訳『リベラリズムと正義の限界』(勁草書房、2009 年)〕; Iris Marion Young, *Justice and the Politics of Difference*(Princeton: Princeton University Press, 1990) Michael Walzer, *Spheres of Justice*(New York: Basic Books, 1983)〔山口晃訳『正義の領分——多元性と平等の擁護』(而立書房、1999 年)〕; G. A. Cohen, *Rescuing Justice and Equality*(Cambridge: Harvard University Press, 2008)。最小主義の擁護論としては、Robert Nozick, *Anarchy, State, and Utopia*(New York: Basic Books, 1974)〔嶋津格訳『アナーキー・国家・ユートピア——国家の正当性とその限界』(木鐸社、1995 年)〕を、功利主義に基づく考え方としては、Robert Goodin, *Utilitarianism as a Public Philosophy*(Cambridge: Cambridge University Press, 1995) を参照のこと。

　平等主義に関する文献は膨大にある。まずは、ロナルド・ドゥオーキンの次の2つの影響力のある論文を見てみるのがよいだろう。Ronald Dworkin, "What Is Equality?, Part I" in *Philosophy and Public Affairs*, Volume 10, 1981 and "What Is Equality?, Part II" in *Philosophy and Public Affairs*, Volume 10, 1981〔「福利の平等」および「資源の平等」、小林公ほか訳『平等とは何か』(木鐸社、2002 年所収)〕。そのうえで、Amartya Sen "Equality of What ?" in *Tanner Lectures on Human Values*, edited by Sterling McMurrin(Salt Lake City: University of Utah Press, 1980)〔「何の平等か」池本幸生ほか訳『不平等の再検討——潜在能力と自由』(岩

波書店、1999 年所収）〕および、Richard Arneson, "Equality and Equal Opportunity for Welfare," in *Philosophical Studies*, Volume 56, 1989. や、G. A. Cohen, "On the Currency of Egalitarian Justice," in *Ethics*, Volume 99, 1989. を参照。運の平等主義に対する有力な 2 つの批判としては、Susan Hurley, "Luck and Equality," in *Aristotelian Society Supplementary Volume* 75, 2011. および、Samuel Scheffler, "What Is Egalitarianism?" in *Philosophy and Public Affairs*, 2003. を参照のこと。本章で触れたように、エリザベス・アンダーソンによる以下の論文は、運の平等主義に対する最も鋭い批判を投げかけている。Elizabeth Anderson, "What Is the Point of Equality," *Ethics*, Volume 109, 1999. 彼女の以下の著作も参照のこと。Elizabeth Anderson, *The Imperative of Integration* (Princeton: Princeton University Press, 2010). コクチョル・タンは、以下の 2 つの論文においてある種の運の平等主義を擁護している。Kok-Chor, Tan, "Justice and Personal Pursuits," *Journal of Philosophy*, Volume 101, 2004; "A Defense of Luck Egalitarianism," *Journal of Philosophy*, Volume 105, 2008. ケイパビリティ・アプローチの最も説得力ある擁護論を展開するのはマーサ・ヌスバウムである。とりわけ以下の文献を参照のこと。Martha Nussbaum, "Human Functioning and Social Justice: In Defense of Aristotelian Essentialism," *Political Theory*, Volume 20, 1992; *Women and Human Development*(Cambridge: Cambridge University Press, 2000)〔池本幸生ほか訳『女性と人間開発——潜在能力アプローチ』（岩波書店、2005 年）〕; *Frontiers of Justice* (Cambridge MA: Harvard University Press, 2006)〔神島裕子訳『正義のフロンティア——障碍者・外国人・動物という境界を越えて』（法政大学出版局、2012 年）〕。資源主義とケイパビリティ・アプローチの違いに関する近年の論考としては、Harry Brighouse and Ingrid Robeyns (eds.), *Measuring Justice: Primary Goods and Capabilities* (Cambridge: Cambridge University Press, 2010) を参照。責任主義に基づく正義の見方について最新の知見を紹介するものとして、Carl Knight and Zofia Stemplowska (eds.), *Responsibility and Distributive Justice* (New York: Oxford University Press, 2011) を参照のこと。

第6章 民主主義

6.1 民主主義に対する親しみ

　本書の最後のほうで民主主義が論じられることに、違和感を覚える読者もいるかもしれない。我々が接しているものとしての社会的世界を出発点とするという方法論に傾倒するところから始めた。つきつめると、これまで論じてきたいくつかの概念とは異なり、民主主義は親しみやすく、おそらく疑う余地のないものであるかもしれない。民主主義とは何であるかを誰もが知っているのに、なぜ民主主義から議論を始めなかったのだろうか。

　確かに、誰もがすでに民主主義をよく理解しているような気がする。本書の読者であるならば、おそらくあなたは民主主義社会で暮らしているのだろう。そうであれば、民主主義の主たる制度や過程、つまり選挙・選挙運動・討論・裁判所・代表制などは身近なものであろう。あなたが民主社会に暮らしているということは、民主主義という言葉があなたの生活に浸透していることも意味する。あなたは幼い頃からもめごとを「民主的に」解決することを学んできた。子どもでさえ、民主的な色合いのある公平さや平等といった理念に強く訴えかける。これはもちろん、あなたの日々の政治に関する会話がいつも民主主義に訴えかけるものだというわけではない。あなたが手軽に民主主義という概念を用いることからすれば、むしろ民主主義はありふれたものであるように思われる。

　ある概念になじみがあることは、その内容を理解していることとは異な

る。実際に、そうしたなじみ深さは時として、哲学的に理解するうえでの妨げとなるおそれがある。我々は多くの場合、疑うまでもないように思われることについて、立ち止まって考えない。親しみのあるものについては素通りしがちである。しかしながら、どのように見えるかはともかく、民主主義は驚くほど複雑で、実に難解な考え方である。さらに、我々の民主主義に対する日々の態度は複雑であり、おそらく矛盾すらしている。民主主義について明らかなことなど何一つとしてないのである。

6.1.1 民主主義に対する一般的な態度

　私がこの文章を書いている今この時にも、世界の多くの人々は、民主主義を求めて長きにわたる闘争を繰り広げている。民主主義を要求する場合、多くの人々は公然と既存の独裁者に反抗する。世界の多くの国々では、民主的な方向に政治改革を要求するのは重大な犯罪行為である。したがって、公然と民主的な改革を支持する者は、みずからの命とはいわないまでも、幸福をかなり犠牲にしてまで民主主義を求めるのである。

　それに関連して、近年、アメリカ合衆国や他の民主主義諸国によって行われている軍事・外交行動の多くは、イラクやアフガニスタンに対する多大な犠牲をともなう侵略や、他の中東地域へのさらなる干渉を含めて、公的に民主化を目標とするものであった。実際に、現代の民主主義社会では、民主主義を支援し、より豊かなものにし、保護し、国内外に民主主義を広めることの必要性は、様々な政府の行動を正当化するものとしてよく引き合いに出される。しかも、おそらく驚くことではないが、こうした正当化は功を奏することが多い。その昔、ウィルソン大統領は、ドイツに対して宣戦布告するかの有名な演説を行い、それによってアメリカは第一次世界大戦に参戦したのだが、民主国家の主たる目的の1つは民主主義にとって望ましい世界を作ることにある。民主国家に暮らす市民はそう考えたのである。我々は概して、今もなおこのように考えているのである。

　だが、近年、世界中で展開されている事態から明らかなように、民主化の過程は簡単ではない。悲しいかな、かつて独裁国家であったところを民主化するには、独裁者を選挙で選ばれた公職者と取り替える以上のことを

必要とする。誇張でも何でもなく、民主主義への道のりは、かなりの不確実性・市民の不安・社会の不安定さに悩まされる非常に危険なものである。これが民主主義に至る以前の社会運動が存続しがたい理由である。独裁者の排除は多くの場合、民主化における最も容易な部分である。より困難なのは、民主主義を定着させるのに必要な社会的・文化的変革を有意義に行うための実質的な課題である。民主化は往々にして非常に難しい。このことは、すでに安定した民主国家に住まう市民が、民主化を求めて戦う人々を、勇敢で、英雄的で、政治的・金銭的に多くの支援を与えるにふさわしい者だとみなすことが多い理由を、ある意味で説明している。

6.1.2　民主主義に対するよく知られた批判

　世界中で行われている民主主義を求める戦いに照らしてみれば、民主主義は最も良い時ですら愛しがたいものである。こう打ち明けるのはぶっきらぼうに思われるかもしれない。確立された安定した民主国家に暮らす人々は、民主主義とはしばしば憤慨させ、時には苛立ちを覚えるものだと理解している。そうした不満について少しだけ考えてみよう。あなたにとって、そして現代の民主主義国家に暮らす者にとって、こうした不満の多くはなじみのあるものに違いない。よくいわれるのは、憲法やそれに基づいて確立される政治システムがどのように機能しているのかという最も基本的な事実に関してすら、民主国家に住まう市民は全く理解していない。同様に、日々の主たる政治問題について、人々は間違いなく無知である。民主主義における有権者はあまりにも無知なので、魅力的な政治家やその側近にたやすく操られる。現代の民主主義における選挙は、政治理念にかかわるものだというよりは、もっぱら商業的な洗練さや口先だけの取引にかかわるものである。この点はほとんど否めない。現代において、選挙に勝つために必要なのは、明晰な思考・説得力のある理念・公的な目標ではなくむしろ、力強い握手・安心させる笑顔・おしゃれな服・自信に満ちあふれたレトリック・耳触りのよい約束・人目を引くスローガンである。さらに、現代の民主主義は、間違いなく次のような困難にもさらされつづけている。すなわち、金やその他の社会的権力が過度な政治的影響力へと

転化されるおそれがあり、それは政治的平等という民主主義の理念を効果的に切り崩すのである。こうした事実に加えて、アメリカ合衆国やその他の国々では、投票率は一般に50%を下回っている。だが、おそらくそのことは重要ではないかもしれない。というのも、政治科学者・経済学者・数学者による長年の研究結果から、多数派の意志が実質的に反映されるようにする民主主義に基づく投票システムを設計するのは不可能であることが明らかになった。ウィンストン・チャーチルが、民主主義とは「これまでに試みられてきた民主主義以外のすべての政治形態を除けば、最悪の政治形態である」と述べたとき、彼はあまりに寛大すぎたのかもしれない。煎じつめれば、民主主義は実のところ、民主主義的でない別の選択肢とさほど変わらないのかもしれない。もしかしたら、それよりもさらにひどいものなのかもしれない。

　民主主義についてのこうしたよく知られた不満は、プラトンに始まる政治思想史に特徴的なものである。プラトンは『国家』において、民主主義と海で難破した船を結びつけた。すなわち、知的な案内役よりも人気のある口先の上手い者に操られる船である。以降の哲学者は、プラトンの立場に立つことが多かった。政治哲学の歴史において、民主主義は概して、無能な大衆による支配だとして完全に放棄されるか、あるいはかなりの不安をもって受け入れられてきた。だが、民主主義について少なからぬ留保がなされてきたことを理解するのに、遠い過去の哲学者について詳細に調べなくともよい。アメリカ合衆国の建国に関する文書について学べば、民主主義という語があからさまな軽蔑をもって用いられている事例にすぐに出くわすだろう。アメリカ合衆国の建国の父の多くは、自分たちを民主国家ではなく共和国を打ち立てた者だとみなしていた。彼らからすれば、民主主義とはまさにプラトンが描いたようなもの、すなわち無知な大衆による直接統治なのであり、ゆえに明らかに好ましくない。だがもちろん、彼らは君主制に反対しており、だから大衆による統治の形態を求める何らかのニーズがあることを理解していた。彼らはいまひとつの選択肢として、大衆による間接的な統治システムを提示した。共和的な政府のもとで、人々は選出された代表を通して統治し、人々の意志は規則や憲法に規定された

手続きによって制約される。アメリカの建国は、民主主義の擁護者と共和主義的な政府を好む人々のあいだの白熱した論争によって特徴づけられるけれども、今日の我々は、合衆国憲法に定められた共和主義的な政府を受け入れており、それを民主主義と呼ぶのである。すなわち、我々が民主主義について語る場合、ほぼ必ずといってよいほど次のことを意味している。すなわち、政治的な代表制を通した大衆による間接的な統治システムであり、それはとりわけ多数派の意見から個人を保護する規則・手続き・権原を定める公的な憲法にすべて制約されるのである。アメリカ合衆国の建国以来、民主主義の概念は根本的に変化してきたのである。

　民主主義に反対する政治哲学の伝統があるなかで、民主主義の概念がこのように変遷してきたことは興味深いのだが、こうした話題は本章の目的から外れている。民主主義を代表制と立憲主義に基づく大衆による統治だとみなしたとしても、民主主義に関するありふれた批判の多くはそれでも影響力を有している。このことを理解するために、次のような単純な実験をしてみよう。少し時間をとって、あなたがとりわけ強く反対する政策や政治理念を促進しようとする組織のウェブサイトを見てみよう。少し時間をかけて、そのサイトの読者コメント欄をざっと見てみよう。あなたが政治的に支持しない者が、政治的にはあなたと同じ考えを有する者やあなたの考えをどのように言い表しているか。この点にとりわけ注意を払いながらスレッドを追おう。それについて、自分がどう思ったかを書き記してみよう。そして、コメントを書き込んでいる者はあなたのように同じ投票権を有する同胞市民である。こうした事実に満足しよう。ではやってみよう。

6.1.3　緊張を解きほぐす

　上で述べたようなことから、民主主義に対する人々の態度には奇妙な緊張があることが思い浮かぶ。民主的な市民として政治の粗雑さや混乱について考えるとき、概して、民主主義の機能について、我々にはかなりの不満がある。あまりにも愚かで、気まぐれで、不正直であるので、民主主義における義務を果たすことができない。我々はこのような理由で、自分たちが選んだ代表や公職者と同様に、同胞市民をたやすく馬鹿にする。地元

第6章　民主主義　197

の本屋の政治や時事問題に関する棚を一瞥すればわかるように、民主主義を貶めるのは大きなビジネスである。ベストセラーの一覧は、民主的政府の堕落・無能さ・機能不全に関する説明であふれている。明らかに、我々は民主主義がいかに望ましくないものであるかを示されるのが好きである。民主主義は愛しがたいだけではない。読書をすることで、民主主義を憎むように促されるのである。

　だが、間違いなくこれで話が終わるわけではない。どんなに愛するのが難しいとしても、我々は民主主義を愛さなければならない。大衆政治の語り口においては、概して民主主義に対して極めて批判的であるが、誰しも政府の形態としての民主主義を是が非でも退けるわけではない。民主主義に基づかない選択肢を支持する者すらいないのである。実のところ、不満はあっても、ほとんど常に純然たる政治的善として民主主義は支持される。もっといえば、民主主義は多くの場合、自由・公正・平等・正義から安全保障・平和・繁栄といった他の社会的・政治的善にとって必要な前提条件だとされるのである。したがって、政府の行動・政策・制度を民主主義にとって必要なものだとすれば、それはほとんど常に、民主主義を賞賛するか、推奨することになるのである。大衆政治の語り口において、民主主義という語は正当化の役割を果たす。つまり、我々は一般に、民主的であるものは何でも善である、あるいは正しいと想定し、民主主義という語を自分が批判しようとする枠組みや制度に対して用いることはめったにないのである。

　それゆえ、民主主義について愛憎の念が入り混じっているように思われる。問題は、よく知られているけれども一見すると両立しない2つの態度に折り合いをつけることができるかどうかということである。

　それらを両立させる1つの考え方がある。一般的な態度は、民主主義を評価する2つの異なる観点、つまり理念と現実において切り替わるというものである。政治的理念としての民主主義、つまり政府の哲学的構想として考えるとき、我々は多くの場合、民主主義を受け入れ可能な唯一の政府の形態だと考える。言ってみれば、民主主義の理念を追求しないいかなる政治秩序も、道徳的かつ政治的に失敗していると考えるのである。反対

に、「現場で」民主主義について語るとき、すなわち我々が統治される過程や制度の機能的体系として民主主義を語るとき、それは大いに不満のあるものである。くり返せば、市民は愚かである、政治家は不正直である、選挙は買収されている、システムは非効率である、などという不満である。我々が純然たる社会的・政治的善として称えるものは、民主主義の理念であるか、あるいはもしかすると民主主義の理念のなかに見いだせる志であるのかもしれない。我々が不満に感じるのは、現実の政治秩序において民主主義の理念を実現しようとする条件についてである。我々は民主主義を愛しているが、政治秩序は民主主義の理念にはるかに適っていないと認識しているのである。

　ここにきて、現実の民主主義に対するよく知られた不満は、理念としての民主主義からその力を引きだしていることがわかる。すなわち、市民が情報を与えられていないという理由で民主主義を批判するとき、民主的市民は政治に関する情報を与えられているべきだ、という理念に我々はそれとなく訴えかけている。同様に、政治家がうそつきの詐欺師だという批判は、民主主義において政治家は市民としての義務に突き動かされるべきだ、という理由からその力を引きだしている。実践としての民主主義を批判する場合、我々は一般に、既存の民主主義が民主主義の理念を達成できていないことを嘆いている。そうした不満から、民主主義の理念に沿った改善に向けた試みが要求されるのである。

　上述したことが概ね正しいとすれば、民主主義に対する愛憎入り混じった感情はそれほど複雑なものではない。我々が民主主義を批判するのは、民主主義の理念に関連する欠陥を突き止め、もしかすると改善したいと願っているからかもしれない。さらに、最初に述べた2つの態度は、少しも矛盾しないといいたい者もいるだろう。彼らは、「現場における」民主主義に対する批判は、それ自体が民主主義の理念の中核をなす部分であると主張する。言い換えれば、善き民主的市民こそが民主主義を批判できる、というわけである。

　本章の結論において、興味深い議論について考察しよう。さしあたり、別のことに関心を向けなければならない。先に、民主政治が行われる現実

第6章　民主主義　199

世界にまつわるよく知られた批判は、我々が民主主義の理念を心から受け入れているという事実からその力を引きだしていると論じた。したがって、次に民主主義の理念について検討しよう。

6.2 基本的な理念

課題に直ちに取り組む前に、我々が抱いている疑問は、主として適切な政府に関する哲学的構想としての民主主義の本質とかかわるものだ、という点を強調しておくのは有益であろう。民主主義に基づく政治制度の設計、既存の民主的な憲法についての解釈、民主主義に基づく政治活動の本質、政党の戦略、市民や選出された政治家の投票行動といったものにかかわる重要な問いに、当座のところ関心はない。これらは政治学者・法理論家・社会学者などが研究する課題である。我々の課題はまぎれもなく哲学的である。我々は、民主主義の理念を明らかにし、明確なものにし、検討し、評価しようとしている。既存の民主主義国家におけるなじみ深い制度・公職・過程は、民主主義の理念を具現化したものである。民主主義の理念が具体的にどのように実現できるか、あるいはそれに近づくことができるか。このような問いの大半は、本書の目的を越える経験的な事柄なのである。

6.2.1 道徳的理念としての民主主義

さて目下の課題に取りかかろう。民主主義の理念を下支えする基本的な考え方は様々に表現されうる。民主主義という語のギリシャ語の起源に訴えれば、民主主義において、人々（demos）が統治する権力（kratos）を有する。それはさしあたり正しいが、語源から明らかにできるのはごくわずかである。エイブラハム・リンカーンが次のように述べたのはより示唆的である。民主主義とは「人民の人民による人民のための政治」だというものである。民主主義においては、人々が自分たち自身を統治する。つまり、民主主義とは集合的な自己統治である。リンカーンの言葉はそうした考え方をうまく捉えている。それはまた、民主主義はある一部の者が残り

200　第2部　根本的な概念

の者を支配する階層的な体制と区別されるべきだ、という事実にも注意を促す。くり返せば、リンカーンの言葉は正しいけれども、民主主義の理念にはこれ以上の意味がある。次のいまひとつの見解を見てみよう。すなわち、民主主義とは、政治に基づく法律・政策・規則によって制約される人々が、政治的意志決定において同等の発言権を有すべきだという考えである。こうした考え方は、民主主義を規範的な主張、すなわち民主主義とはいかなるものであるべきかという主張だとみなす点で、先の考え方とは決定的に異なる。より具体的には、民主主義とは、人々が自分たち自身を統治すべきだという主張だと理解されるのである。だが、それ以上のことも含まれる。民主主義の中核に政治的平等の構想を位置づけ、ともに暮らす社会における規則を権威づけるうえで、市民が同等の発言権を有するべきだというのである。そうすると、こうした考え方から次のことが理解できる。すなわち、よく知られた民主主義の過程、つまり投票・選挙・政治活動・複数の野党の存在・議論・記者会見などの基盤には、我々は市民として平等だという道徳的要求がある。こういうことである。だから、基本的な政治的平等は集合的な自己統治を要求し、ある1人ないし一部の者が残りの者を支配することを認めない、という道徳的主張が民主主義には含まれる。民主主義によれば、我々は政治的に平等であるので、1つの社会において、ともに暮らすための規則を作るうえで同等の発言権を有さなければならない。我々は統治にかかわる仕事を平等に分有している。政治的平等はこうした主張を必然的にともなうのである。このように、民主主義とは根本的に道徳的理念なのである。

　民主主義の道徳的次元はとりわけ強調されるべきである。というのも、概して民主主義は、道徳的でない方法で検討されるからである。我々は多くの場合、決定に拘束される各人が厳密に一票を有する意志決定の手続き、および多数派による支配を民主主義だとする。確かに、ほとんどのいかなる考え方においても、実のところ民主主義は、多数派による支配をともなう投票による集合的な意志決定を含むものである。だが、まさに論じたように、集合的な意志決定のモデルが民主主義と密接に結びつけられるのは、それが民主主義を下支えする基本的な道徳的理念にまつわる共通の

第6章　民主主義　201

解釈であるからにすぎない。すなわち、政治的に平等な者のあいだの自己統治という解釈である。

　このことは、私が本書で先に指摘したことを思い起こさせる。重要な道徳的理念は複雑であり、複雑であるがゆえに、そのような道徳的理念がそれ自体を解釈することはできない。つまり、道徳的理念は解釈されなければならないのである。哲学者がそのような理念についての構想を与えるのである。したがって、民主主義に関する道徳的理念が何を意味するのかを問わねばならない。政治的に平等な者のあいだでの自己統治とは何であるのか。民主主義の中心にある道徳的理念はいくつかの解釈を許すものである。それは当然である。ゆえに、民主主義に関するいくつかの固有の哲学的構想がある。それぞれの構想において、平等な者のあいだでの自己統治の体系だとみなしうる統治の体系とはいかなるものか、という考え方が示されているのである。

　少し前に触れたように、我々は誰しも次のような民主主義の構想になじみがある。あらゆる集合的決定に関して、決定に拘束される各人が厳密に一票を有し、多数派による支配に則る場合に、民主主義は実現されるというものである。このよく知られた考えを平等な投票に基づく多数決主義と呼ぼう。もちろん、大規模な社会における民主主義は、こうした集合的な意志決定過程においてはるかに複雑である。たとえば、先に述べたように、現代の民主主義は代表制民主主義である。したがって、ほとんどの法律や政策は大衆による投票で決定されるのではなく、選出された代表者の集合である議会における過程で決定されるのであり、こうした過程は必ずしも多数決に基づいていない。またアメリカ合衆国においては、大統領は大衆による投票ではなく、選挙人によって選出されることにも触れておくべきであろう。さらに、ある種の主たる公職は、最高裁判所の判事を含めて、選出されるのでは全くなく、任命されるのである。

　こうした複雑さを次のように考えてひとまず措いておこう。すなわち、平等な投票に基づく多数決主義という単純なシステムからの逸脱が実際に起きたとすれば、それはすべて、平等な投票の帰結そのものである、あるいは民主主義に基づく秩序を維持し、民主的市民を守るために必要なもの

である。こう考えるのである。細かなことにこだわってはいられないが、平等な投票に基づく多数決主義からの逸脱がいかに正当化されるのかを理解するのは難しくない。判事は、次の選挙を気にすることなく、公正かつ偏りなく仕事を行うことができる。司法にまつわる公職は、選出されるよりもむしろ任命されるほうがよい。このようにいえよう。同様に、現代における民主主義が代表制という形をとるのはまさに、個人としての市民は、規模の大きな政治的意志決定にかかわる問題に大いに関心のある者にその重荷を背負わせるようにするからである。確かに、代表制民主主義、あるいは法解釈を選ばれた者ではない裁判官が担う社会は、全く民主主義に基づいていない。こうした旨の主張があるだろうというのは想像に難くない。だがくり返せば、こうした問題はひとまず措いておこう。ここで取り組むべき最初の課題は、平等な投票に基づく多数決主義が民主主義の理念に関する構想として実のところ十分なものであるのかどうか、ということである。

6.2.2 学校で学ぶ考え方

平等な投票に基づく多数決主義の極めて単純なイメージを考察することから始めよう。この簡略化された考え方によってもたらされる疑問や問題を理解することは、次により複雑な構想を検討するうえで役立つだろう。

アン、ベティ、カーラの3人の友達が今夜一緒に映画を観に行きたいとしよう。地元の映画館では、2つの映画が上映されている。一方はほろ苦い恋愛コメディであり、他方はアクション満載のスリラーである。彼女らはどちらか一方を選ばなければならない。どのように決めるべきだろうか。

アン、ベティ、カーラは3人とも明確な意志がないとしよう。3人は1つの映画を一緒に観たいのだが、誰も何を観るかという点にこだわりはない。そこで、単純にコインを投げて、裏か表で観る映画を決めて映画館に向かう。この場合は、民主主義とは何であるかを明らかにするには間違いなくあまりにも単純すぎる。小集団における各人が一緒に何かしたい。そして、どの映画を観るかという点に関心がない場合、彼らのあいだに争いや格差はない。3人は一緒に映画を観たい。3人にとって問題なのは、ど

第6章 民主主義 203

の映画館に入るかを決めることだけである。それは統治の問題ではなく、計画を立てる際の問題にすぎないといえるかもしれない。

　ゆえに、少しだけ事態を複雑にする必要がある。今度は、アンとベティとカーラはどの映画を観るかに関心があるとしよう。すなわち、3人のうちそれぞれが、2つのうちのどちらか1つを今夜観たいと想定しよう。もちろん、アンとベティとカーラがみな同じ映画を観たいと思っており、3人全員の映画の好みが一致することもあろう。それは幸福な一致であろう。だがくり返せば、民主主義を理解するには、その集団のなかで観たい映画について意見が一致していないと仮定することから始めなければならない。3人はどのように決めるべきだろうか。3人はそれぞれ、どの映画を観たいかを表明すべきであり、多数派が観たいと思う映画なら何であっても観に行くべきである。こうした考え方にはまぎれもなく魅力的なところがある。

　これは、我々が誰しも子どもの頃に学んだ民主主義についての単純な考え方である。それを**学校で学ぶ考え方**と呼ぼう。それは主として次のような理由から、民主主義に関する単純な考え方である。第一に、意見が対立する可能性のある、あるいは異なる選好を有する個人間で集合的な決定がなされなければならないという文脈に対処するものであり、第二に、平等と多数決という、十分な多様性を有する社会における民主主義と最も多く結びつけられる2つの主たる規範を体現するものだからである。この例において、アン、ベティ、カーラがそれぞれ、観たい映画について正確に一票を有するという点で、その決定過程は平等を実現している。3人は多数の票を獲得した映画に行くという意味で、多数決を具現化している。それゆえ、学校で学ぶ考え方においては、各人を平等に処遇する集合的決定を行う方法として、平等な投票に基づく多数決主義が示唆されている。それは民主主義ではないのだろうか。

　学校で学ぶ考え方は、多くの点であまりにも単純すぎる。ほんのわずかに複雑にするだけで、直観的な魅力の多くを失ってしまうように思われる。たとえば、アンは恋愛コメディを本当に観たくて、スリラーが本当に好きではない一方で、ベティとカーラはスリラーのほうが多少好きだが、

204　第2部　根本的な概念

恋愛コメディを観るのもやぶさかではないとしよう。あるいは、アンが恋愛コメディを選ぶのは、信頼できる批評家のレビューをいくつか読んだことによるものである一方で、ベティとカーラがスリラーを選ぶのは、レビューによる情報やそうしたものに基づくのでは全くないとしよう。さらに、アンが恋愛コメディを選ぶのは信頼できるレビューに基づくものであるだけでなく、そのうえ、ベティとカーラが最も楽しめそうな映画だという知的な判断によるものである。他方で、ベティとカーラは、結局のところつまらない映画をずっと選んできたとしよう。次に、アンが恋愛コメディを観たいと強く思い、ベティはスリラーを観たいと強く思っている。カーラは概してどちらでもよいのだが、自分がスリラーに反対すると、アンと違ってベティは怒るとわかっているので、カーラはスリラーを観ることに賛同するとしよう。あるいは、アンは、ベティとカーラがともにいくつかの重要な点でスリラーについて誤解していることに気づいているとしよう。つまり、その映画はベティとカーラが好きな俳優が主役を演じており、その映画には気分を高揚させる愛国的なメッセージがあると2人とも誤解している。他方でアンは、その映画は無名な俳優が演じており、希望のない実存的恐怖に襲われながら終わることを知っている。最後に、アンは恋愛コメディを観たくて、ベティはスリラーを観たいのだが、カーラは自分が好きな俳優が主役を演じる映画にしか票を投じないことをベティは知っていて、カーラの好みの俳優が主役だと嘘をつき彼女をたぶらかしてスリラーに票を入れさせる。こうしたいかなる場合にも、学校で学ぶ考え方は意志決定をするための良い方法を示唆しているのだろうか。

　もう少し大規模な集団において、より多くの選択肢がある場合を考えれば、事態はさらに難しくなる。たとえば、地元の映画館で今夜、恋愛コメディ、スリラー、ミステリー、ドキュメンタリーという4つの映画が上映されるとするとどうだろう。デビーとエマというさらに2人の友達がその集団に思いがけなく参加するとしたらどうだろう。デビーとエマはともにドキュメンタリーを最も観たい。他方で、アンは恋愛コメディを観たい。ベティはスリラーを観たい。カーラはミステリーを観たい。学校で学ぶ考え方に従えば、5人はドキュメンタリーを観るべきである。けれども、5

第6章　民主主義　205

人のうち3人はドキュメンタリー以外のいくつかの別の選択肢に投票をしたことに着目しよう。こうした結果を避けるにはどうすべきなのだろうか。おそらく、各人が観たい映画の順番をつけて投票するというやり方もあるだろう（たとえば、1位：ミステリー、2位：スリラーといった具合に）。ところが、そのやり方を採用すると立ちどころに、どのように票を数えるべきかという極めて難しい問題に直面する。おそらく、いまひとつのやり方として、どの映画を観るかを決定する者をその集団のなかから1人（ないし複数）指名するというのはどうだろう。だが、その決定者をどのように決めるべきだろうか。さらには、決定者は何に基づいて映画を決めるべきなのだろうか。当人の選好なのか、よい映画についての当人の判断なのか、その集団が最も選びそうな映画についての当人の判断なのだろうか。最後に、エマはドキュメンタリーをものすごく観たがっており、アンも同じようにものすごく恋愛コメディを観たがっているが、エマはアンとは異なり、ドキュメンタリー映画に票を投じる者全員にポップコーンを奢った。ほぼ間違いなく、エマはその集団の他の人たちの票をうまく買収した。このことは許されるべきだろうか。こうしたさらなる困難が容易に加わるのである。

　要点は次のことである。すなわち、こうしたいずれの場合においても、学校で学ぶ考え方は集合的決定の適切な方法を規定するわけではない。学校で学ぶ考え方が疑わしく思われるのは、単に望ましい決定をもたらさないように思われるからではない。この点に留意すべきである。より重要なのは、学校で学ぶ考え方が平等の構想を十分に体現するものであるか明らかではない、ということである。学校で学ぶ考え方では、同じ票数を与えられれば、各人は平等に処遇されている。しかしながら、「一人一票」は各人を平等な者として十分に処遇するものではない。こう論じる者もいるかもしれない。先に、各人が無知・威嚇・不誠実さ・金を通して操作されるおそれがあることを検討した。学校で学ぶ考え方において、映画の選択にかかわる各人の選好に関する熱意・順序づけ・合理性を考慮しないので、実のところ各人を平等に尊重できないという者もいるかもしれない。言い換えれば、学校で学ぶ考え方における平等の構想、つまり平等な投票は、

不十分なものだというわけである。より具体的にいえば、学校で学ぶ考え方においては、平等は単に入力の平等として理解されるが、この種の平等は間違いなく、様々な形の政治的不平等と矛盾しないのである。ゆえに、民主主義は、平等な投票に基づく多数決主義以上のものを要求するはずであるように思われるのである。

6.2.3　民主主義・平等・権威

　民主主義の理念に関する構想として、平等な投票に基づく多数決主義をあまり性急に退けないようにしよう。これまで述べてきた学校の例はあまりに単純なものであり、このことは、大規模な民主主義について導きだすことができるいかなる結論をも穏当なものにする理由を与える。結局のところ、平等な者からなる政治共同体における自己統治としての民主主義は、親しい映画友達からなる小規模な社会集団における民主主義とはいくつかの決定的な点で異なる。たとえば、映画友達の場合は、各人はお互いを知っており、情報を共有することができる。彼らは直接話し合うことができ、協力や妥協の余地が大いにある。たとえば彼らは、今夜は複数の映画を観るようにするとか、今夜は恋愛コメディを観て、週末にドキュメンタリーを観るようにすることができる。さらに、映画友達のあいだの決定は大したことではない。つまらない映画を観ようと決めたとしても、大した犠牲を払うわけではない。せいぜい時間と少々の金を無駄にしただけである。そして、いずれの場合でも、自分たちが選んだ映画があまりにひどいものだとわかれば、単に映画館を出ればよいのである。失敗したところで、それはずっと尾を引くようなものではなく、ある意味で取り返すことができる。反対に民主政治の場合、その決定には、お互いを知らず、顔を合わせて話すことのできない個人の入力が含まれる。したがって、民主的な市民が歩み寄る機会はほとんどない。さらに、民主的な決定における利害は大きい。間違えると失うものが多く、取り返すのも難しいのである。

　こうした困難は哲学的に重要である。映画友達の例を現実の民主政治により近い形で再度論じれば、平等な投票に基づく多数決主義がより妥当であるように思われるようになるかもしれない。だが、映画友達と民主的市

民からなる共同体のあいだには看過できない大きな違いがある。映画友達の場合は、誰も他者に対して権威を要求しない。さらにその集団は構成員に対して強制をともなう力を行使する権原を要求しない。民主主義は国家の形態であり、国家はその構成員に対する権威だけでなく、構成員を確実に従わせる必要がある場合に権力を行使する権原を要求する。この点を忘れないようにしよう。映画友達の場合、その集団における投票の結果がベティにとって好ましくないのであれば、ベティは単に映画に行くのを断ることができる。帰宅することもできるし、一人で別の映画を観に行くこともできる。その集団との関係を断つこともできる。極論すれば、ベティは他者との友人関係を一時的に断つことができ、以後彼らと付き合わないようにすることができる。もちろん、関係を断つ際に、ベティは潔く負けを認めないとか、負け惜しみをいう人間だという本性をさらすことになるかもしれない。あるいは、協力的でないとか、友好的でないと批判されるかもしれない。だが決定的に重要なのは、他の映画友達は一緒に映画を観るようベティに強制できないし、少しくらい我慢するよう要求もできないということである。さらに、その集団における投票結果に従うことを拒否したとしても、ベティがその集団から罰を受けるような状態になるわけではないのである。

　民主的な共同体は多くの点で異なる。民主主義に基づいて投票が行われ、結果が出れば、全員が結果としての決定に従うよう要求される。人は民主主義との関係を簡単に断つことはできないし、自分自身の規則に従って生きることもできない。さらに、民主主義において、国家は市民を従わせるための力を行使する権原を要求する。決定を拒む者に対して、長期間の投獄といった重いものを含む罰を科す権利さえも要求するのである。

　民主主義とは政治的に平等な者のあいだでの自己統治であるという考えを、我々はたやすく受け入れるけれども、民主主義には多数派の選好や意志を少数派に押しつけることが常に含まれる。この点を看過してはならない。もう少し厳しい言葉でいえば、民主主義に基づく意志決定においては、いつでも誰かが（しばしばかなり多数の人々が）敗者となる。敗者は多数派の意志を受け入れ、取り入れ、それに従わざるをえない。さもなく

208　第2部　根本的な概念

ば、国家は強制にともなう権力を行使する。こう考えよう。あなたが帰属する国家が、あなたが個人としては反対する法律を採択すると決定すれば、あなたは反対しているにもかかわらず、その法に従うことを要求される。もちろん、市民が市民的不服従という道徳的権利を有する特別な状況があり、また一部の市民にはその法に従うことを免除される権原が与えられる状況もありうるかもしれない。だが、そのような問題に関するいかなる妥当な考え方においても、民主主義において採択される法の大半は、その法に反対する者に対してでさえ服従を要求するだろう。このことをどのように説明できるだろうか。あらゆる市民の平等と両立するそのような枠組みとはいかなるものであろうか。簡潔にいえば、民主主義は次のような答えを示す。すなわち、あなたが当該の法に反対票を投じたり、その法に個人的に反対しつづけていたとしても、その法は民主主義に基づいて作られているので、あなたはそれに従わなければならない。こういうわけである。

　民主主義が政治的に平等な者のあいだにおける権威の説明としてもっともらしく思われるようになる前に、多くの詳細を論じておかねばならない。だがさしあたり、民主主義に関する極めて重要な問題は、第4章で着目した権威に関する構想にあることが理解できよう。第4章で論じたことから、民主主義は、国家が要求する権威と、あらゆる市民の政治的平等とのあいだの対立を解消するものだといえよう。くり返せば、民主主義の根本にある考え方は極めて魅力的である。国家がある意味で、国家によって統治される個人の集合的意志にすぎない場合、国家の権威と個人の平等は両立する。別の言い方をすれば、くり返せばある意味で、国家が我々そのものであるとき、我々は国家の権威を前にして個人として平等である。こうした主張を民主主義は含むのである。ひとたびこのことを理解すれば、大規模な政府の要求や複雑さに鑑みて、平等な投票に基づく多数決主義が民主主義にまさにふさわしい、というのは明らかであるかもしれない。

6.3 民主主義に関する古典的構想

ここにきて、民主主義に関する主たる哲学的構想をより深く検討できるだろう。いくつかの「古典的」構想について検討することから始めよう。それは近年の民主国家の樹立を通して流布され、影響力を持ってきた構想である。以下で明らかなように、古典的構想を引き継ぐうえで物足りない部分があるが、その点は、次節で論じるより最近の民主主義に関する考え方を批判する基盤となるのである。

6.3.1 集計民主主義

直観的かつ影響力のある民主主義理論を検討することから始めよう。それは一般に、**集計民主主義**として特徴づけられるだろう。集計民主主義は、平等な投票に基づく多数決主義を明確に採用する。各政治主体が確実に一票を有し、各人の票は平等な重みを与えられ、多数者が支配する。集計民主主義を導くのは次のような考えである。すなわち、大社会の文脈において、利益が衝突するけれども集合的決定がなされなければならない場合に、映画友達の事例で示されたような事例に悩まされることはないのである。個人の選好に関する熱意・順序づけ・合理性などに合わせようとすべきではない。また、民主的過程において生みだされる集合的決定自体が有する長所にかかわる問題に着目すべきでない。むしろ、集計民主主義は次のように主張する。すなわち、最も重要なことは、集合的決定が人々の意志、すなわち「一般意志」を代表する何らかの妥当な主張に達するべきたということである。集計民主主義は、意志決定過程において、各主体に入力の平等を与え、その入力を多数派の決定に集計するかぎりで、それは平等な者のあいだでの自己統治という民主主義の理念を実現しているというのである。

これは明快で極めて妥当なように思われる。しかしながら、集計民主主義が直面する主たる問題は、票を計算するという数学的課題にかかわる。先に述べた次のような 5 人の映画友達の事例で検討した単純な問題を思い起こそう。デビーとエマはともにドキュメンタリーを観ることに投票す

る。アンは恋愛コメディに投票する。ベティはスリラーを観ることに投票する。そして、カーラはミステリーを観ることに投票する。票数の単純な集計に基づいて、5人はドキュメンタリーを観ることに決めた。だが、その結果が当該集団の「一般意志」を反映する結果だとどのようにみなしうるのか。この点はよくわからない。とりわけ、多数派はドキュメンタリー以外のものを観たいと考えていたわけである。これは確実に過度に単純化した例ではあるが、集計民主主義が直面する問題は、このような非合理的な帰結を排除するような投票手続きをいかに設計するかという問題である。このことを示すには十分である。詳細を論じることはできないが、経済学者のケネス・アローは次のように論じている。すなわち、よく知られた社会的選択の帰結が示すのは、個人の選好を、それが一般意志を代表するともっともらしく主張できる合理的な集合的決定に変換する方法はない、ということである。したがって、民主主義を集計に基づいて考えていては危ういのである。

6.3.2　最小主義

　集計民主主義が直面する、一見すると克服しがたい数学的困難に対応する1つの方法は、一般意志というまさにその考えはまとまりがなく、ゆえに使い捨てることが可能だという結論を下すことである。したがって、集計民主主義における平等な投票に基づく多数派主義に対する信奉を有しつつ、集合的意志決定が一般意志を表明するものとみなすのがもっともであるはずだとは考えない一連の考え方がある。それは**最小主義**として知られている（第5章2節1項において、最小主義と呼ばれる正義の構想を検討した。民主主義的理論における最小主義は正義に関する最小主義とは異なるが、両者はいくつかの点で明らかに相互に補完的である）。最小主義者によれば、一般意志のようなものはなく、それゆえ平等な者のあいだでの自己統治という理念は、集合的決定が一般意志を反映すべきだと要求できない。問題は、そうした概念を用いることなく、平等な者のあいだでの自己統治をいかに意味づけるか、というところにある。そうした最小主義の2つの試みを検討しよう。

主たる最小主義の考えは、もしかするとすでにあなたの念頭に浮かんでいるかもしれない。平等な者のあいだでの自己統治の理念は、一般意志を反映する集合的決定にかかわるものだというよりはむしろ、基本的に独裁に反対する理念だという者がいよう。そして、この反独裁に基づく最小主義によってどのような議論が展開されるのかは、たやすく想像がつくだろう。この考え方によれば、民主主義の主たる目標は、官僚による独裁や市民による反抗をやめさせることで、政治的な安定を確実に生みだす枠組みにおいて集合的決定を効率的に行うことである。より詳細にいえば、反独裁に基づく最小主義者は、規則的かつ相対的に平和的な選挙を行う機会を市民に与える集合的意志決定の体系として、民主主義を理解する。それによって、市民は実績に乏しい公職者をやめさせることができ、選挙という過程を経ることで、選ばれた公職者はみずからの権力を節度をもって行使するように促され、人々に不人気だと思われる行動をとらないようになる。無理をしすぎて失敗したり、人々に不人気な行動をとる公職者は、選挙で職を失うおそれがあるので、穏健にふるまう。それゆえ、固定された階層制や統治者を必要とせずに政府は形作られ、集合的決定が効率的になされる。最小主義によれば、平等な者のあいだでの自己統治という理念は、政治に関して意欲のある個人同士が一時的に統治する機会を求めて選挙で競い合うところに実現されるのである。

　それゆえ、反独裁に基づく最小主義においては、意欲のある公職者が、選挙や他の形での大衆の支持を求めて競合する、ある種の市場のようなものとして、民主主義は理解される。したがってその考え方は、権力を循環させる諸個人からなる単一の相対的に小規模な統治者階級が社会に存在することと矛盾しない。そこでは、統治者はそれぞれ、第一義的には自分が所属する階級に利益をもたらそうとするのである。実際に、反独裁に基づく考え方は、あらゆる市民のうち少数の豊かな者だけが公職を独占するのをうまく防ぐことができる。反独裁に基づく最小主義者の考えでは、民主主義の要件は、1人の人間があまりに長きにわたって際限なく権力を持つべきではないということである。このことを思い起こそう。だが、その考え方は、ある1つの階級の構成員が残りの者を支配する社会と両立するの

212　第2部　根本的な概念

で、ある種の社会における階層制と矛盾しないように思われる。民主主義は階層制に反対すべきだという者もいよう。したがって、平等な者のあいだでの自己統治という理念を理解するには、反独裁に基づく最小主義ではあまりにも狭すぎるかもしれない。

　しばしば**多元主義**と呼ばれる、いまひとつの最小主義に基づく考え方に目を向けてみよう。多元主義は反独裁に基づく考え方、つまり民主主義は意欲のある政治家のあいだにおける票を求める競争であるという考え方を支持する。ゆえに、多元主義は平等な投票に基づく多数派主義を受け入れる。だが、多元主義者は、権力について反独裁に基づく最小主義者とはやや異なる見方を取る。反独裁に基づく最小主義者は、公職者が基本的に有するものとして政治権力を理解するが、反対に多元主義者は、社会のあらゆるところに、とりわけ政治的利益を共有する者同士で形成される諸種の集団や団体において配分されるものとして、権力を理解する。多元主義者からすれば、民主主義とは、多元的な利益集団間における、選挙日をとっくに過ぎても選ばれた公職者に圧力をかけつづけている競合する諸集団との不断の交渉である。すなわち、多元主義者は、民主主義とは選ばれた公職者による一時的かつ限定的な統治であるという考え方を退け、民主主義とは選ばれた公職者が競合する動的な少数派との綱引きに応じつつ統治を行うものである。こう考えるわけである。ゆえに多元主義者は、反独裁に基づく考え方にまつわる上述した問題を回避しているように思われる。多元主義によれば、民主主義は、固有の草の根の利益集団が形成され、組織され、活動し、究極的には影響力を行使できる制度やフォーラムを必要とする。それゆえ、多元主義者からすれば、民主主義には選挙以外のものも必要とする。つまり、民主主義はロビー活動も必要とするのである。

　２つの最小主義の違いは重要だが、おそらくそれ以上に両者の共通点のほうが重要である。両者によれば、民主主義とは、政治家に自制を促し（落選するといけないので）、市民に反抗をやめさせることで社会における安定性を確保し、競合する人々のあいだで効率的に集合的決定を生みだす政治的仕組みである。けれども、より重要なのは、民主主義の理念はいかなる深遠な意味においても道徳的なものである、ということを両者が否定

第6章　民主主義　213

している点である。民主主義が要求する平等は、厳密にいえば、各人が同等の投票権を有するかどうかという数学的問題であり、実のところ、民主主義によって独裁や不安定さを防ぐことができる、という事実にしか民主主義の価値は存在しない。したがって、民主主義における権威の基盤にかかわる上述した規範的問題、つまり民主主義に基づく決定がなぜ少数派に対してすら拘束力を有するのかという問題を、最小主義者は論じない。最小主義者の考え方は往々にして、こうした規範的問題にはつまるところ何の意味もない、という考えに動機づけられている。最小主義は、「公共の意志」を語るのは無意味だという考えから生じていることを思い起こそう。

　しかしながら、結果的に最小主義者は、公共の意志という考え方に訴えかけざるをえないのではなかろうか。こう疑うべき理由がある。このことはおそらく、反独裁に基づく考え方において最も明白であるので、それに焦点を当てよう。反独裁に基づく最小主義は、民主主義がある程度の安定性を生みだすという。その理由は、1つには、あまり仕事をしていないように思われる公職者を投票で落とす機会を市民に与えるからである。再選されないおそれがあることは、公職者が行きすぎた行動や不人気な行動を取らないようにする正当な動機を十分にもたらすものだとされる。だが、先に触れたアロー流の社会的選択の帰結が、「一般意志」というまさにその考え方が無意味だということを十分に示すものだとすれば、同様に、民主主義に基づく投票を、既存の公職者に対する市民の不満を表すものだとは解釈できないはずだということを社会的選択の帰結は示している。言い換えれば、社会的選択の結果が示しているといわれるように、民主主義に基づく投票が一般意志の表明であるはずがないのであれば（というのも、そのようなものは存在しないから）、定期的に選挙が行われるという事実が、いかにして既存の公職者に特別な動機をもたらすのか、よくわからない。一般意志という考えが無意味なものとして放棄されるならば、公職者を再選させないようにすることで望ましくない公職者を威嚇する民主的市民、という考え方も放棄されなければならない。他方で、投票は民主的市民が政治家に対する信任／不信任を表明する手段だという考え方を最小主義者が保持しつづけたければ、一般意志という考え方が再び影響力を持つ

ことになり、集計民主主義に引き戻される。それゆえ、最小主義は内部において矛盾しているように思われる。最小主義は、一般意志という考え方を無意味だとして退けたい一方で、市民から人気を得ようとするように政治家に動機づけるものとして民主主義に基づく選挙を論じたいのである。最小主義者は虻蜂取らずなのである。

6.3.3　一歩離れて考える

　民主主義に関するいくつかの現代における構想の検討に入る前に、古典的構想にかかわるより広範な懸念について検討しよう。先に2節3項［207頁～］で強調したことを思い起こそう。民主主義についていかなることを述べようとも、民主主義が国家の一形態であることを忘れるべきではない。民主主義は国家の一形態であるので、たとえ民主主義があらゆる市民を平等な者とみなすことを信奉するとしても、それ自体で市民に対して強制する道徳的権原を要求する。すなわち、市民がそうでなければ行わないことを行わせるために、国家は権力を行使するのである。第4章において、平等な者のあいだでの権威関係というまさにその考えから生じる問題を探究した。だが、民主主義は、少なくともその問題に関する解決策の1つであろうとする。民主主義論者によれば、政治的支配・法・政策は市民に対して権威を有する。というのも、それが民主主義に基づいて決定されたからである。つまり民主主義論者は、特別な例外を除いて、あなたは民主主義に基づく法に従わなければならないという。なぜなら、あなたが反対しつづけている法でさえ、ある意味であなた自身の意志によって生みだされたものだからである。

　これは極めて複雑な考えである。ほとんどの民主主義理論における課題は、このことの意味を明確にし、究極的にはそれを正当化しようとすることである。この課題を理解する1つの方法として、フランシスという同胞市民について考えてみよう。彼女は大事な投票においてまさに敗北したところであり、なぜ民主主義に基づく帰結に従うべきなのかを思い悩んでいる。彼女に何と声をかけることができるであろうか。フランシスに対して、従わなければ国家から制裁や罰を受けるという、単に賢明な理由を与

える者も間違いなくいるだろう。しかしながら、このような答えは、民主主義がなぜ権威を有するのかという点について、何も説明していない。民主的国家は他のあらゆる国家と同じように強大な権力を行使する。単にこの点を思い起こさせるだけである。だが、これこそ彼女が十分に理解していそうなことである。いかなる民主主義理論も、民主国家における政治的決定の方法には何か特別なものがあるという考えを信奉するのであり、この特別な特徴によって、民主的帰結に権威があるということが説明されるのである。ここにきて、古典的構想は、フランシスに対して次のような何らかの解答を与えることができる。それによれば、自分が反対する結果にフランシスが従わなければならない理由は、その結果が生みだされた過程において、その結果を決定するうえであらゆる市民に平等な発言権が与えられているからである。そして、これまで述べてきたように、古典的構想においては、平等な投票に基づく多数決主義の体系は、各人が民主主義に基づく帰結を決定するうえで平等な発言権を有することを十分に保証するものだと理解される。したがって、フランシスは他者と比べて過不足なく、まぎれもなく一票を有しており、その問題に関しては、彼女の考え方に同意するよりも反対する者のほうが多かった。たとえフランシスは、自分が反対する決定に当座のところ従わなければならないとしても、それにもかかわらず、彼女は平等な者として処遇されているのである。さらに、いかなる古典的構想の擁護者も、フランシスは次の選挙で再び投票する機会があり、したがって彼女の思い通りになるいまひとつの機会を有するだろう、ということができる。

　古典的構想に依拠しつつ論じてきたこうした返答には聞き覚えがあるように思われる。だが、それにもかかわらず、本当に従わざるをえないのかどうか訝しく思うかもしれない。結局のところ、他の多くの場合において、我々は望ましい意志決定として平等な投票という形を取らない。たとえば、体調が悪い時にどの薬を服用すべきかを一般の人々のあいだの平等な投票で決めるのは不合理だと思うだろう。ここで民主主義論者は、どの薬を服用するかという決定と民主主義がかかわらなければならない集合的意志決定とは決定的に異なっている。こう応じることができよう。民主主

216　第2部　根本的な概念

義論者の考えでは、民主主義において、我々は共に生を営む規則を決定しなければならず、それが政治的平等と両立するとすれば、規則を決定するうえで平等な発言権が各人に与えられることを条件とする以外にありえない、というわけである。

　ここまでは特に問題ないだろう。だがここで、民主主義論者が直面するのは、各人が意志決定において平等な発言権を有することを平等な投票に基づく多数決主義が十分に保証するかどうか、という問題である。これには議論の余地がある。フランシスについて再び考えてみよう。彼女は投票において敗北し、彼女は民主主義に基づく帰結に従うよう要求されなければならない理由について思い悩んでいる。我々はすでに彼女にこう伝えた。すなわち、その決定は全員を平等に処遇する過程において生みだされたものであるから、従わなければならないのである。だが、平等な投票に基づく多数決主義は各人に平等な発言権を十分に与えるものだという主張は、民主主義において、政治的影響力や社会的地位が市民のあいだで平等に配分されていないという事実を考慮すれば、空々しく聞こえはじめる。より具体的にいえば、既存の民主国家の歴史をそこまで振り返らずとも、少数派集団の利益・理念・関心、さらには声すらも周縁化したり、黙らせたり、後回しにし、無効にするために、多数派が様々な社会的権力を行使してきた事例には事欠かない。実際に、我々は今日でさえ、多くの民主国家における市民が、人種差別・性差別・階級差別や他の差別的な傾向性を公然と明らかにすることを知っている。そして、それは往々にして、嫌いな集団の構成員の声を無視することにつながる。恐るべき多くの経験的証拠から明らかなように、今日でさえ、あなたの同胞は、男女を問わず女性の証言について法的に、ましてそれどころか本能的に、男性の証言よりも信頼できないと無意識のうちに考える傾向がある。このことに愕然とするだろう。

　しかしながら、偏見や不正な差別的態度や実践だけが問題なわけではない。いかなる主たる政治的な役職についても、効果的に選挙活動を行うには信じられないほどの多額の資金が必要であると誰もが知っている。資金もなく、あるいは金をかけることができなければ、公職を勝ち取ることはで

第6章　民主主義　217

きない。同様に、政治的な話題について同胞市民と話をすることができる
フォーラムや制度へのアクセスが、人々に等しく配分されていないことも
知っている。自由に使える多額の資金を有する者は、新聞やテレビの広告
枠をたやすく購入でき、それによって自分の政治理念をあらゆる市民に知
らしめることができる。必要な資金がなければ、ほとんどの市民は極めて
豊かな者が活用できる政治的影響力に対抗できないのである。

　つまり、以下の点に問題がある。平等な投票に基づく多数決主義は、政
治的権力・政治的地位・政治的影響力における極めて大きな不平等であふ
れた背景的な文化と矛盾しない。そのような文化的条件のもとでは、平等
な投票は、民主主義の過程における平等な発言権を有しているとは十分に
いえない。それはもっともであるように思われる。むしろ、平等な発言権
を有することが要求するのは、全員が平等な声のようなものを有する広範
な文化的条件において平等な投票が行われることである。このように論じ
る者がいるかもしれない。つまり、同胞市民によって平等な者だと認めら
れる社会的地位を有し、考え方・懸念・提案に関する声を平等に聞くに値
する者として認められるといった条件を必要とするのである。このこと
は、次節で検討する民主主義理論における2つの主たる現代の潮流を下支
えする考え方である。

6.4　現代の2つの潮流

　民主主義の古典的構想を下支えするのは、多数決の意志決定手続きにお
ける入力の平等は、民主主義に基づく帰結が権威を有する理由を十分に説
明するものだ、という主張である。平等な投票は、民主主義に基づく意志
決定においてあらゆる市民が平等な発言権を有することを保証するのに十
分ではない。こういう旨の議論をまさに検討してきた。他に何が求められ
るのだろうか。以下で検討する2つの考え方には、共通する中核をなす見
解がある。両者は、古典的民主主義理論について、民主主義に基づく意志
決定手続きを極めて狭く取りすぎている、というのである。より具体的に
いえば、古典的民主主義理論において、平等の構想は、投票ブースで起こ

ることや政治家の公的な活動だけに過度に限定されて取り入れられている、というわけである。現代の民主主義理論を大いに下支えするのは次のような考え方である。すなわち、民主主義に基づく意志決定過程は投票をもって終わるかもしれないけれども、意志決定過程は、投票日よりはるか以前の、民主的市民が政治的にかかわる文化的かつ市民的活動から始まっている。ここで、それがいかなる活動であるのかを問わねばならない。以下で考察する2つの考え方、すなわち参加民主主義と熟議民主主義は、異なった答えを与える。とりわけ熟議民主主義は、誰に聞いても今日の民主主義理論に対する影響力のあるアプローチである。熟議民主主義については少し詳細に検討しよう。

6.4.1 参加民主主義

参加民主主義によれば、平等な者のあいだでの自己統治という考え方には、古典的構想においては暗に退けられるシティズンシップに関する確固たる構想が含まれる。すなわち、参加民主主義によれば、古典的構想は停滞した民主的シティズンシップの構想を前提としている。大まかにいえば、古典的理論家は、市民を自分たちの選好に適う政治秩序を求める非常に私的な自己利益を追求する主体だとみなすところから議論を始める。反対に、参加民主主義論者からすれば、民主的シティズンシップとは固有の公職のようなものである。この考え方によると、市民は私益を求めて公共の場で活動する私人ではない。むしろ、民主的市民は、自己統治という集合的企てに貢献する固有の市民としての、公共精神を有する役割を担うのである。

このように、参加民主主義論者は民主主義を次のような政治的・社会的秩序として理解する。すなわち、各人が時として私益を捨てなければならず、個人の選好ではなくむしろ共通善のために行動するという政治共同体に関する見方を他者とともに受け入れるのである。それゆえ、民主主義は、相互に絡み合う市民による結社の大規模な集合として構想される。そこにおいて各人は、全体にかかわる固有の善をもたらす目標や財をともに追求するのである。ゆえに重要なのは、古典的理論家が着目する、選好が

競合するなかで集合的決定を生みださなければならないということではなく、平等な市民のあいだに連帯意識・同意・共同体・帰属意識を生みだすことを目的とする市民的過程だということになるのである。

　先に述べた多元主義的な最小主義と参加民主主義を比較するのは有意義であるかもしれない。多元主義は次のような考えを支持する点を思い起こそう。すなわち、民主主義とは、市民の利益を中心に組織される社会集団間における不断の権力闘争の体系である。つまり、社会集団は権力の座に就く公職者に対する影響力を保持しようと張り合い、公職者はなるべく多くの集団を満足させ、できるかぎり諸集団を無視しないようにする（再選される可能性を減らすことのないように）。参加民主主義もまた、民主主義は不断の社会的過程であるという幅広い考え方を取るが、民主主義への参加は、根本的に市民としての観点からなされるよう市民に要求するという。多元主義は、特定の選好を中心に公共政策を立案させるために公職者に必死で圧力を加えようとする特定の利益集団の観点から民主主義に基づく行動を理解する。それに対して参加民主主義論者は、第一義的には市民間の合意や連帯や相互理解を確立することを目的として、市民集団が様々に組織され、相互に交流するという観点から民主主義に基づく行動を理解する。両者の違いをよりはっきりと論じれば、多元主義者は、我々が今日ロビー活動と呼ぶものとして民主主義を理解するが、参加民主主義論者は、我々が組織化と呼ぶ幅広い市民活動を民主主義と結びつけるのである。そして多元主義者は、利益集団に特有の活動とは特定の集団の利益に適う政策を支援するよう政治家に働きかけることだと理解するが、参加民主主義論者は、個別訪問や選挙活動から手紙を書くことや社説を書くこと、意識高揚を図ることや共同体を形作ることといった、共通の利益に関する社会運動を喚起することに役立つ様々な幅広い政治活動を認める。

　ここで、先に論じた落ちこんでいるフランシスという市民について再び考えてみよう。彼女はまさに選挙に敗北し、なぜ自分が認めていない既存の結果に従わねばならないのかを思い悩んでいる。参加民主主義論者ならば、彼女に次のようにいうだろう。すなわち、選挙で彼女が望む結果にはならなかったけれども、そこに至るまでの過程において、彼女は次のよう

に処遇されているので、彼女は従わなければならない。つまり、フランシスは他のあらゆる市民と同じ投票権を有するのみならず、より多くの人々に彼女の考え方を納得させるための公的な活動を組織し、それに従事する自分と同じ考えを持った市民と協働する機会を有している。さらに参加民主主義論者は、彼女の側は選挙で負けたけれども、彼女はそれでも、その決定を覆すよう同胞市民を説得しようとする社会的・政治的活動に従事できる。もっといえば、彼女らは、団結し、批判し、異議申し立てをしつづけることができる。そして場合によっては、彼女が反対する決定を拒否したり、それに抗議したりすることすらできるのである。

　参加民主主義論者は、平等な者のあいだでの自己統治という民主主義の理念は、平等な投票に基づく多数決主義が次のような民主的な市民活動を幅広く社会的に支援することによって補完される場合に実現されると主張しているといえよう。すなわち、市民が公的に相互交流し、コミュニケーションを取り、お互いの政治に対する見方に影響を与えあうことができる市民活動である。したがって、こうした考え方は、少数派の有権者に対してさらなる正当化のようなものを与えるという点で、古典的構想を改良するものである。つまり、フランシスの思いどおりになったわけではないかもしれないが、彼女は同胞市民に自分の考えを知ってもらうことができた。そして、人々の考えを変えようとする機会を与えられたのである。

　だがそれでも、参加民主主義のモデルは、上述した古典的構想にまつわる問題に対処できないかもしれない。連携を組織し、構築するための機会は、間違いなく民主的過程の主たる要素である。さらに、参加民主主義において論じられる公共精神のようなものは、民主主義が健全であるために確実に必要である。けれども、広範な文化において、一部の市民の考え方・懸念・声が概して見向きもされず無視される場合に、問題は残る。一部の市民が体系的に周縁化され、中傷を受けることが多いとすれば、市民が公的にまとまる機会を与えられるという事実は、古典的構想をわずかに改善するものでしかない。背景となる文化において、敵対感情・差別・不正な偏見が暗に広まっていることによって社会的地位が不平等なところでは、参加民主主義の構想がそれを改善するということはほとんどない。実

第6章　民主主義　221

際にそのような状況において、参加民主主義論者は、最も力を持たず、い
つも決まって最も脆弱な一部の市民に対して、民主主義を改善するための
厄介な仕事を直接的に課すことになる。そのように一歩踏み込んで論じる
者もいるかもしれない。別の観点からいえば、参加民主主義の構想は、市
民に対して、個人としても集団としても、声をあげるよう促すけれども、
実際に誰もが自分の意見を聞いてもらえるようにするのに大いに役立つわ
けではない。参加民主主義の構想によって、平等な者のあいだでの自己統
治という理念がどのように実現されるのかはよくわからないのである。

6.4.2 熟議民主主義

　上で述べた議論が正しければ、民主主義の理念は、参加民主主義論者の
いう市民社会を背景にして、平等な投票に基づく多数決主義以上のものを
要求する。ある社会を政治的に平等な者のあいだでの自己統治を体現して
いると無理なくみなすことができるとすれば、さらなる他の条件が必要で
ある。**熟議民主主義**に基づく民主主義の構想においては、平等な者のあい
だでの自己統治という理念は、民主主義の帰結がある意味で**公共の熟議**の
過程によって生みだされる場合に実現されるという。それゆえ、熟議民主
主義論者は、民主主義は投票や選挙に留まるものではないという考え方を
参加民主主義論者と共有する。つまり、参加民主主義のように、熟議民主
主義からすれば、選挙に至るまでの社会的・市民的過程は、投票行動と同
じくらい、民主主義にとって決定的に重要なのである。さらに、熟議民主
主義論者は概して、参加民主主義論者が考えるような諸種の社会的・政治
的組織や結社が盛んに活動する活気にあふれた動的な市民社会を是認する
点も指摘しておくべきである。だが、熟議民主主義論者は、政治に対する
見方や市民の投票を促す理由がどのように形成されるのか、という点に固
有の懸念を有している。民主主義において、集合的決定が権威を有するの
は次のような事実があるからである。すなわち、各人が投票に先立って、
みずからの考え方を理性的に擁護し、競合する考え方に反対する理由を示
すことで、みずからの考え方を採用するように他者を理性的に説得できる
活動に従事できるからである。熟議民主主義論者によれば、民主主義の理

222　第 2 部　根本的な概念

念の中核には集合的理由づけという考え方がある。市民が平等な者として
みずからを統治するために、平等な者としてともに議論しなければならな
いのである。

　それはかなり高尚なものに聞こえる。示唆されていることをより明確に
理解するために、再びフランシスについて考えてみよう。熟議民主主義論
者によれば、自分が反対する民主的な帰結にフランシスは従わなければな
らない。というのも、投票に先立って（フランシスを含む）市民は、各人
の見解や選好だけでなく、自分がその考え方を支持する理由について意見
をやりとりする機会を有しており、フランシスや彼女と同じ考えを持つ仲
間は、他の人々を十分に説得できなかったのである。したがって、熟議民
主主義の過程において、自分の考えに賛同し、他者の考えに反対する理由
に聞く耳を持たせるという事実から、フランシスの平等は尊重されてい
る。だが、おそらくこのことよりも重要なのは、同胞市民がフランシスの
見解を退け、別の見解を支持しようと考えるようになる理由を、フランシ
スが聞くことができるということである。フランシスは、さしあたり反対
する結果に従わなければならないけれども、彼女はそうした結果が支持さ
れる理由を理解できるし、おそらく受け入れることすらできる。そして彼
女は、同胞市民がそうした他者の見解をどうして受け入れるようになった
のかを理解できる。だから、その結果を批判したり、修正を強く要求する
ために、どのように行動すべきかも理解できる。一言でいえば、熟議民主
主義論者によれば、平等な者のあいだでの自己統治は、集合的決定が市民
による論議に応じたものである場合に実現されるというわけである。

　それゆえ、熟議民主主義も、社会的地位における不平等にかかわる先に
挙げた困難に同調して批判する。事実上、公共の熟議の社会的過程におい
て、あらゆる市民の理由が公正に聞く耳を持たれないかぎり、民主主義の
理念は実現されない。各人は、他者の見解について進んで問いかけるだけ
でなく、自分の政治的見解に対する異議申し立て（や自分の考えを変えよ
うとするもの）を進んで受け入れる。これは、金やその他の社会的特権が
政治権力に転換されないように設計された制度や政策を民主主義は必要と
する、ということをある意味では示している。さらに、民主的な熟議は公

第6章　民主主義　223

共のものであるべきだと要求することで、熟議民主主義論者は、民主主義の背景にある文化において偏見に満ちた不正な差別的態度が広まっていることによって平等が切り崩されるという懸念にある程度対処することになる。一例を挙げると、公共の熟議は公衆を包括しなければならない。ゆえに、市民が民主主義に基づく理由づけの過程にアクセスするうえでの非公式な障害は取り除かれなければならない。さらに、熟議が必要だということは、人種差別・性差別・その他の不公正な差別に基づく政治的見解を根絶し、中立化するのにも役立つ。お互いの理由に耳を傾け評価するとき、特定の考え方が無関係だとされたり、認められないことさえある。つまり、単に頑固一点張りの態度を表すだけでは、論議において異議を唱えることはできないのである。

　熟議民主主義には固有の美徳がある。熟議民主主義が現代の民主主義的理論において重要なアプローチである理由はこの点にある。しかしながら、明らかな困難もはらんでいる。そうした困難を理解するために、まず、熟議民主主義の中核的な要素の1つをもう少し詳しく検討する必要があるだろう。

6.4.2.1　公共的理由づけ

　熟議民主主義論者によれば、民主主義に基づく政策は基本的に、単に投票というよりもむしろ論議に基づいて行われる。投票に先立ち、市民や公職者は、集合的熟議の公的な過程においてお互いの理由を共有したり、やりとりしたり、評価したり、批判したりすると考えられる。ここで次のような疑問が直ちに思い浮かぶのは当然だろう。論議とは何であろうか。

　この問いについて、熟議民主主義論者は実に様々に応じている。ただし、熟議民主主義論者は次の点に同意しているように思われる。公共の熟議に従事するとき、市民は自分たちの理由を同胞市民に聞いてもらおうとする。だとすれば、1つには、公共の熟議を行う場合、市民は同胞市民が自分たちのものとして取り入れることができる理由しか与えないことが想定される。少し前に論じたように、これが意味するのは、公共の熟議において特定の類の考え方が許されるものではなくなるおそれがある、という

ことである。たとえば、あなたが極端な減税を支持し、その理由について、「お金が好きだから」とか「お金が欲しいから」などと説明するならば、あなたは公共の熟議の過程に貢献できない。確かに、お金が好きだから減税を求めるというのは、実のところ、減税を支持するあなたにとっての理由になるかもしれない。けれども、あなたがお金が好きだから減税を求めるということそれ自体は、私からすれば、あなたが示した減税に関する考え方を採用する理由にはならない。「お金が好きだ」とか「お金が欲しい」と明らかにすることで、あなたは当該の減税を支持する理由を私にもたらさなかった。あなたは自分自身に関する情報を明らかにしただけである。ともに熟議するためには、市民は、特定の理由、すなわち市民が潜在的に共有しうる理由を与えあう必要がある。

　近年の学術論文における一般的な用語に従って、有意義に共有可能なこうした理由を**公共的理由**と呼ぼう。したがって、熟議民主主義論者によれば、集合的な意志決定が市民の公共的理由に応じたものである場合に、平等な者のあいだでの自己統治という理念は実現される。そこで、何が理由を共有可能なものにし、ゆえに公共のものにするのかを問わねばならない。

　「お金が欲しいから」というのが、公共的理由だとみなしえないのは直観的に理解できる。少し前に述べたことからすれば、「お金が欲しいから」という理由は有意義に共有できないのは明らかである。だが、共有可能な理由とはいかなるものであろうか。減税を支持する次のような理由を考えてみよう。「減税することで、地方経済は活性化するだろう、そして失業率を下げるのにかなり役立つだろう」。この理由は、市民間で有意義に共有されうるという意味で、公共的理由であるようである。減税は表明されたような効果があるということが、私が減税を支持する理由になりうるし、それはあなたにとっても同様である。そして政策を支持する決定的な判断として、景気を刺激し、失業を減少させるという公共善を引き合いに出す点で、それはなおさら公共的な理由であるようにも思われる。ここで示された後者の理由によって、その理由の共有可能性は説明されるといえるだろう。というのも、市民が価値があるものとして認識することが理性的な観点から期待される社会的善や目標を引き合いに出すからこそ、そ

第 6 章　民主主義　225

の理由は共有可能なのである。

　ここで、ある理由を公共のものだとすることは、それを是認することとは明らかに異なる。この点を強調しておくべきだろう。ましてや、その理由にとりわけ価値があるということですらない。公共的理由は、それでも退けることができるものなのであり、さらには、公共的理由は脆弱なものであるおそれもある。人は、理由の公共性を認識する一方で、それに異議を申し立てることもできる。たとえば、減税が提案されたが、経験的な根拠に基づけば、減税は実際には景気を刺激しないだろう。こう主張できる。もしくは、減税には示されたような効果があるかもしれないが、減税に反対するより重要な公共的理由がある。こうも主張できる。減税が本当に景気を刺激し、失業率を改善すると想定されるが、多くの中間層の没落を招き、最も貧しい人々の住宅所有率を大幅に減らすことにもなるだろう。こう主張する者もいよう。そのような状況においては、相対する公共的理由、すなわち公共の熟議において、他の理由とのあいだで評価されるべき考慮が存在するであろう。

　もちろん、ここまで述べてきた減税の例は非常に単純なものである。さしあたりその要点は、熟議民主主義論者の考えでは、公共的理由とは民主的な熟議が行われる条件だ、ということである。いかなる政策課題に関しても、広範にわたる多様な政策を支持する幅広い公共的理由があるべきであり、そうした公共的理由には様々な力や重要性や妥当性があるだろう。民主的な熟議の課題は、公共的理由を十分に考慮し、それぞれの選択肢を支持する公共的理由を検討することで、政策的な選択肢を聞いてもらうことである。このように、市民が公共的理由をやりとりし、評価する必要があるということには、民主的市民が向き合わねばならない政策課題について議論する余地を残しておくという意図がある。つまり、政策提案にかかわる公共的理由を明らかにすることは、その課題が公的に熟議される可能性がないのではなく、熟議に開かれているということである。このように考えられるのである。

6.4.2.2 公共的理由に潜む難点

　公共的理由という語は、ジョン・ロールズの哲学に端を発する熟議民主主義論者の考え方と密接にかかわるのだが、熟議民主主義論者のあらゆる民主主義の構想は実のところ、民主的な熟議において重視される理由とそうではない理由に関するいくつかの明確な区別に依拠せざるをえない。ここまで私は、公共的理由という語を一般的な意味で使用してきた。つまり、単に公共の熟議において重要視されるという意味で使用してきた。けれども、いわば悪魔は細部に宿るのであり、公共的理由とそうではない理由をどのように区別すべきかにかかわる先に述べた事例は、あまりにも単純なものであった。求められる詳細を論じようとすれば、こうした区別から生じるいくつかの困難を検討せねばならない。

　ある理由は、共有可能であるからこそ公共的理由になりうると論じた。そして、理由が共有可能であるかどうかは、少なくともある程度はその中身にかかわるとも論じた。より具体的にいえば、減税の例では、景気に対する刺激・失業率・中間層の懐事情の健全性・住宅を所有できる可能性に関する考慮は、それにかかわる民主的市民のあいだで理性的な観点から幅広く共有されうる目標や価値を引き合いに出している点で、すべて公共的なものだと論じた。これは、公共的理由とそうではない理由の区別は大いに社会学的な問題だということを示唆する。すなわち、そうした理由が公共的理由であるのは、一部の民主的市民がそれを共有可能なものだと認めるからだ、というわけである。しかしながら、ある理由がこのような形で公共的理由になるのであれば、熟議民主主義論者は、参加民主主義の構想や古典的構想に対して指摘された類の困難に直ちに直面することになろう。具体的にいえば、理由の公共性が社会学的な問題として理解されるのならば、たとえば、人種差別・性差別・階級差別・同性愛差別に基づく公共政策を支持する理由は、当該の問題について、そうした差別的態度が社会において一般的なものなのであれば、公共的理由だとみなされるだろう。言い換えれば、理由の公共性を社会学的に解釈すれば、とりわけ偏見が際立っている共同体において、偏見を助長するように思われる。これは最も望ましくない帰結である。それゆえ、熟議民主主義論者は、公共的理

由とそうではない理由を区別するために、何らかの社会学的でない基準を必要とするように思われる。

　社会学的でない公共的理由の構想という考え方自体が複雑なものであるかもしれない。結果的に、公共的理由とそうではない理由を区別することで、民主的市民が公共的熟議を行うのに役立ち、あらゆる市民の見解が公正に聞き入れられることを保障することで、あらゆる市民を平等に尊重する政治的決定がなされるようになると思われる。そこで、それ自体がある一定数の市民が実際に共有する理由に関する社会学的事実に基づかない共有可能な理性の構想とはいかなるものであろうか。こうした疑問を抱く者もいよう。やや異なる観点からいえば、「公共的理性とそうではない理性を区別するとき、いかなる理由に訴えかけるのが適切なのか」と問う者もいるだろう、ということである。まさにそうした試みは、なおさら破滅的であるように思われる。

　だが、あまりに事を急ぎすぎないようにしよう。論を先に進める１つの方法は、政治的に平等な者のあいだでの自己統治という民主主義の理念を再び検討することである。つまり、様々な形で本書全体を下支えする次のような根本的な前提に訴えて、理由の公共性を定義しようとするのである。すなわち、各人は自由で平等な個人であり、それに応じて、国家は各人を基本的に自由で平等な個人として尊重する必要がある。こういう前提である。そうすることで次のようにいえよう。ある理由は、その力が民主主義に基づく集合的な自己統治の試みにおいて、あらゆる市民を自由かつ平等な協力者だとみなすことと矛盾しないかぎりにおいて、公共のものでありうる。それゆえ、理由の公共性は、単なる共有可能性の問題というよりは、自由で平等な民主的市民のあいだでの共有可能性の問題なのである。

　これは望ましい説明であるように思われる。というのも、先に述べた不正な差別的態度に基づく理由は、公共的理由であるための資格を満たしていないと適切に論じることができるように思われるからである。また、減税の議論で先に引き合いに出した理由を、公共的理由として適切なものだとみなすべき理由もうまく捉えているようにも思われる。ここにきて、減税の事例において、景気の刺激や住宅の所有に関する考慮は、単に民主的

市民のあいだで概して共有されるはずだというものではないと考えられる。そうした考慮は、自由で平等な民主的市民だとお互いをみなす個人からなる共同体において共有されるべきなのである。したがって、自己中心的で強欲なエリート主義者からなる共同体においてでさえ、税政策が最も貧しい市民にどのように影響するのかを考慮することは、エリート主義者がそれを公共的なものだと考えようと考えまいと、公共的理由だとみなされるだろう。最終的に、理由の公共性をこのように理解すれば、熟議民主主義論者が公共の熟議の過程と民主主義に基づく集合的決定の拘束力のあいだに強いつながりがあると考える点に目を向けることになる。熟議民主主義論者の考えでは、民主主義に基づく集合的決定が拘束力や権威を有するのは、民主的過程によって公共的理由を理解できるという事実に負っている。このことを思い起こそう。公共的理由とそうではない理由の区別に関する社会学的でない説明とともに、それに加えて、熟議民主主義論者の考えでは、民主主義に基づく決定が権威を有するのは、意志決定過程が次のような理由に応じているという事実に基づいているからである。すなわち、市民がお互いに同胞市民として十分な配慮を示すときにもたらされる理由である。

　しかしながら、重要な問題が残っている。公共的理由とそうではない理由の区別に関する社会学的でない解釈は、各人の自由かつ平等という道徳的理念に基づいている。再度論じておけば、ある政策を支持する理由は、あらゆる市民の自由や平等と両立する場合に公共的理由だといえる。だが、各人の自由や平等に十分に配慮していると明らかにすることは概して、政策について考えるときに、まさに市民の分裂を招く。おなじみの事例を１つ挙げれば、社会における最も貧しい者に対する公的扶助の幅広い体系における累進課税構造は、社会において周縁化され、権利を剥奪されやすい者が民主的市民として行動できるように政府が保障する１つの方法だと論じる者もいる。ゆえに、あらゆる市民の自由や平等に十分に配慮するには、社会は累進課税と公的扶助を支持しなければならないというのである。だが、そのような枠組みは、最も貧しい者を支援しようという計画や便益に依存したままでいるよう彼らを促すことによって、実際には彼ら

第６章　民主主義　229

の身を落とすことにつながる。こう論じる者もいる。第5章で見たように、最小国家あるいは審判国家だけが、各人の自由や平等と両立しうると論じる者もいる。ゆえにそう論じる者は、累進課税や公的扶助を支持する論者を、個人の自由や平等について実に無神経だとみなすのである。要は、自由や平等の理念の中身がいかなるものであるかという点については、民主的市民のあいだで意見が分かれるのである。そして、こうした市民の分断は、往々にして市民のあいだに公共政策に関する意見対立をもたらす。理由の公共性に関する構想は、公共の熟議において重要だとみなされる理由とそうではない理由を区別することを必要とする。それゆえ、控えめにいっても、公共的理由という構想について考える際に自由や平等の理念を引き合いに出す戦略は、見込みがないように思われるのである。

6.4.2.3　熟議民主主義が抱える問題点

こうした特定の概念上の問題は乗り越えられると仮定してみよう。おそらく、自由や平等の理念は、十分に確固たる異論の余地のない規範的な中核がある。それは理性の公共性に関する社会学的でない構想を考える際に活用できるかもしれない。だが、それにもかかわらず、熟議民主主義論者の企てからいくつかの問題が生じる。ここで少しだけ考察しよう。

一連の問題がおそらくすでに思い浮かんでいるかもしれない。熟議民主主義はいかにすれば制度化できるのか。それはどのような制度になるのか。熟議民主主義は公共の熟議に関する特別なフォーラムを作ることを必要とするのか。それはどのように機能するのか。各市民は、すべての他の市民の声に耳を傾ける平等な時間を与えられるのか、もしくは一部の市民の声だけに耳を傾けるのか。熟議民主主義がどのように実践されるのかという点を考えはじめると、民主主義には、熟議のうえで政治的決定を行う時間があるのかどうか疑わしく思う者もいよう。このことは、熟議民主主義が市民に何を要求するのかについて何も示さない。政治的な議論を毛嫌いし、むしろガーデニングや料理や子どもに読み書きを教えることに自由な時間を費やす市民はどうだろうか。彼らは、民主的シティズンシップにおける失敗だとみなされるべきなのか。ここで、オスカー・ワイルドが社

230　第2部　根本的な概念

会主義をからかったことを思い起こす者もいよう。すなわち、社会主義はあまりにも多くの会議を必要とする。彼はそう述べたのである。

おそらく、熟議民主主義論者はこうした懸念に次のように応じることができるだろう。熟議民主主義論者からすれば、熟議民主主義の中核をなす理念は、市民が熟議する機会しか要求せず、市民に熟議すること自体を要求するのではない。こう述べるかもしれない。さらには、熟議民主主義の理念は、熟議に基づく代表制において実現され、ゆえに一般の市民は、見たところ厳格な熟議民主主義の負担からは解放される。だが、こうした懸念が解消されうるとしても、別のかなり明白な一連の懸念はまだ残る。熟議民主主義のモデルは全体としてどうしようもないほど楽観的ではないだろうか。熟議民主主義は、ほとんど言い訳できないほど純朴な政治観に依拠しているのではなかろうか。

熟議民主主義論者が民主的市民に課す認知的な要求についてもう少し考えてみよう。まず、市民は同胞市民とともに公共の場で進んで熟議しようとしなければならない。だとすれば、市民は自分の政治的信奉を通して考えることができなければならず、また進んでそうしなければならない。自分の理由づけを明らかにしなければならない。そして、その理由が十分なものであるかどうかを検討しなければならない。だが、市民はまた、そうした理由を進んで他者と共有しようとしなければならず、批判に対して自分の政治に対する見方を擁護しようとしなければならない。さらに、政治的に意見の異なる者が提示する理由を聞くことを期待されている。もっといえば、意見の異なる者が示す理由の長所を真剣に検討しなければならない。くり返せば、おそらく、こうした要求を面倒くさいものだと感じる者も間違いなくいるだろう。しかしながらそれは、さほど極端に骨の折れるものではない。ただし、熟議民主主義はこれ以上のことを要求する。市民は自分の考え方が誤っていたり、不完全であったり、非理性的であったり、愚かなものである可能性を進んで認めなければならない、というのである。そして、市民はみずからの政治的確信が修正される余地や、熟議に基づくやりとりのもとで変更される余地を認めなければならない。市民には次のことが期待されている。すなわち、みずからの政治的確信から批判

第6章 民主主義　231

的に距離を取り、長いあいだ保持され、大事にされてきた信奉について、それに欠陥があることが熟議によって示されたならば、それを捨て去ることである。公共の熟議において、どうしても面子を失う市民もいるだろう。熟議の過程で、辱められ、さらし者にされたと感じる者も間違いなくいるだろう。

　ここで、そうした認知的要求や期待をするのは、哲学教室においては大いにふさわしい。哲学教室における明確な集合的目標は、考え方を疑い、批判をやりとりし、反論を表明し、そして議論が導くところならどこでもそれに従うことである。それはすべて、真実に近づかんとするためである。だが、民主主義は哲学教室ではなく、そうであるべきでもない。各人の政治的見解に対する信奉は、ひいき目に見ても複雑なものであり、ほとんどの場合、十分に理性的なものだとはとてもいえない。往々にして、政治的確信は、理由・価値・育ち・妄信・文化的先入観といった様々な諸力が絡み合った結果としてもたらされるものである。したがって、自分の理由をきちんと判断できず、それを様々な形で非理性的な経験に基づいて擁護しがちである。市民は作話し、正当化し、自分の考えを支持する証拠の重要性を過大評価し、自分の考えと対立する証拠の重要性を過小評価する。実際に、結局のところ、我々はことさらうまく論議できるわけではないのである。自分が依拠している理念や信奉について考える場合には、なおさらうまくいかないようである。我々の政治に対する見方は、自分の生を営んできた価値・企て・計画と密接にかかわっていることが多い。したがって、我々は往々にして、熟議民主主義論者が要求するように、そうした見解を理性的に公平なものとして扱うのは難しいとわかっている。つまり、市民が自分の考え方を同胞市民による理性的な精査にかけるという熟議民主主義の期待は、あまりに要求が高すぎるように思われるのである。

　熟議民主主義論者はこの点を認めるかもしれない。だがそれでも、民主的市民は、自分の最善の理由から導かれる政治的見解を有するべきであり、ゆえに市民は自分の確信を他者による理性的な精査にかける用意がなければならない。おそらく、熟議民主主義論者はそのように主張するはずである。だが、ここで新たな問題について考えてみよう。熟議民主主義

232　第2部　根本的な概念

は、間違いなく理由・理性・熟議といった概念を多用する。これらの用語や、それから生じる熟議民主主義の理念は、一連のコミュニケーション的規範を前提としており、それ自体が不正に排他的であるおそれがある。そう懸念する者もいるかもしれない。すなわち、熟議民主主義論者が理由のやりとりや理性的な対話を要求することは、はっきりと発音され、丁寧で、洗練された、穏やかな発話を政治的に重要なものだとすることにつながるのである。ほぼ間違いなくこれは、教育を受け、雄弁で、その土地の言語を母語として話す市民に有利であり、様々な点でそういう者はすでに優遇されているに違いない。強い訛りをもつ者、あるいはあまり明瞭に話さない者、または公衆の面前でうまく話せない者は、不合理なものとして退けられ、それゆえその人たちの理由は無視されがちである。くり返せば、熟議民主主義論者による公共の熟議の構想は、学術セミナーにおける実践や規範にあまりに根差しすぎているのではないか。そう訝しく思う者もいるだろう。

　ここにきて、それに関連する懸念が立ち現れてくる。熟議民主主義論者の考え方が、実のところ必要な雄弁さや冷静さをもって話すことが最もたやすくできる者にとって有利なものだとすれば、その考え方は、そのような話者が支持するはずの政治的見解にとって有利であるように思われる。教育をうけ、上品で、話す能力があり、洗練された市民の話に特権を与えるとすれば、熟議民主主義モデルは、有利な社会階級と結びついた政治的見解に特権を与えることになる。つまり、白人で裕福な男性で一流大学を卒業したホワイトカラーである。それゆえ、熟議民主主義が公共の熟議や集合的論議に訴えかけることは、それ自体で、知らず知らずのうちに政治的な現状維持を擁護することになるのではないか。そう懸念されるのである。民主主義に対する急激な経済的・社会的変革を支持する者は、現状を維持したい者の声や見解を特権化するコミュニケーション的規範を用いざるをえない。けれども、夜のニュースを見れば容易にわかるように、長く維持されてきた差別や不正の体系を、単に論議や議論をもってたやすく変えられることはありえない。固定化された制度や実践を変革するには、見たところ理由のやりとりとはほとんど関係のない政治活動を時として必要

とするのである。

熟議民主主義の考え方が目指すことからすれば、熟議民主主義は、熟議民主主義論者のいう公共の熟議や集合的論議の概念がいかに、有利な立場にない者の声を受け入れ、それを公正に聞く耳を持つことができるのかどうかを示す必要があるだろう。また、熟議民主主義論者は、熟議民主主義の理念が、民主的な社会変革がしばしば必要とする政治活動のようなものと矛盾しないことを示さなければならない。確かに、現代の熟議民主主義論者は、こうした懸念に応じる説明をしきりに展開している。それがうまくいかないかぎり、たとえ熟議民主主義が計画としては実践可能で、認知的な面からも実行可能なものだとしても、政治的に望ましくないおそれがあるだろう。

6.5 結論

この章ではたくさんの考え方を取りあげた。おそらく我々が最も大事にしている政治理念である民主主義は、哲学的に生き残れないかもしれない。こうした希望のない結論をもって本章を終えることになるように思われる。この結果を我々はどのように考えることができるだろうか。

本書を通して、自分たちの政治的秩序を首尾一貫したものにする方法を探究してきた。その主たる課題は、国家の権威が個人の自由や平等といかに両立しうるのかを示すことであった。言い換えれば、我々は国家の正当性を探究してきた。本章の最初で触れたように、民主主義は国家が権威を有するある種の統治をもたらすように思われる。というのも、ある意味で国家とは、国家に帰属する市民そのものである。こういえるからである。国家の意志、すなわち国家の法や命令に体現されているのは、人々の意志なのである。その考え方が妥当だとすれば、本書の課題の主な部分は達成されたであろう。だが、本章で論じたように、民主主義の基本的理念、すなわち政治的に平等な者のあいだでの自己統治という理念はとりわけ厄介なものである。本章の議論には多くの単純な前提が用いられていることを付言しておくべきだろう。民主主義の意味を明らかにするという課題は、

本章で論じた以上に実に難しいのである。

　本章の初めのほうで、ウィンストン・チャーチルの有名な皮肉に触れた。チャーチルはかつて「民主主義は、これまでに試みられてきた民主主義以外のすべての政治形態を除けば、最悪の政治形態である」と述べた。この言葉はしばしば、含み笑いをともないながら言及される。この言葉から引きだされる教訓は、単に次のようなものだとされることが多い。すなわち、民主主義にいかに欠陥があろうとも、その代わりとなる政治体制は民主主義以上に望ましくないので、我々はただそれに耐え忍ぶべきだ、というものである。最悪の統治形態のなかでも最もましなものだ、というチャーチルの民主主義の擁護論は、もしかすると民主国家を哲学的に正当化するには十分かもしれない。これ以上のことを探究しようとして哲学者は過ちを犯しているのだろう。だが他方で、チャーチルの評価についてもう少し論じるべきことがあるかもしれない。民主主義に関して、それを最悪なもののなかでも最もましな選択肢にするものは何か。このことを厳密に問うのには意味があるだろう。

　1つの回答がすぐに思い浮かぶ。民主主義は、それ自体の修正と両立する統治の体系であるという点で優れている。民主主義は、民主主義に基づく政策を絶え間なく再評価・再検討し、しばしばその政策を改善する。さらに、民主主義としてのアイデンティティを残しながらも、そのより根本的な制度的・手続的な構造ですら刷新することができる。もちろん、民主主義において、広範にわたって社会を変革するには時間がかかり、困難である。相対的に穏健な改革でさえ、信じられないほどの忍耐強い努力が求められる場合もある。だが、次のような事実によって、いくらか気が休まる。すなわち、あなたとは異なる方向に社会を変革しようとする者もまた、同じ負担を引き受けなければならないのである。すなわち、民主主義においては何でも変えられるけれども、すばやく、あるいはたやすく大きな変革をなしうる者は誰もいないのである。

　この点はさらに展開できる。チャーチルが断じたように、すべての選択肢が悪いものであれば、まさにこの事実を認めることができ、しかもそれ自体を批判にさらすことができる選択肢にこそ見るべきところがある。つ

まり、みずからの可謬性を認識し、かつそれ自体を修正しようという場合に、あまりに性急に行動しようとする傾向性に注意を促す統治の体系である。したがって、民主主義はまさに、実に非効率で、動きが鈍く、不運なものであり、制度・手続き・法・公職者の雑多な寄せ集めのようでさえあるかもしれない。しかしながら、それこそが民主主義の美徳なのである。

民主主義のこうした次元はさらに考察を深めるのに役に立つ。本章を通して、民主主義の理念について論じてきたが、民主主義を理念だとする意味について立ち止まって論じてこなかった。民主主義を理念として論じる要点は明らかであるかもしれないが、もしかするとそうではないかもしれない。いずれにしても、民主主義の理念を明らかにする場合、民主主義とは概ね志であると理解する者もいる。より具体的にいえば、民主社会とは、政治的に平等な者のあいだでの自己統治を体現しようとする社会であり、そうした目的を追求するために必要な何らかの制度的・手続的条件を備えている。こうした基本的条件には、我々が一般に民主主義に固有のものとして認識しているあらゆる装置が含まれる。すなわち、報道の自由、表現の自由、結社の自由、政治的見解の相違や批判に対する様々な形での保護と同様に、定期的に行われる開かれた選挙、平等な投票に基づく多数派主義、説明責任を果たす公職者、政府内における有効な権力を含むものである。こうした制度を支持しない社会が、平等な者のあいだの自己統治という理念を志向していないとみなされうるのはもっともであろう。

だが重要なことに、こうした基本的条件を満たすことは、民主主義にとって十分ではない。民主主義を志向する要素は、制度的・手続的要素に劣らず重要である。基本的な制度的装置を背景として、民主主義は、熟議民主主義者が擁護する公共の熟議に基づく活動を含む、市民による参画や政治行動に満ち溢れた活力ある市民社会が存在すべきだと要求する。こうした行動は、民主主義が市民のあいだの自己統治の度合いを押し広げ、豊かにする新たな可能性を見いだすのに役立つ。それはまた、民主主義が自己を修正し、民主主義の理念に及ばない社会秩序のある部分を刷新するのにも役立つ。したがって民主社会とは、よく知られた制度や手続きおよび社会秩序の民主的特徴について、それに異議を申し立て、批判し、精査

し、押し広げようとすることを市民に認める市民的秩序が組み合わさった
ものだといえるかもしれない。

　こうした考えによって、本章第1節3項の終わり［199頁］に言及した
考えに立ち戻ることになる。そこでは次のように論じた。すなわち、既存
の民主主義に基づく制度や実践に対する批判は、それ自体が民主主義の理
念の中核をなす部分であり、善き民主的シティズンシップは、当人が帰属
する社会に対して批判的・敵対的立場を取ることを部分的に含むものであ
る。ここにきて、このことを信じる者がいるかもしれない理由がわかるだ
ろう。民主主義は、単なる政府の1つのあり方であるわけでも、単に1つ
の社会秩序であるわけでもない。むしろ、平等な者のあいだでの自己統治
という道徳的理念をより緻密に実現する政治秩序を構築しようとする不断
の社会的過程である。しかしながら、不断の民主化を志向することは、そ
れ自体が民主的な回路を通じて追求されなければならない。権威主義的な
方法では民主主義を豊かにすることはできないのである。さらなる民主化
を求める変革は、既存の民主主義の内側から出てこなければならない。し
たがって、民主主義を志向する主たる手段は、民主的な市民による内側か
らの批判・反論・異議申し立てである。それは、矛盾しているように聞こ
えるかもしれないが、社会が民主的であるためには、社会自体に対する批
判を保護・許容し、そしておそらく促さなければならないのである。

　そういうわけで、熟議民主主義に基づく民主主義の構想の修正された見
解が明らかになる。平等な者のあいだでの自己統治という理念は決して完
全には実現されえないが、平等な投票に基づく多数決主義が国家の法・政
策・行動が市民の公共的理由によって正当化されなければならないという
要件によって補完されるならば、民主的決定は権威を有すると十分にみな
しうる。このような形の熟議民主主義において、民主国家は市民からの批
判・反論・論争にさらされやすくなければならない。すなわち、国家は市
民に対する説明責任を果たさなければならない。熟議民主主義をこのよう
に論じることは、先に論じた見解とさほど大きく変わらないと思われるか
もしれない。だが、わずかだとしても決定的な違いがある。私がここで示
唆した考え方では、公共的理由を与え、公共的正当化を担う責任は、国家

や公職者に直接降りかかるのである。民主的市民は、ともに論議したり、公共の場で熟議することは要求されない（もちろん市民は熟議してもよいのだが）。最善の公共的理由が勧めることに従って決定したり、政策を立案する仕事は、市民の公的な代表に降りかかる。ゆえに、市民の公的な代表は、有権者に対して責任を負うのである。したがって、市民の役割は、社会の批評者として行動し、民主主義を推し進め、豊かにするための政治運動を強く要求することであろう。

　もちろん、これは**異議申し立ての**熟議民主主義と呼ばれるものの大まかな概略にすぎない。私はこの考え方が、本章の初めに挙げた他の形の熟議民主主義が抱える問題に対処する見込みのある方法を展開できると考えている。無論、その考えをここで展開することはできない。異議申し立ての熟議民主主義がいかに展開されうるのかを考えるのは読者に委ねることにしたい。けれども、私にとってより重要なのは、ひとたびより十分に明示されたそのような考え方を、どのように批判すればよいかを考察することに読者を誘うことである。それ以上にふさわしいものがありうるだろうか。

　　読書案内 ────────────────────────────────

　民主主義に関する哲学的な文献はあまりにも広範で多岐にわたる。以下に挙げた著作を読めば、民主主義論の見取り図がよく理解できるだろう。まず、ロバート・ダールによる次の3つの著作には目を通すべきである。Robert Dahl, *A Preface to Democratic Theory* (Chicago: University of Chicago Press, 1956)〔内山秀夫訳『民主主義理論の基礎』（未來社、1970年）〕; *Democracy and Its Critics* (New Haven: Yale University Press, 1989); *On Democracy* (New Haven: Yale University Press, 1998)〔中村孝文訳『デモクラシーとは何か』（岩波書店、2001年）〕. それから、さらに次の5つの著作はよく読んでみるべきである。C. B. Macpherson, *The Real World of Democracy* (Oxford: Oxford University Press, 1965)〔粟田賢三訳『現代世界の民主主義』（岩波書店、1967年）〕; David Held, *Models of Democracy*, Third Edition (Stanford: Stanford University Press, 2006)

〔中谷義和訳『民主政の諸類型』（御茶の水書房、1998 年）〕；Thomas Christiano, *The Rule of the Many* (Boulder: Westview Press, 1996); Frank Cunningham, *Theories of Democracy* (London: Routledge, 2002); Ian Shapiro, *The State of Democratic Theory* (Princeton: Princeton University Press, 2003)〔中道寿一訳『民主主義理論の現在』（慶応義塾大学出版会、2010 年）〕．民主主義にかかわる主たる哲学的課題については、有力な論考が以下の論文集にまとめられている。Thomas Christiano (ed.), *Philosophy and Democracy* (New York: Oxford University Press, 2003).

古典的構想に関する重要な背景については、Anthony Downs, *An Economic Theory of Democracy* (New York: Harper Books, 1957) を、そしてより最近の有力な文献としては、William Riker, *Liberalism Against Populism* (New York: W. H. Freeman and Co., 1982) を参照。両者は、次のケネス・アローによる画期的な論考において最初に示された帰結に取り組んでいる。Kenneth Arrow, "A Difficulty in the Concept of Social Welfare," in *Journal of Political Economy*, Volume 58, 1950. アローの帰結において用いられている方法論に関するいくつかの懸念については、Gerry Mackie, *Democracy Defended* (Cambridge: Cambridge University Press, 2003) において大いに論じられている。民主主義理論におけるアローの知見の影響力に関する議論については以下の論考を参照すべきである。David Miller, "Deliberative Democracy and Social Choice," in *Political Studies*, Volume 40, 1992; Jules Coleman and John Ferejohn, "Democracy and Social Choice," in *Ethics*, Volume 97, 1986; Joshua Cohen, "An Epistemic Conception of Democracy," in *Ethics*, Volume 97, 1986.

最小主義の議論の古典としては、Joseph Schumpeter, *Capitalism, Socialism, and Democracy* (New York: Harper Books, 1962)〔大野一訳『資本主義、社会主義、民主主義（1・2）』（日経 BP 社、2016 年）〕を参照。リチャード・ポズナーは近年、次の著作でシュンペーターの議論を再び甦らせようとしている。Richard Posner, *Law, Pragmatism, and Democracy*

(Cambridge, MA: Harvard University Press, 2005). いまひとつの重要な著作はダールの次の著作である。Robert Dahl, *Who Governs?* (New Haven: Yale University Press, 1961)〔河村望ほか訳『統治するのはだれか――アメリカの一都市における民主主義と権力』(行人社、1988 年)〕. 最小主義や集計に基づく民主主義の構想は、以下のような参加民主主義者によるいくつかの重要な著作において批判的に論じられている。Carole Pateman, *Participation and Democratic Theory* (Cambridge: Cambridge University Press, 1970)〔寄本勝美訳『参加と民主主義理論』(早稲田大学出版部、1977 年)〕; Jane Mansbridge, *Beyond Adversary Democracy* (New York: Basic Books, 1980); Benjamin Barber, *Strong Democracy* (Berkeley: University of California Press, 1984)〔竹井隆人訳『ストロング・デモクラシー――新時代のための参加政治』(日本経済評論社、2009 年)〕; Carol Gould, *Rethinking Democracy* (Cambridge: Cambridge University Press, 1988). ロバート・パットナムによる民主主義における「社会資本」に関する有力な論考についても検討されるべきである。次を参照のこと。Robert Putnam, "Bowling Alone" in *Journal of Democracy*, Volume 6, 1995; *Bowling Alone* (New York: Simon and Schuster, 2000)〔柴内康文訳『孤独なボウリング――米国コミュニティの崩壊と再生』(柏書房、2006 年)〕.

民主主義に関する現代の論考の多くは、熟議民主主義によって生じる課題や問題に着目している。熟議民主主義が目指すものに関してまとめられている比較的初期の著作としては、以下を参照。Bruce Ackerman, "Why Dialogue?" in *Journal of Philosophy*, Volume 86, 1989; Jürgen Habermas, "Three Normative Models of Democracy," in *Constellations*, Volume 1, 1994 (reprinted in *Democracy and Difference*, edited by Seyla Benhabib, Princeton: Princeton University Press, 1996); Amy Gutmann and Dennis Thompson, "Moral Conflict and Political Consensus," in *Ethics*, Volume 101, 1990; John Rawls, "The Idea of Public Reason Revisited," in *University of Chicago Law Review*, Volume 64, 1997 (大幅に改定されたものが、John Rawls, *Political Liberalism*, Expanted Edition, New York: Columbia University Press, 2005 に再掲されている); Seyla Benhabib, "Toward a

Deliberative Model of Democratic Legitimacy," in *Democracy and Difference* (Princeton: Princeton University Press, 1996).

　熟議民主主義の概観については、以下が参考になる。James Bohman, "The Coming of Age of Deliberative Democracy," *Journal of Political Philosophy*, Volume 6, 1998; Samuel Freeman, "Deliberative Democracy: A Sympathetic Comment," *Philosophy and Public Affairs*, Volume 29, 2000. さらには，次の論文集に掲載されている諸論考を参照のこと。James Bohman and William Rehg（eds.）, *Deliberative Democracy*（Cambridge: MIT Press, 1997）; Jon Elster（ed.）, *Deliberative Democracy*（Cambridge: Cambridge University Press, 1998）.

　熟議民主主義についての懐疑論（ただしそれでもいくつかは熟議民主主義に好意的なのだが）については以下を参照。John Dryzek, "Legitimacy and Economy in Deliberative Democracy," in *Political Theory*, Volume 29, 2001; Lynn Sanders, "Against Deliberation," in *Political Theory*, Volume 25, 1997; Iris Marion Young, "Communication and the Other: Beyond Deliberative Democracy," in *Democracy and Difference*（Priceton: Princeton University Press, 1996）; Iris Marion Young, "Activist Challenges to Deliberative Democracy," in *Political Theory*, Volume 29, 2001; Cass Sunstein, "The Law of Group Polarization," in *Journal of Political Philosophy*, Volume 10, 2002; Robert Goodin, "Democratic Deliberation Within," in *Philosophy and Public Affairs*, Volume 29, 2000; Elizabeth Anderson, "The Epistemology of Democracy," in *Episteme*, Volume 3, 2006; Diana Mutz, *Hearing the Other Side*（Cambridge: Cambridge University Press, 2006）.

　最後に、民主主義にまつわる根本的な哲学的課題を論じたいくつかの著作について検討されるべきである。以下を参照のこと。David Estlund, *Democratic Authority*（Princeton: Princeton University Press, 2008）; Febienne Peter, *Democratic Legitimacy*（London: Routledge, 2011）; Jamie Kelly, *Framing Democracy*（Princeton: Princeton University Press, 2012）; Joshua Cohen, *Philosophy, Politics, Democracy*（Cambridge, MA：

Harvard University Press, 2009); Hélène Landemore, *Democratic Reason* (Princeton: Princeton University Press, 2012).

第7章　結論
──確実性のない政治

　本書を通して、現代の自由民主主義のもとで生を営む市民からなる政治的世界の哲学的意味を明らかにしようとしてきた。もう少し具体的にいえば、自由で平等な個人のあいだに政治的権威が存在しうるのか、という考えを理解しようとしてきた。現代国家の哲学的正当性をこのように探究してきたのである。我々がともに生を営む政治的世界の中核をなす概念を、順番にいくつか取りあげた。すなわち、自由・権威・正義・民主主義である。それぞれから生じる問題・複雑さ・困難を探究したが、各章の終わりで、こうした4つの概念をそれぞれどのように理解すべきかに関する試論を提示した。復習してみよう。

　冒頭の2つの章では、本書の課題を明確に論じた。我々が見いだすものとしての政治的世界から哲学的に考察するためには、自由民主主義という考え方から始めなければならない、つまり、法の支配および個人の権原や保護に関する公的な一覧を成文化した憲法によって制約を受ける民主主義である。民主主義を基礎づけるリベラリズムは、政治哲学の主たる問いを規定する。説明すると、リベラリズムは自由かつ平等な者として個人を政治的に理解することを信奉するのであり、各人はみずからの生を営み、自分自身の生の主人公である。国家は、強制をともなう莫大な権力を行使するだけではなく、権威を、つまりそのような権力に対する権原を要求する大規模な制度である。それゆえ、主たる問いは次のようなものである。すなわち、「そのような個人が存在することを前提にすれば、国家は正当化

243

できるのか」、「なぜアナーキズムではいけないのか」という問いである。

　そこでまず、自由について取り組んだ。国家は明らかに正当化を必要とするように思われる。というのも、まさに国家は個人の自由を制約し、縮減するものだからである。それにもかかわらず、個人の自由を構成するものは何かということに関する妥当な考え方を見いだすのは容易ではない。自由に関する3つの固有の構想に含まれる重大な欠陥を指摘し、そのうえで、自由とは自律的で社会的に平等な者のあいだで干渉されないことである、という混成的な考え方を検討した。したがって、ある社会は次のような意味で自由である。つまり、すべての者がみずからの生を探求するための市民的地位や関連する能力を有することと矛盾しない程度に、各人が他者からの干渉を受けずに活動できる領域を十分に有するのである。自由とはあるもの（すなわち、他者による干渉）が存在しない一方で、別のもの（すなわち、自律や平等な市民としての立場）が存在することだといえよう。干渉がないことも、自律的であることや市民的地位を有していることも、それだけでは十分に自由だとはいえないのである。

　これはわかりにくい。さらに悪いことに、あまりたいした意味もない。けれども、そのことは本書の至るところでそれとなく確認した重要なことを示している。我々の政治秩序の哲学的な土台をなす根本的な概念は、個別のものや独立したものではなく、むしろ相互に関連し依存しあっている。自由を理解するためには、各人が自分自身の生の主人公であるために必要とする道徳的権力と同様に、社会的平等についても理解しなければならない。すなわち、自由についての真理は、ある意味で自律や平等についての真理からなるということである。

　このことが正しいとしよう。それにもかかわらず、個人の自由は政治的権威と相いれない。こうした事例があるかもしれない。結局のところ、権威は社会的平等を捨て去ることをともない、個人の自律を手放すよう要求するように思われるかもしれない。我々が個人として自由であるために、他者との何らかの社会関係のなかに存在しなければならないからといって、それは国家が存在すべきだということを必然的に意味するわけではないのである。

244　第2部　根本的な概念

続いて、権威について論じた。再び次のことが明らかとなった。すなわち、とりわけ市民を自由で平等かつ自律的な道徳的人格だとみなすことを信奉するのであれば、魅力的な権威の構想を論じるのは容易ではないということである。政治的権威に関する説明は常に、ある人が他者にあれこれ指示する権利を要求するという単純な問題として矮小化されるように思われる。それゆえ権威は、すべての人の自由や平等と両立しがたい。私は**限定的**権威という考え方を示した。それによれば、国家の命令は、命じられたように行動する一応の道徳的理由となる。けれども、それがそうした力を持つかどうかは、国家が正義や民主主義にかかわるある程度の基本的な（しかし、まだ特定はされていないのだが）条件を満たしているかどうかにかかっている。限定的権威という考え方からすれば、不正かつ民主的でない国家は市民を服従させる権原を有さない。そのような国家は権威を有さず、権力を行使するだけである。同様に、著しく正義にもとる民主国家は権威を有さない。正義が要求するほとんどのことを実行するにもかかわらず民主的でない国家も権威を有さない。民主的であり、さほど不正ではなく、ゆえに人権を尊重する国家の場合は、市民は従わなければならない。ただしそれは、当の国家が正義や民主主義にかかわる最低限の基準を満たしているとみなしうる場合だけである。そのような国家においては、命令は市民を義務づけるのに十分ではあるが、その義務は国家が十分に民主的であり正義に適っていることを条件とする。再度論じておけば、1つの根本的な概念を明確に理解するには、他の概念を明らかにする必要があるのである。より正確にいえば、権威をしっかりと理解するには、正義や民主主義にかかわる問題を通して考える必要があるのである。ゆえに、以下の章ではこうした鍵となる概念について論じた。

　正義とは、国家がそれぞれの市民を平等に配慮し尊重することにかかわる問題である。平等な尊重に関するいくつかの異なる構想について検討したうえで、次の点を示唆した。すなわち、国家が市民間に政治的な服従や支配を許す公的な体系を備えているとすれば、いかなる国家も各人を平等に尊重しているとは当然ながらいえない、ということである。再度論じておけば、我々は次のような考えに従っている。すなわち、国家が強制をと

もなう権力を行使しようとも、国家が権威を有するかどうかは、その国家が各人の平等を十分に承認できているかどうかにかかっている、というものである。政治的服従が不正であるのは、1つには、服従することで、人々がしばしば抑圧に反対したり、抵抗したりできなくなるからである。一般に、政治的服従は、服従する人々がそうした状況を変革できないように力を奪うことによって成り立つ。最もひどい場合には、抑圧の犠牲者からそうした状況を変革しようとする気持ちすら失わせる。こうした無力さが不正義の典型であるならば、何らかの形態の民主的平等主義が正しいはずである。不平等に配分することで、あらゆる人の分け前がより望ましいものにならないかぎり、正義が実行されるのは、民主主義に有意義に参加できるために必要な物資的・社会的資源が平等に配分される場合なのである。

　それゆえ、正義について考えることで、民主主義について考えるよう促される。そして、すでに確認したように、おそらく民主主義は、我々にとって最もなじみのある政治的・哲学的な考え方である。それにもかかわらず、民主主義の正確な本質を明らかにするのは実に難しい。民主主義は政治的権威にとっての唯一の希望であると示唆されることが多い。すなわち、民主主義は、強制をともなう国家の権力と、個人の自由や平等をできるかぎり両立させる唯一の統治の体系だというわけである。くり返せば、民主主義において、国家の意志は、ある意味では市民の集合的意志であると考えられる。したがって、自由や平等は国家の権威と矛盾しない。もちろん、すべては市民の集合的意志という考え方をいかに理解するかにかかっており、政治哲学はその意味を明らかにしようとする必要がある。すでに見たように、それは極めて難しいことなのであり、民主主義の構想が、自由や平等と国家の権威を両立させつつ、市民の集合的意志という考え方を明らかにすることができるかどうかはわからない。私は**異議申し立ての熟議民主主義**の構想を示した。そのモデルにおいては、立法者や公職者はともに熟議することを要求され、市民は社会における批判者としての役割を要求される。すなわち、市民は政府自体や政府の決定について、公共的理性をもって説明するよう政府に対して強く要求するのである。

246　第2部　根本的な概念

以上がこれまでに論じてきたことの概略である。そして、次の点は強調されるべきである。すなわち、こうした極めて暫定的な結論でさえ、政治哲学者のあいだで議論の余地があるものである。論じなければならないことがまだ多く残されていることを念頭に置きつつも、ここでそれらを1つにまとめさせてもらいたい。これまで述べてきたことの主たる結論は次のようなものになるように思われる。すなわち、権威が正当性を有するためには、国家は市民に対して説明責任を果たさなければならない。市民に対して説明責任を果たすためには、国家は市民による批判・尋問・異議申し立て・抗議にさらされやすくなければならない。国家はみずからの存在自体、およびその行動を公共的理性をもって正当化できなければならない。そして、おそらく最も重要なことに、国家は民主的シティズンシップを有意義なものにするのに必要な社会的・物質的資源をすべての個人に保障しなければならない。くり返せば、国家が十分に民主的でそれなりに正義に適っている場合、国家は公共的理性のみに基づいて政策を実行している。こういうわけである。ゆえに、国家の決定は市民にとって正当化できるものであり、だから市民には従う義務があるのである。

　こうした考えをより浮き彫りにするために、大事な投票で負けた側にいる民主的市民の状況について再び考察しよう。その市民は自分が反対する結果になぜ従わなければならないのだろうか。次の5つが示されるならば、正当化に関する責任は果たされているように思われる。すなわち、(1) 決定に関する手続きが十分に民主的である。(2) その背景にある条件が十分に正義に適っている。(3) 決定に至るまでの過程が公共的理性に応じるものである。(4) 結果としての決定が公共的理性の観点から正当化可能である。(5) 国家は不断の批判や異議申し立てを受け入れる素養がある。もちろん、民主主義に基づく帰結をこのように正当化できると示すことは、その人に対して、それが最善であるとか、まして善であるとすら納得させることにはならない。むしろ、このような意味で結果を正当化しても、それは次のことしか意味しない。すなわち、民主主義に基づく帰結は、公共的理性、つまり市民としての当人の役割においてアクセス可能な理性の枠内で擁護できる、ということである。言ってみれば、民主主義に

基づく帰結をこのように正当化することは、従う義務と、当人の自由かつ平等な市民としての地位が矛盾しないということを示しているのである。

　だが、それでも負けた側にいる者が反対したらどうだろうか。先の5つの条件が満たされているにもかかわらず、それでも従う理由はないと言い張ったらどうだろうか。まず、そうした帰結に対してその人がどのように応じることができるのか。この点を当人に思い起こさせる者もいるかもしれない。ある民主的決定がなされ、それに自分は反対しているとすれば、その人は陳情したり、デモをしたり、団結したり、運動を起こすことができる。その決定を支持する公職者や同胞市民を風刺したり、批判したり、異議を申し立てたり、嘲笑したりすることもできる。一定の制約のもとで、さらなる抗議活動を起こしたり、扇動したり、拒否したり、抵抗したりすることもできる。そして、特別な状況のもとでは、市民的不服従さえ認められる。すなわち、我々が論じてきたような権威は、各人が民主的決定に従いつつも、政治活動を行うことをかなりの程度まで容認する。負けた側にいる市民は、それでも結果に反対し、みずからが望む方向に政治変革をするように強く要求しつづけることができるのである。

　しかしながら、負けた側にいる市民が、それでも従う義務があることを拒めばどうだろうか。その人は、政治について常に自分の思い通りにならなければならず、他者は自分の意志に従わなければならないと頑なに考えているのではないか。こう思いはじめる者もいるかもしれない。すなわち、そのような主張は間違いなくあ・ら・ゆ・る・市民の自由や平等と両立しない。そのため、もしかすると最善の応答は、立証責任を転嫁することかもしれない。すなわち、その人に対して、当人の考え方からすれば権威ある帰結を十分に生じさせる政治的決定を行うための条件や過程とはいかなるものであるかを明らかにするよう要求するのである。ここで論じてきたような市民は、実のところ自由で平等な市民のあいだの社会的・政治的秩序というまさにその考え方と両立しない考えを有しているのではないか。そう疑う者もいるだろう。

　だがそれでも、既存の民主主義が、先に述べた5つの条件を満たすものだと無理なくみなしうるのかどうか、かなり心許ない。さらに、そのよう

248　第2部　根本的な概念

な民主主義が存在しうるのかさえ訝しく思う者もいるかもしれない。けれども、ここで論じてきたような政治秩序が経験的な観点からありうるのかという点に懸念を示す者は、たとえば理論のなかだけであったとしても、自由で平等な市民のあいだに政治的権威が存在しうるということを受け入れているように思われる。この点に留意しよう。こうした譲歩は哲学的に重要である。というのも、哲学的な問題として、政治的権威は市民の自由と両立可能だということを意味するからである。正当な国家は概念的にはありうるのである。このように述べることができるだろう。これは、哲学的アナーキストに対するわずかばかりの勝利にすぎないかもしれないが、そこには見るべきところがあるのである。

　それにもかかわらず、これまで論じてきた説明からすれば、正当な政治的権威というものはめったにありえないことが多い。先に述べた５つの条件をいかにもっともらしく考えようとも、現代国家が権威を有しているといえるための基準を満たすのは難しいだろう。この点について、アナーキストは有利であるように思われる。おそらくそうであろう。すべては５つの条件の正確な詳細にかかっている。だが、それでよいのである。結局のところ、自由で道徳的に平等な市民のあいだの政治的権威を正当化するという課題は難しいものであるに違いない。そして、自分が帰属する国家が本当に権威を有しているのかどうかという問題は、我々がくり返し立ち戻るべき問題なのである。

　次に、より本書全体の議論にかかわる批判について考えてみよう。本書全体の試みが若干の好ましくない想定に基づいているとすれば、本書の結論は驚くべきものではない。こう批判する者もいるだろう。そもそも本書では、人々のあいだに何らかの社会的・政治的秩序が存在するはずだと想定されている。批判者はそう指摘するかもしれない。したがって、本書全体の議論の出発点がある１つの極めて特定の社会的・政治的枠組みにあるというだろう。すなわち、国家・法・公職者・個人からなる複雑な体系を単に当然のものだとみなす枠組みである。ゆえに、そうした批判者からすれば、十分に民主的で正義に適った国家はそれゆえに権威を有する、という結論に至るのは何も不思議なことではないのである。つまり、そのよう

第７章　結論──確実性のない政治　249

な結論においては、批判者が指摘する可能性があることが、もとよりそれとなく前提とされているのである。したがって、これまでの議論は、とどのつまりは現代民主主義国家に関する弁明にすぎない。こう批判するだろう。だが、弁明は実のところ主張ではない。したがって、先に結論として示したものは、実際には少しも結論めいたものではないというわけである。

　このような批判は真剣に考慮すべきである。実のところ私は、その批判の多くについて認めるべきところがあると考えている。本書全体の議論が、現代の自由民主主義国家における市民にとってなじみのあるいくつかの概念の分析に意図的に限定されているのは事実である。したがって、自由民主主義に基づく政治秩序が政治哲学的に考えるための適切な出発点である。実のところ、このことを前提としてきたのである。自由民主主義は、本質的に非理性的であり、非道徳的で、首尾一貫していない。このように強く主張する哲学者がいることは事実である。そう考える者からすれば、だからこそ、自由民主主義は哲学的な思考の出発点としてふさわしくない。だが、本書の明確な目的を思い起こそう。それは、自由・権威・正義・民主主義という、そこまでまとまっておらず、一見すると両立しない一連のなじみ深い考え方について、哲学的に首尾一貫性を有するものとして提示することができるかどうかを明らかにすることであった。これらの根本的な概念が本当に両立しえないとすれば、自由民主主義に代わるいくつかの哲学的な代替案を探究すべきだと強く考えるに至るだろう。確かに、そうした自由民主主義の構成要素をある1つのまとまりのある哲学的構想として示す方法があるからといって、自由民主主義が最善であるとか、あるいは善い政治的・社会的枠組みのあり方である、ということにはならない。自由民主主義が哲学的に首尾一貫しているということは、自由民主主義が善き政治秩序の候補だということを意味するにすぎないのである。

　言い換えれば、まさに述べてきた本書全般にかかわる批判に対して、本書で述べてきた議論が政治哲学の唯一の出発点であることを意図してきた、と応じることができる。自由民主主義を出発点としたのは、我々がみずからを自由民主主義社会に見いだすからである。したがって、考察の

250　第2部　根本的な概念

「結果」を明らかにする場合、我々の探究がすべて完了したということを私はほのめかそうとしているわけではない。さしあたり、唯一完了しつつあるのは本書における議論である。政治哲学の課題は残っている。そして、本書でたびたび述べてきたように、我々は表面的にしか論じていない。何も完了していないのである。

　このことを踏まえれば、これまで論じてきたことに関するより一般的な結論を述べるのが最善であるかもしれない。政治的世界について何を考えるべきかという点をまだ明らかにしていない。ある意味で、哲学的に首尾一貫していると思われる自由・権威・正義・民主主義の構想にたどり着いたけれども、自由民主主義やその構成要素に関する適切な詳細についての哲学的な説明のようなものすら何も論じていない。くり返せば、我々はほとんど次のことを論じてきた。すなわち、自由民主主義に基づく政治秩序の根本的な要素は、その内部で首尾一貫しており、それゆえ自由民主主義は概念的に破滅的なものではない、ということである。だが、ほぼすべての最も重要な議論を掘りさげるのを避けてきた。たとえば、正義は国家に対して、民主的シティズンシップを有意義なものにするために必要な物質的・社会的資源を各市民に提供するよう要求すると論じた。けれども、そうした資源とは何であり、どのくらいの分け前が必要なのか。この点については何も論じてこなかった。実際に、そのような問いに対する答えをどのように探究すべきかということすら問うてこなかった。同様に、市民が社会における批評家としての役割を果たすことが求められる民主主義の構想を示した。だが、その役割が個人に何を要求するのかを厳密には論じてこなかった。すなわち、我々は表面的に論じてきただけでなく、ほとんどの重要な論点の大半を、さらなる多くの分析を要する未解決の問題として残してきたのである。必要な詳細を十分に論じることができれば、実のところ自由民主主義は哲学的に破滅的だということが明らかになるおそれは大いにある。実際にそれはありうるということを強調しておきたい。我々の政治的世界の最終的な哲学的運命はまだ決まっていないのである。将来世代が存在するとすれば、彼らが次のように断じるのはもっともであろう。すなわち、次の世紀における我々の子孫は、我々のことを振り返り、

現在の社会的・政治的秩序はまさに粗野で、非人間的で、品位がなく、野蛮なものである、あるいはそれよりもさらにひどいものに他ならないというのである。

　よく考えると、自由民主主義に関する問題は、このことよりもさらに不確実であるかもしれない。実際に、哲学的に希望が持てないかもしれない。最新のニュースをよく見知っている者ならば誰でも、本書では全く触れなかったが、現代自由民主主義国家が直面する課題や問題に関する一覧を長々と書きだすことができよう。少々時間を取って今朝の新聞をパラパラめくると、そこにはいくつかの問題が論じられている。移民・環境悪化・戦争・プライバシーと監視・難民・拷問・核拡散・テロリズム・薬物の非犯罪化・人権・貧困・人身売買・投獄・公衆衛生などである。自由民主主義を哲学的に正当化するためには、自由民主主義の枠組みにおいて、こうした問題に関する妥当な見解を論じなければならないだろう。

　それはかなり難しい課題のように思われる。本書全体の議論は、政治哲学は国家とその市民との関係に着目するものであることを前提にしてきたけれども、現代国家は市民でない多くの人々に強制をともなう権力を行使するという点を否定できない。こう述べることで、上に挙げた別々の話題のうちのいくつかを一緒に論じることができるかもしれない。おそらく、最も明白なのは戦争であろう。戦争は常に他国の市民に深刻な危害を与えるものである（しばしば子どもなどの武装していない脅威ではない人々を含む）。政府の資金の使途からすれば、戦争は現代国家の最も中心的な機能なのかもしれないが、ここではそれについては触れない。同様の事例はたやすく見いだせる。たとえば、現代国家は様々な方法でシティズンシップを定義し規制する権威を要求する。国家は、誰が市民であり、誰が市民でないのかにかかわる政策を定める。国家は、誰が市民になることができ、誰が市民になることができないかを決定する。そして、国家は市民になる過程を確立する。そのような政策は明らかに、市民でない者に対して強制をともなう権力を行使するものである。別の例を挙げれば、各国家は環境に関する法や規則を定める。国家は、汚染・廃棄物処理・排出ガス・環境に有害な物質の製造業における使用などに関する基準を定める。だが

もちろん、環境はいかなる国境線の制約も受けず、ある国家がさほど厳格でない環境政策を取れば、当たり前だが世界中の人々に好ましくない影響を与えることになる。同様のことは、各国の原子力や兵器に関する政策にも当てはまる。そして、このような点は、各国のグローバルな経済・通商政策に関する判断にたやすく転嫁されうる。国境を越えて（そして国家のなかの市民でない者に対して）影響を及ぼす国家の政策や行動は道徳的な評価を受けなければならない。そして、たとえば広範にわたって人権を侵害するなど、市民でない者を全く適切に配慮できていない国家は、自国民に対して権威を有するという要求もできないだろう。

　しかしながら、本書では国家と市民との関係に着目してきたので、こうした一連の問題を扱ってこなかった。当然ながら、これらは極めて複雑な問題なのであり、複雑である理由は間違いなく、1つには、本書で前提とした自由民主主義の枠組みが、市民でない者や他国に対する国家の責任の問題に対処するようにはできていないように思われるという事実にある。それゆえ、現代の自由民主主義に関する現代政治哲学は、そのような問題に取り組むことができるように解釈を押し広げることに主として焦点が当てられている。だが、解釈を押し広げることがこれまでのところ矛盾する結果をもたらし、そして自由民主主義に基づく政治秩序が最終的に首尾一貫したものとなるかどうかは定かではない。さらなる哲学的な考察が必要である。

　我々は自分たちがややおさまりの悪い立場にいることに気づく。最初に述べたように、我々がみずからを見いだす社会的・政治的世界のなかで我々の生は形作られる。自分が生を営む社会的・政治的状況について哲学的に考えられるくらいまで成熟するはるか以前に、そうした状況によって課される規範・規則・必要条件・期待にすでに十分慣れ親しんでいる。ひとたびこうした事実について哲学的に考えはじめると、明白で、ありふれており、当たり前の、常識的であるように思われた自分たちの政治秩序の特徴が、実際には厄介なものであり、曖昧模糊としており、議論の余地のある、おそらく大いに疑わしいものだということに気づくようになる。それに応じて、自分たちの主たる政治的信奉をいかに首尾一貫したものにす

第 7 章　結論——確実性のない政治　253

るかという点について、大雑把に哲学的ではない形でまず理解しようとする。けれども、ほんの少し哲学的に考察しただけで、そうした一貫性がいかに内容的に乏しいものであるかがわかる。だが、こうした我々をうまく動機づける不確実さをよそに、我々は政治的生を営みつづける。我々は自分たちの政治を営みつづけるのであり、そしてゼロから始めることはできない。既存の政治システムは全く正義には適ったものではなく、ゆえに改善されねばならないことがわかれば、我々はそれを内側から立て直そうとしなければならない。そして、既存の国家が莫大な権力を有していることや、長く続いてきた政治的伝統の硬直性を踏まえれば、修正できるかどうか疑問に思うかもしれない。だが、1つのことは依然として明らかである。すなわち、政治は営まれつづけるのであり、政治哲学者が自由・権威・正義・民主主義について合意に達するまで待つことはできない。こうした根本的な概念に関する哲学的な内容や説得力について、最終的にそれがいかなるものになるかがどんなに不確実であろうとも、それに関する何らかの哲学的解釈に基づいて我々の生は構築されるのである。

　ゆえに、ここに困難がある。哲学的に考察したところで、我々の政治秩序の本質や価値に関する暫定的かつ不確実な帰結にしか至らない。だが、映画館において映画が上映されなければならないように、政治は営まれなければならない。我々はどうすべきだろうか。

　私の考えでは、まさに我々がこうした板挟み状態にあるということから、自由民主主義を支持する固有の特徴的な議論が示唆される。第4章2節3項［127頁〜］で論じた、**フェアプレイ**に基づく政治的権威の正当化に関する議論を思い起こそう。フェアプレイに基づいて権威を擁護しようとする者は、社会を集合的事業になぞらえる。そして、集合的事業がうまくいくかどうかは、各人が政治秩序を下支えするという自分の役割を進んで果たそうとするかどうかにかかっている。したがって、国家に従うことは各人に共通して必ず要求されることである。限定的権威という考え方がフェアプレイに関する何らかの考察に依拠しているように思われる点には留意すべきだが、フェアプレイに基づく考え方に対する反論のいくつかは第4章で検討した。私の考えでは、ここにきて、こうしたフェアプレイに

関する考察をいま少し推し進めることができる。より具体的にいえば、我々が困難な立場にいるということから、我々が個人として貢献するよう求められるいまひとつの集合的事業のあり方が示唆されるように思われるのである。

　次のことを検討しよう。いかなる政治秩序が最善なのかを知るために、そして、既存の政治枠組みがいかに改善されるべきかを理解するために、本書で論じたような多くの哲学的難題を解決する必要がある。こうした哲学的難題を解決するためには、多岐にわたる論者からの様々な主張・考え方・提案・反論を検討する必要があろう。だが、みずからの哲学的考察が信頼できる経験的データや、批判者による反論の正確な解釈や、目新しくてなじみのない提案や主張に関する正確な表現や、一連の利用可能な証拠の公正な表現などによって裏付けられていると確認する何らかの方法も備えていなければならない。すなわち、政治について哲学的に考えるためには、考え方・主張・批判・データの自由かつ開かれたやりとりを認める、あるいはできればそうしたやりとりを促す社会的・政治的秩序において思考されなければならない。

　しかしながら、政治枠組みの本質についてともに議論したり、主張したり、反対したり、論理的に考えることができれば事足りるわけではない。こうした活動が体系的に歪められたり、誤解に基づいたり、思い込みや単なる偽りに根差すものではないと考える何らかの理由も必要とする。ゆえに、政治哲学を行うためには、自由かつ開かれた意見のやりとりは必要だが、それで十分なわけではない。歴史的に周縁化されてきたり、声を上げて政治にかかわることを否定されてきた人々を積極的に後押しするのと同様に、反対する者・抗議する者・批判する者を保護することも必要である。だとすればそれは、開かれた政治的議論や異議申し立てを行うための公的な場所やフォーラムがなければならないことを意味する。それには、公共の公園のような実際に存在する物理的空間や、ブログやソーシャルメディアといった仮想空間と同様に、独立した放送局も含まれる。おそらく、あらゆることのなかで最も重要なのは、政治を哲学することに関与するためのこうした制度的な必要条件に加えて、次のことに市民がかかわるように

求められるという点である。すなわち、市民がお互いの主張を実際に聞くことや、侮辱したり、へつらったり、買収したり、脅迫するのではなく、主張のやりとりを行うことである。

　これまでの議論を次のように要約できよう。既存の社会的・政治的秩序について考察することは、政治を哲学することにつながる。だが、今日において政治哲学を行うためには、ともに哲学的な考察を行う他者を必要とする。より具体的にいえば、自分たちの政治的環境についてより深く考察するためには、他者の知的資源に依拠することができなければならない。他者が有能な討論者でなければならないのである。それゆえ、信頼に足る哲学的な熟議や討論を行うことのできる、少なくともそれを台無しにしないような社会的・政治的環境を必要とする。理由・主張・証拠を共有できるような制度や規範を必要とする。他者が支持する考えと対立する自分の考えを検証できなければならない。自分が帰属する政府やその政策を批判できなければならない。そして、こうした規範や能力は自由民主主義的な条件のもとで最も確実に保護される。そのため、ごく簡単にいえば、次のようになる。すなわち、我々は政治に関して哲学的に考察せねばならず、それを責任をもって行うためには、開かれた社会を必要とする。開かれた社会の規範や制度は、自由民主主義に基づく政治秩序のもとで最も実現される。したがって、責任をもって政治哲学にかかわる必要性から、自由民主主義が是認されることになるのである。

　これは単純すぎる議論のように思われるかもしれない。それはほぼ確実に不十分なものである。だが、私の考えではそれには説得力がある。自問してみよう。自由民主主義に基づく社会における主たる制度によって与えられる保護や権原を備えていない現代政治哲学とは、政治的権威という考え方そのものを警戒するものや自由民主主義それ自体を拒否する類の政治哲学も含めて、どのようなものでありうるだろうか。さらには、いかなる結論を下すことも、いかなる主張・思想・考え方を有することも厳密には禁じられていないということが社会的・政治的に保証されていない哲学あるいは探究とは、いかなる類のものでありうるだろうか。これまでに探究してきた哲学的問いは、特定の考え方をすることが罪となる社会的・政治

的状況のもとで問われ、さらには探究されてきたのだろうか。意見のやりとりを公的に管理し制約する政治制度のもとで自分が活動しているとわかったならば、自分の考えに価値があるという確信をどうして持つことができるだろうか。

　こうした議論の一般的な含意は別の角度からも理解できる。我々はみずからを、正当な考え方、つまり信頼できる情報・正確な証拠・説得力のある理由に根差した考え方を有する個人だと認識している。こうした自己認識は、自分の考え方が形成・維持される社会的・政治的条件に関する肯定的な評価を暗に前提としている。ほとんどすべてのことに関する自分自身の考えを受け入れるためには、自分の考えが体系的に歪められたものや、改ざんされたものや、宣伝・嘘・詐欺に基づくものではないと評価されなければならない。すなわち、こうした自己の構想を維持するためには、みずからの考え方から距離を取り、それが形成されてきた社会的・政治的条件を批判的に評価できなければならない。情報の共有や理由および主張のやりとりを可能にし、促す社会的・政治的制度がなければ、このように批判的な距離を取ることはできない。言い換えれば、自己の構想を維持し、自分自身の考え方を受け入れるためには、他者の考え方・理由・批判とかかわりあうことができなければならない。そして、それを行うためには、自由民主主義と密接に結びついた社会的・政治的制度を必要とするのである。

　結局のところ、このことは自由民主主義が哲学的に健全であるとか、まして他の選択肢のなかで道徳的に最善である、などということを全く保証しない。くり返せば、哲学的に検討するなかで、既存の社会的・政治的枠組みは受け入れがたく、自由民主主義はそれ自体が正義と両立せず、ゆえに放棄されなければならないという考えに至るかもしれない。したがって、政治的に進歩する戦略を練らなければならない。いまだに明らかでないのは、自由民主主義以後の政治秩序とはどのようなものであるかということである。当然ながら、既存の自由民主主義がより望ましい別の選択肢にどのように移行するのかも明らかではない。再度論じておけば、我々は次のような奇妙な立場から抜けだせないのである。すなわち、みずからの

第 7 章　結論——確実性のない政治　257

置かれている状況を批判的に評価する一方で、みずからがそうした状況に埋め込まれているという立場である。ゆえに、不確実性にあふれているのは不思議なことではないのである。

　だが、こうした事実を認識することに重要な意味がある。哲学とは、自分自身を理解するための不断の闘争である。そして、こうした闘争はほとんど常に、次のような聞こえはよいけれども真実味に欠ける自己描写に先取りされ、取り込まれている。すなわち、確実であるとか、物事に精通しているとか、正常であるとか、完成されているという心地よい自己像である。我々は、すべてが完璧であるべきことが明白である世界に自分は住んでいると考えるのを好む。大衆政治文化はこのことを食い物にしている。評論家やトークショーのコメンテーターはみな、かなりの立場の違いがあるにもかかわらず、まさに同じメッセージを発している。すなわち、我々の政治的世界についての真実は、個人の自由の本質から何らかの新たに提案された政策的構想に関する見識に至るまで、道徳的で、愚かでない、分別のあるいかなる者からしても明白だというのである。大衆政治を動かす決定的に重要な想定は、あらゆる政治的な意見対立はそれに反対する者の無知や愚かさに原因がある、というものである。なぜなら、あらゆる政治的問いには唯一の明白かつ単一の真理しかないのであり、ゆえに政治的に論争すべきことなど何もないのである。だが、本書が明らかにしてきたのはまさに、こうした一般的な考え方は単なる幻想にすぎない、ということである。我々の社会的・政治的秩序を下支えする根本的な構成要素は、合理的で、情報に通じており、誠実な市民のあいだにおける哲学的な論争に開かれている、ということである。実際に、自由民主主義を動かすのは、市民が根本的な政治的課題について反対できるということである。このようにすらいえるかもしれない。有名なコメンテーターのあいだで広まっている考えが正しいのであれば、政治あるいは哲学は全く必要ないだろう。我々は関連する真実を知る者の見識に自分の意志を屈服させ、その後いつまでもみな幸せに暮らすであろう。我々の世界はそのような単純なものではない。

　それでも我々は、哲学が必要でなくなる状況を心待ちにしている。すべ

てが明白で単純な政治的環境があるという心地よいイメージは、こうした願望の1つの表れである。哲学的な活動それ自体も、同じ願望のいまひとつの表れである。このことを理解するのは重要である。我々は、哲学的に思考しなくてもよいように、つまり哲学することで認識できる困難や問題を最終的に解決するために哲学的に思考しているのである。もちろん、哲学的な問題は悪名高くも困難である。というのも、プラトンやアリストテレスや今日に至るまでの多くの高名な哲学者を触発した同じ課題を問うていることに気づくからである。哲学的な思考の終わりは見えにくいけれども、少しずつ哲学的に進歩することはできよう。しかしながら、どれくらいであっても哲学的に進歩するには、我々は自分たちのことをしっかりと見つめなければならない。すなわち、我々は、自分に確証がないことに蓋をしようとする。このことに敏感でなければならない。我々はみずからを欺き、そこには何もないと極めて単純に理解しようとしがちであることを踏まえれば、自分自身を理解するためには、自分を見つめることができ、見たものを自分に伝えることができる他者を必要とする。そして、そうだとすれば、我々は他者を精査できなければならない。すなわち、個人としてみずからを理解するためには、我々はみずからを集団として考察する必要がある。そして、みずからについて考察するということには、ある意味では、自分の生を形作り、自分の考え方に影響を及ぼす社会的・政治的諸力について批判的に検討することが含まれなければならないのである。

「政治哲学的に考える」ということ
──訳者あとがきにかえて

　本書は、Robert Talisse, *Engaging Political Philosophy: An Introduction* (New York: Routledge, 2016) の全訳である。これまでにロバート・タリース氏の著作が邦訳されたことはなく、日本の読者にとって、タリース氏はまだあまりなじみがないかもしれないので、まず初めに、タリース氏について少し紹介しておこう。

　ロバート・タリース（Robert B. Talisse）氏は、1970 年生まれのアメリカの政治哲学者である。タリース氏は、2001 年にニューヨーク市立大学にて博士号を取得後、同年よりヴァンダービルト大学にて研究・教育に携わっておられる。現在は、ヴァンダービルト大学教養学部教授であり、哲学科長でもあられる。

　タリース氏の専門は現代政治哲学であり、とりわけリベラリズム論および民主主義論について実に多くの研究業績がある。さらには、プラグマティズム、分析哲学、政治認識論（political epistemology）といった多岐にわたる分野において多くの研究業績がある。以下に代表的な著書を挙げておこう。詳細な研究業績一覧については、ヴァンダービルト大学の研究者情報のサイト（https://as.vanderbilt.edu/philosophy/bio/robertb-talisse）や、タリース氏の個人ホームページ（https://sites.google.com/site/rtalisse/home）を参照願いたい。

【単著書】

Pluralism and Liberal Politics, New York: Routledge, 2012.

Democracy and Moral Conflict, New York: Cambridge University Press, 2009.

A Pragmatist Philosophy of Democracy, New York: Routledge, 2007.

Democracy After Liberalism, New York: Routledge, 2005.

【共編著書】

Pragmatism, Pluralism, and the Nature of Philosophy, with Scott Aikin, New York: Routledge, 2018.

Why We Argue (And How We Should): A Guide to Political Disagreement, with Scott Aikin, New York: Routledge, 2014.

Political Philosophy in the 21st Century: Essential Essays (co- edited with Steven Cahn), Boulder, CO: Westview Press, 2013.

The Pragmatism Reader: From Peirce Through the Present (co-edited with Scott Aikin), Princeton: Princeton University Press, 2011.

　私が本書の邦訳を手がけようと思い立ったのは、大学で「政治哲学」を講義するうえで、学生諸君にとってよき入門書となるような適当なテキストが見当たらないとかねがね思っていたということがある。本書でも触れられているが、政治哲学の教科書といえば、往々にして次の２つのいずれかのスタイルを取っているように思われる。すなわち、いわゆる「思想史」的なアプローチを取ったものであり、古代ギリシャ・ローマから現代に至るまでの代表的な思想家・哲学者の議論を紹介しているものか、あるいは現代世界における重要ないくつかの問題を取り上げ、それについて、様々な立場から論じられている議論を紹介・検討するというものである。

　ただ、私が思うに、政治哲学の初学者にとって最も気になる問いは、そもそも「政治哲学」とはどういうものなのか、「政治」を「哲学」するとはどういうことなのか、ということではなかろうか。そして、こうした素朴な問いに正面から答えている教科書は、実のところさほど多くないように思われる。その意味で、本書は「思想史」的なアプローチや「人物志向」型のアプローチを取らずに、まさに「政治哲学とは何か」という問いについて著者なりの答えを与えているところから議論を始める、稀有な著作であるように思う。この点が、私が本書を翻訳し紹介しようと思い立った主な理由である。

　本書の内容について、詳細に論じるのはここでは差し控えるが、タリース氏によれば、「政治哲学」とは、「国家」(state) について哲学的に考察す

る学問である。つまり、なぜ国家は存在するのか、国家の存在をどのように正当化できるのか。こういうことを哲学的に考察する学問である。では、「哲学的に考察する」とはどういうことだろうか。一般に、我々は「社会的存在」として生を受け、我々の思考は良かれ悪しかれ、我々が生まれ落ちた社会における文化・伝統・規範などの影響を免れえない。したがって、そのことを引き受けたうえで、そこからできるかぎり距離を取り、自分という存在や、自分を育んできた社会について批判的に検討すること。これこそが「哲学的に考察する」ということなのである。

　哲学的な思考は自分が存在する社会を出発点としなければならない、というのは極めて重要である。なぜなら、それは本書における考察が、著者であるタリース氏が生を営んでいる文脈、つまりアメリカの文化的文脈を前提にしているということを明らかにするものだからである。つまり、本書において、国家について考察することは、アメリカの社会において人々が重視している価値との関連で、国家の存在をどのように正当化できるのかを考察するということである。そして、それは言うまでもなく、いわゆる「自由民主主義」的な価値である。無論、「自由民主主義」それ自体も複雑な概念であり、だとすれば、その主たる諸要素をいかに首尾一貫した形で解釈できるのかを示すことが、国家の正当化可能性を考察するうえで求められるのである。

　本書で示されている議論が説得的なものであるかどうかの判断は読者に委ねたいが、本書を読み終えた読者にとって最も重要な課題は、本書の議論を受けて、今度は自分たちが「政治哲学的に考える」ということである。本書で示された議論は特定の文化的文脈を前提にした議論であるので、今度は我々が自分の帰属する文化的文脈から出発して、哲学的に考察する番なのである。そこで改めて強調されるべきは、本書でも触れられていたが、「概念」と「構想」を区別することであろう。自由民主主義という「概念」は、自由民主主義の「構想」とは異なる。アメリカと日本がともに自由民主主義という価値を信奉する社会であるということに特に異論はないように思われる。けれども、アメリカと日本において、自由民主主義という「概念」から、全く同一の政治社会の「構想」が導かれるとは思えない。

263

むしろ、社会や文化が異なれば、自由民主主義の「構想」も異なるであろう。それゆえに、国家の正当化理由も異なるはずである。

　読者にはぜひ、自分が帰属する文化的文脈から出発して、政治哲学的に考察し、いかなる自由民主主義の「構想」が導き出されるかを自分なりに検討してもらいたい。実のところ、こうした作業を通じて初めて、同じ「概念」から導出された競合する「構想」を戦わせることができるようになり、それは諸構想の陶冶につながるのである。本書をきっかけにして、多くの読者を政治哲学の世界に誘うことができれば幸いである。

＊　　＊　　＊

　訳出にあたっては、原著の教科書的な性格を踏まえ、できるかぎり平易な言葉で、日本語として読みやすい訳文を作成することを第一に心がけた。したがって、日本語としての語感などの問題から、原著とは単語の並びを意図的に変えていたりするところがいくつかあることを付言しておきたい。なお、本書は大学の学部レベルにおける政治哲学の講義の教科書ないし副読本であることを意図して翻訳されたものではあるが、タリース氏も述べているように、本書が志向するのは、政治哲学の教科書というよりは、政治哲学への「手引き」である。よって、学生諸君はもちろんのこと、政治哲学や政治学および隣接する諸分野に大いに関心がある一般の読者の方々にとっても有意義であるに違いない。本書が多くの読者の手に取られることを願っている。

　本書の出版にあたり、まず著者のロバート・タリース氏に感謝したい。タリース氏には、いまひとつ文意が取りづらいところや、内容のうえでわかりにくいと感じたところについて、メールで質問し、それについて丁寧かつ迅速なお返事を頂いた。また、日本語版の序文の執筆依頼も快諾して頂いた。本書が少しでも読みやすいものになっているとすれば、タリース氏の解説のおかげである。

　また、本書は私にとって初めての単独の訳書である。翻訳の全責任を負うというのはなかなか大変なことではあるが、それでも本書の翻訳を独力

でやってみようと思えたのは、これまでにいくつかの翻訳企画に携わらせて頂くなかで、翻訳の作法やこなれた日本語の文章について、いろいろとご指導やご助言を賜る経験を得ることができたからである。とりわけ、施光恒先生（九州大学大学院比較社会文化研究院准教授）、岡崎晴輝先生（九州大学大学院法学研究院教授）、竹島博之先生（東洋大学法学部教授）、松井康浩先生（九州大学大学院比較社会文化研究院教授）には、改めて感謝申し上げたい。

　タリース氏は、原著の出版が当初の予想よりも思いのほか遅れてしまったと書いておられたが、実のところ本書もそうである。翻訳原稿の提出は、当初の見込みよりもはるかに遅れてしまった。結果的に、関西学院大学出版会の田中直哉さん、松下道子さんには実に多大なご迷惑をおかけすることになってしまった。無事に刊行まで辿りついたのは田中さん、松下さんのご尽力のおかげである。記して感謝申し上げたい。ただ、言い訳をするつもりは毛頭ないが、タリース氏の言を借りれば、人生には良きにつけ悪しきにつけ、「邪魔」がつきものである。私にとってのそれは、幸いにも良い意味のものであった。春学期の講義を終えて、訳出・推敲作業に本腰を入れようとしていた頃に、息子が誕生したのである。不慣れな新米夫婦２人の子育ては実に苦労の絶えないものであり、作業をたびたび中座せざるをえなかった。だが、息子の笑顔や日々の成長を横目で見ながら作業できることは、この上ない喜びでもあった。もちろん、大変だったのは私以上に妻のほうである。家事や育児などの合間を縫って、できるかぎりわかりやすい日本語にするための翻訳原稿の読み合わせにも事あるごとに付き合ってもらった。私事で甚だ恐縮ではあるが、妻である彩織への感謝の気持ちを添えて、本書を終えることをお許し頂きたい。

　2017 年 12 月
　雪のちらつく三田の学舎にて

白川　俊介

原著者

ロバート・タリース（Robert B. Talisse）

1970年生まれ。2001年にニューヨーク市立大学にて博士号を取得。現在、ヴァンダービルト大学教養学部教授（哲学科長）。専門は現代政治哲学、リベラリズム論、民主主義論。さらにはプラグマティズムや分析哲学などについても多くの業績がある。主な著書として、*Why We Argue (And How We Should): A Guide to Political Disagreement in an Age of Unreason*, with Scott Aikin, New York: Routledge, 2018, forthcoming; *Pluralism and Liberal Politics*, New York: Routledge, 2012; *Democracy and Moral Conflict*, New York: Cambridge University Press 2009 などがある。

訳者

白川 俊介（しらかわ しゅんすけ）

1983生まれ。九州大学大学院比較社会文化学府博士後期課程修了。博士(比較社会文化)。現在、関西学院大学総合政策学部専任講師。専門は現代政治哲学、国際政治思想。主要業績：『ナショナリズムの力――多文化共生世界の構想』（勁草書房、2012年）、『土着語の政治――ナショナリズム・多文化主義・シティズンシップ』（W・キムリッカ著、共訳、法政大学出版局、2012年）、『国際倫理学』（R・シャプコット著、共訳、岩波書店、2012年）ほか。

政治哲学の魅力

2018年4月25日 初版第一刷発行

著　者　ロバート・タリース
訳　者　白川 俊介

発行者　田中きく代
発行所　関西学院大学出版会
所在地　〒662-0891
　　　　兵庫県西宮市上ケ原一番町1-155
電　話　0798-53-7002

印　刷　株式会社 遊文舎

©2018 Shunsuke Shirakawa
Printed in Japan by Kwansei Gakuin University Press
ISBN 978-4-86283-258-0
乱丁・落丁本はお取り替えいたします。
本書の全部または一部を無断で複写・複製することを禁じます。
http://www.kgup.jp/

カバー・本扉写真：Roberto Taddeo "Quello che ti perdona e ti capisce"